CHUBAN QIYE JINGYING GUANLI

出版企业经营管理

刘　益等/编著

中国政法大学出版社

2020·北京

图书在版编目（ＣＩＰ）数据

出版企业经营管理/刘益等编著. —北京：中国政法大学出版社，2020.12
ISBN 978-7-5620-6113-7

Ⅰ.①出⋯　Ⅱ.①刘⋯　Ⅲ.①出版业－企业经营管理　Ⅳ.①G231

中国版本图书馆 CIP 数据核字 (2020) 第 259629 号

出　版　者	中国政法大学出版社
地　　　址	北京市海淀区西土城路 25 号
邮寄地址	北京 100088 信箱 8034 分箱　邮编 100088
网　　　址	http://www.cuplpress.com (网络实名：中国政法大学出版社)
电　　　话	010-58908285(总编室) 58908433（编辑部）58908334(邮购部)
承　　　印	固安华明印业有限公司
开　　　本	720mm×960mm　1/16
印　　　张	24
字　　　数	500 千字
版　　　次	2020 年 12 月第 1 版
印　　　次	2020 年 12 月第 1 次印刷
定　　　价	109.00 元

前　言

　　出版业的发展，离不开人才的支撑，人才是出版业和出版企业的核心竞争力。为了更好地培养出版行业的经营管理人才，我们组织编写了《出版企业经营管理》这本书。

　　本书在撰写过程中，力图体现以下特色：第一，紧密结合现代企业管理的基本原理与理论。由于图书产品的性质与其他一般产品不同，出版企业与一般企业也在经营目标、经营方法、运作流程、效益评价等方面有所差异，但仍然有很多的共性。无论从其战略管理、组织设计等有关总体布局与规划方面，还是具体的职能管理如流程管理、营销管理、人力资源和财务管理等微观方面，都与一般意义上的企业有共通之处，完全可以借鉴和利用现代企业管理的相关理论。基于此，本书在每一章内容编写过程中，都注意以现代企业管理理论和管理思想作为指导，把现代企业管理理论体系，运用到章节内容的组织和具体内容的编写中。第二，紧密结合出版业与现代出版企业经营管理的实际情况。本书的每一部分内容，都是在参考出版业界大量相关资料，进行了大量的调研的基础上完成的。多位出版社领导参与指导本书写作。可以说，本书是业界与学界互动的结晶。第三，紧密结合教学过程与理论认知特点。考虑到本书的读者主要有两类，一类是相关专业的本科学生，另一类是现代出版企业经营管理工作的从业人员，因此，本书针对目标读者，按照由浅入深、循序渐进的认知原理，对内容和结构方面进行了精心的安排。从现代出版企业经理管理的基础知识开始，再介绍出版企业的职能管理，最后再介绍出版企业的战略规划、组织设计和品牌管理等内容。

本书内容主要由刘益教授编著完成，曹宇对全书内容进行了补充和核校，高海涛、田杰、葛存山、张书勤等对本书的完成亦有重要贡献。本书出版受北京文化安全研究基地经费资助。

众所周知，我国出版产业的改革与实践也处在一个快速发展的过程中，从出版企业内部来看，出版企业的管理体制、发展战略、组织架构以及经营管理的手段与方法等也会发生显著的变化，因此，本书的内容可能会有许多不妥之处，恳请领导、专家、同仁及时惠正，我们不胜感激。

编著者

2020 年 1 月

C目录
ONTENTS

第一章 绪 论

本章学习目标：

- 了解我国出版活动及出版业的起源与发展过程
- 了解新中国出版业的建立与发展历程
- 熟悉改革开放以来我国出版业经营管理体制改革的三个发展阶段
- 了解我国图书出版业的基本现状
- 了解本课程的学科特点和主要内容
- 掌握本课程的主要学习方法

我国图书出版业是随着生产力的不断发展和科学技术的不断进步而发展起来的。中华文明的长河孕育了中国编辑出版的历史，同时，从古而今的编辑出版活动也记录了中国古老而灿烂的文化。新中国成立以后，特别是改革开放以来，我国出版业取得了长足的进步与发展。无论是从出版物的质量还是从出版物的数量来看，都取得了可喜的成绩。当然，在发展过程中的各个阶段，出版业都面临着一些有利条件和制约因素，这些有利条件和制约因素决定了各个阶段出版业发展的水平。在信息社会与知识经济的大背景下，要想做好出版企业的经营管理工作，就必须正确看待目前我国现代出版企业经营管理的环境因素和发展水平，就必须用历史的眼光了解我国出版业经营管理体制的变革，这样才能客观把握出版企业发展过程中的机遇，迎接时代对出版企业提出的挑战。

第一节　我国古代出版活动的起源与发展

一、早期出版活动的形成与发展

我国出版物最早出现于何时，现在很难做出准确的结论。国内学者认为，我国出版物的最早源起，可能是在夏这一历史时期，即约公元前21世纪至约公元前16世纪。

真正具备一定规模的出版组织的出现，一般认为是在西汉时期。汉代以前，虽然已经有一千多部作品问世，但那时候的书籍复制主要靠手抄石刻，用料是金、石、竹、木等自然物质，传播数量极少。其编辑与制作的过程几乎都由作者来承担，属于个人行为。虽然手抄石刻对保存古代文化有一定作用，但最多只能说有了某些出版活动的萌芽，出版组织也只是具备了基本的雏形。西汉初年，萧何主持建造了石渠阁、天禄阁、麒麟阁等专门的典籍编纂机构。据《三辅黄图》《汉宫殿疏》等史籍记载，萧何建造三阁后，用石渠阁典藏"入关所得秦之图籍"，用天禄阁、麒麟阁来"藏秘书、处贤才"。汉成帝时，由于政府典藏日益增多，一些"秘书"也存放于石渠阁。汉宣帝开始，石渠阁、天禄阁已成为校书和著书之所，宣帝甘露三年（公元前51年），诏诸儒于石渠阁讲《五经》同异，由太子太傅萧望之平奏其议，宣帝亲自临决。到汉成帝时，刘向、刘歆的大规模校书则是在天禄阁进行的。东汉以后，兰台和东观开始成为最重要的图书典藏和编纂机构。兰台在西汉时期为御史台藏书之所，由御史中丞掌管，他们除了负责收藏图书，还要负责监察劾奏百官司。进入东汉以后，兰台成为最主要的藏书、校书及编纂国史的机构。汉章帝以后，东观的地位逐渐重要起来，并取代兰台，成为国家藏书、校书及编纂国史的最重要机构。在东观任职者为校书郎，又称东观郎。东汉许多著名学者都曾在东观研究经学，进行写作。东观除了提供图书秘籍资料之外，官府还在人员编制、财粮供给方面，作出了妥善安排。随着藏书的不断丰富以及校书、著书活动的不断增加，桓帝延熹二年（公元159年），东汉政府设立了我国历代封建中央政府中第一个主持图书校著的专门机构——秘书监，隶属于太常寺。其主要职能是"掌典图书、古今文字、考合异同，以其掌图书秘记。"秘书监的设立对中国图书出版事业的发展起了积极的推动作用。

一般认为，我国出版业的基本成型也始于西汉。西汉时期，随着从事出版活动的人员日渐增多，逐渐出现了专业分工。除了上述有一定规模的编辑出版机构之外，又出现了从事书籍贸易和传播的机构，如"槐市"和"书肆"。槐市是在众多士人和太学生聚集区形成的包括买卖书籍在内的综合性贸易集市。据《艺文类聚》引《三辅黄图》记载：（汉平帝）元始四年（公元4年），起明堂辟雍，为博士舍三十区，为会市，但列槐树数百行，诸生朔望会此市，各持其郡所出物及经书相予买卖，雍雍揖让，论议树下，侃侃訚訚。槐市每半月一次，成千上万读书人云集于此，一方面进行学术思想交流，一方面买卖"经传书记"等物品。书肆又称为书坊等，由民间书贩组成，它是随着西汉民间教育事业逐渐普及而发展起来的专门从事书籍交换和买卖的地方。它以谋取利润为目的，销售的书籍品种丰富，经营方法灵活，敞开售书，但允许自由阅览。

东汉设立的秘书监在魏晋南北朝时期得到了进一步的发展。王象等著名文人学士担任秘书监期间，在编纂、校理典籍方面推出了不少成果，这一时期的萧统、挚虞等编辑家推出了类书、别集、总集，使出版的内容更加丰富。之后，我国的出版业历经隋唐五代的发展，到宋辽金元时期达到了较高的水平。宋代建立之初就设立了崇文院等编纂机构，组织人才编辑了四部大类书，校书编目活动很少间断。政府、私人、民间、寺院、书院等刻印出版活动全面展开，成果蔚然，形成了蜀、浙、闽三大刻书中心，而且还发明了活字印刷和套版印刷术。到明清两代，我国古代的编辑出版活动达到兴盛时期，其传播知识信息的功能在不断加强，出版组织的规模也进一步加大。官办的出版机构翰林院已有千人以上规模，官修各类图书，如《永乐大典》《钦定四库全书》等大型丛书，规模之大，前所未有。

总体来看，我国早期出版组织的管理呈现出以下特点：

1. 出版组织的目标是为了维护封建统治。历代统治者都十分注重典籍的收藏、保存、校正及编纂等工作，虽然从客观上对我国文化的积累与传承起到了积极作用，但其根本目的是保证封建统治者对思想文化事业的管制，为封建统治服务。古代出版组织主要是被作为一种统治工具，是统治阶级的阶级意志、思想、观念等的体现，强调其政治性、思想性和教化性。因此，古代典籍具有注重整理保存而不注重传播的特点，在古代出版组织的结构上也体现重编辑出版、轻发行传播的特性。

2. 尚没有形成系统的出版管理体系。出版管理制度上主要体现至高无上的皇权，虽然从表面上看，封建王朝采取了事前审查和事后追究相结合的管理方式，但与近现代国外出版管理中的预防和追溯制度又有着本质的区别，后者以国家大法明确出版以人的基本权利为前提，在一套相对独立、合理、稳定的出版法律法规下实施，而前者不具备这样的前提和与之相适应的一整套法律法规等，由统治者根据传统和"皇权至上"的理念对出版业进行管理，具有很大的随意性和强制性。

二、近现代出版业的发展

近代出版业以清政府官书局的设立和外国传教士的中文出版活动为开端。这时期的出版业与古代相比，尽管还延续着官刻、坊刻和私刻三大出版系统，但在运行机制上发生了根本的变化。

近代官办的主要出版机构是于同治元年（1862年）成立的京师同文馆。京师同文馆是清政府培养外交人员的学校，也是清政府创办的第一个综合性外语学校和翻译机构。同文馆先后翻译出版西书39种，其内容多为人文科学及自然科学的8门普及性读物，也有一部分语言工具书。1902年，同文馆被并入京师大学堂。江南制造局翻译馆是政府译书机构中历史最久、出书最多、影响最大的一家出版机构。翻译馆的译书过程大致如下：由清政府官员，如两江总督、江南制造局总办等确定选题的大致方向，再由翻译馆确定具体选题，然后开始译书。其译书方式为先由西方传教士将其口译成中文，再由中国人对其语法辞句加以润色。

自中央设馆译书后，沿海地方相继效行。1863年，李鸿章在上海设立上海同文馆，后又有广州同文馆。仿照江南制造局又有北洋制造局、福州船政学堂等陆续建立。这些翻译及出版机构，均由洋务派巨头李鸿章、曾国藩、左宗棠等掌握。后起的张之洞也在武汉设立了自强学堂。这样，从中央到地方，自上而下地形成了一个政府译书出版系统。

近代民间出版业发展的重要特点之一是传教士、封建官僚以及具有资产阶级民主思想的民族资本家和知识分子等纷纷设立出版机构。外国传教士设立出版机构进行中文出版活动是为了达到"文字播道"的根本目的。1833年，普鲁士传教士郭实腊在广州创办了《东西洋考每月统记传》中文月刊，它是在中国境内出版的第一份中文刊物。1834年，一些英美传教士及商人在广州成立了中国益智学会，其宗旨是"出版能启迪中国人民智力的一类书籍，把西方的学艺和科学传授给他们"，在当时是一家较有影响的翻译出版机构。1843年，英国伦敦教会传教士麦都思等在上海创办了墨海书馆，这是外国在中国设立的最早的近代出版印刷机构，也是中国近代第一家铅印出版机构。1876年，英商美查创办点石斋石印书局，专门印刷中国传统文化经典。1882年，点石斋石印书局印制的《康熙字典》在很短的时间内便发行十余万册，获得了相当丰厚的利润。之后，其他相对知名的石印出版机构还有上海的同文书局和蜚英馆。

1897年，夏瑞芳等人创办上海商务印书馆（即商务印书馆），这是我国最早的现代出版机构，它是近现代最重要和最具规模的民营出版企业，是最早采用股份制经营管理的出版企业。它最初专营印刷，主要印名片、广告、账册一类的商业用品，名字中的"商务"二字由此得来。后来，商务印书馆扩充了机构，成立了印刷所、编译所和发行所，又聘请了张元济主持编辑工作，业务中心也由印刷转到出版。很多学者认为，"书报业在近代一度是统称的，只有到了商务印书馆出现后，出版业才逐渐单独出来"。这说明商务印书馆的创立和发展标志着现代出版业的成熟。1997年，在纪念商务印书馆创立百年之际，新闻出版署将1897年定名为"中国现代出版年"。

自商务印书馆创立后，我国的民营出版企业发展很快。据记载，至1902年，仅上海一地，加入上海书业商会的私营出版机构就有22家。其中有影响的还有由俞复、丁宝书等创办的文明书局。

出版的日益法制化是近现代出版业的一大特点。清末民国时期，我国新闻出版方面的法规主要有 1906 年的《大清印刷物专律》、1908 年的《大清报律》、1911 年的《钦定报律》、1910 年颁布的《大清著作权律》、1914 年的《出版法》和《报纸条例》、1930 年的《出版法》、1931 年的《出版法施行细则》、1937 年的《修正出版法》等。

近现代出版业的第二个特点是图书流通与发行渠道的日益成熟。最早的图书流通与发行渠道主要是西方传教士建立起来的"考市"。考市主要设立在各地举办科举考试的考场附近，通过各地网点的建设，一个考市的图书发行网初步成型。据记载，到 1898 年，广学会（前身即同文书会）不但在上海设立了发行中心，还在中国的 14 个省及朝鲜设立了 31 个经销点。除了广设发行网外，邮寄也是一个重要的发行渠道，特别是国家邮政局的设立以及邮寄图书免抽厘金等优惠政策，为这一渠道的发展提供了很大便利。这样，以广设发行网点为主，以邮寄为辅，基本构成了近现代图书发行的基本格局。

政府借助于书业公会这样的行业组织进行管理，是近现代出版管理的另一个重要特征。近现代时期的历任政府，都不曾建立有专门的行政机构，对出版业进行单一对口的行政管理。书业公会作为近现代重要的文化商业团体，在全国许多地方都曾建立过组织，并在各地的书业活动中发挥了重要作用。其中 1886 年成立的上海书业崇德堂是上海最早成立的书业团体组织。在其基础上，经过多年发展后，1930 年成立上海市书商业同业公会，其主要开展包括维护同业版权、争取出版自由、协调业内外纠纷、规范同业经营、查究不良读物等工作，在发挥行业的自治和自律方面，起到了不可或缺的重要作用。

第二节 新中国出版业的建立与发展

1921 年中国共产党成立，同年人民出版社于上海正式成立。1937 年，新华书局（后改称新华书店）在延安成立，到 1949 年 9 月新中国成立之前，新华书店在全国各地的分店已有 735 处，印刷厂 29 家，职工近万人。中华人民共和国成立前，新华书店是兼营出版、印刷和发行的机构，为中国共产党出版事业的发展做出了重要的贡献，并且是新中国出版事业的重要组成部分。在中华人民共和国成立前成立的还有由生活书店、读书出版社、新知书店三家出版社合并而成的生活·读书·新知三联书店。

1949 年 10 月，中央召开了第一届全国新华书店出版工作会议。毛泽东同志给大会题词："认真作好出版工作"。会议确定了新中国出版事业发展的基本方针是为人民大众的利益服务。1949 年 11 月，在中央宣传部出版委员会、华北人民政府教育部教科书编审委员会和新华书店编辑部的基础上，中央人民政府出版总署成立，并任命胡愈之为出版总署署长。同时，中央人民政府陆续发布了《政务院关于改进和发展全国出版事业的指示》《关于发展人民出版事业的基本方针的决议》《关于改进和发展出版工作的决议》等重要文件，它们基本确立了我国计划经济体制下出版业的方针、任务、体制结构及发展方向。

社会主义初期出版事业的发展与新华书店的发展和改组有着密切关系。鉴于各地新华书店发展不平衡的状况，出版总署于 1950 年 3 月发布了《关于统一全国新华书店的决定》，为新华书店的统一管理奠定了基础，并明确了新华书店总管理处、各总分店实施编辑出版、印刷、发行"三位一体"的出版管理模式。但不久后，中央指示：书籍杂志的出版、发行、印刷是三种性质不同的工作，原则上应该逐渐实行科学分工。出版专业化管理模式在出版总署 1950 年发布的《关于国营书刊出版印刷发行企业分工专业化与调整公私关系的决定》中正式确立下来。它规定各级新华书店原有的编辑和出版单位改组为中央或地方人民出版社；原新华书店总管理处厂务部及所属京津两地印刷厂，改为单独的企业单位；新华书店总管理处改组为新华书店总店，担负图书总经销、总批发及零售等任务。

新中国成立初期，国营图书出版机构与私营图书出版机构对比，力量悬殊。1950 年全国共有图书出版社 211 家，其中私营图书出版企业就达

184家。为了改变公私出版力量对比悬殊的局面，出版总署首先加快了公营、公私合营出版机构的建设，按照统筹兼顾、分工合作的原则，分别成立了人民出版社、人民教育出版社、人民文学出版社、中国青年出版社、中国科学技术出版社、人民美术出版社、外文出版社、科学出版社、中国地图出版社、人民卫生出版社、人民交通出版社等专业出版社。到1957年年底，调整、改组出版机构工作基本完成，全国图书出版社达到103家（其中中央55家，地方48家）。同时也形成了以国营出版为主体，编、印、发专业分工，统一书籍编校制度，统一版本、字体格式，统一书刊定价，统一书稿稿酬，统一书刊进出口工作等出版事业计划经济管理体系。

在1957年之前，图书出版的发展基本上是顺利和健康的，关于出版的方针政策是符合社会发展实际要求的。1958年以后，图书出版受到"大跃进"的影响，许多地区和县都办起了出版社，仅1959年地区和县办出版社就达114家，出版社之间竞相搞起了出书竞赛，有的十几小时就出一种书，1958年的出书总量达到45 495种，比1957年的27 571种增加了65%。但是相当数量是质量低劣或随意翻印的小册子。"大跃进"停止后的1961年，图书品种骤落为13 529种，到1963年图书才出版17 266种。

总体来看，从新中国成立到"文化大革命"前的17年间，图书出版虽然经历了这样那样一些曲折，但出版为人民大众的利益服务的基本方针始终没有动摇，这期间关于图书出版工作的一些重要原则（如出版社的基本任务、出版社的分工、图书的质量、价格、教科书的出版原则、面向大众出书的方针等），关于图书出版的一些重要法规、制度（如关于出版物的禁载内容标准等），至今仍对我们有重要的启示和指导作用。这一期间，我国的出版事业也取得了很大的成绩，图书的品种、数量实现了较快的发展，摆脱了图书匮乏的局面，基本适应了社会经济和文化生活的需要。1950年，全国出版图书12 153种，总印数2.75亿册，全国年人均图书0.5册；到1965年，全国出版图书20 143种，总印数21.71亿册，全国年人均图书3册，这17年间，图书品种增长了约1倍，而图书的社会供给量增长了7.9倍。

然而，1966 年至 1976 年持续 10 年之久的"文化大革命"，给出版事业带来了毁灭性的破坏。"文革"开始不久，国家以及各省区市的出版行政管理机构即陷于瘫痪，全国各出版机构和出版工作也处于停滞状态。据统计，1964 年全国共有出版社 87 家，共有职工 8678 人，其中编辑 4391 人，到 1971 年，全国出版社仅剩 46 家，职工 4693 人，其中编辑人员仅 1355 人。这一时期的图书出版已完全脱离了为社会经济、政治、文化等各方面需要服务的轨道，完全脱离了为人民大众的利益服务的基本方针。

"文化大革命"结束后，我国摆脱了"以阶级斗争为纲"的指导思想，党和国家的工作重心开始转移到以经济建设为中心的轨道，由此推进了图书出版工作的根本转变，图书出版迎来了春天。

第三节 改革开放以来出版业的改革历程与现状

一、改革开放以来出版业的改革历程

我国出版业的经营管理体制改革，是伴随国有企业改革的历程而展开的。但从改革的总体进程来看，出版业的经营管理体制改革比其他大多数的国有企业改革略晚。总体来看，我国出版业的经营管理体制改革，大概经历了三个主要阶段，即以放权让利为主要特征的市场导向改革阶段（1979 年~1991 年），以优化结构为主要特征的改革试点阶段（1992 年~2002 年），以推进建立现代企业制度为重点的全面深化改革阶段（2003 年至今）。

（一）以放权让利为主要特征的市场导向改革阶段

1978 年 12 月召开的十一届三中全会，是新中国成立以来我党历史上具有深远意义的伟大转折，也是中华人民共和国成立以来我国出版事业发展史上的伟大转折。

1979 年，国家出版局在长沙召开了全国出版工作会议，针对地方出版社要求改变"文革"期间制定的"地方化、通俗化、群众化"的方针，国家出版局代局长陈翰伯明确表态："地方出版社要立足本省，面向全国或

兼顾全国，可以试行。地方出版社出书不受'三化'限制。"这一方针在后来发布的《中共中央、国务院关于加强出版工作的决定》中得到了充分肯定。地方出版社经营方针的调整，极大地激发了地方出版社的出版生产力，由此催生了一批具有全国性乃至国际性影响的地方出版社。

1982年年初，国家出版局确定了图书发行体制改革的目标是：在全国组成一个以国营新华书店为主体的，多种经济成分、多种流通渠道、多种购销形式、少流转环节的图书发行网。"一主三多一少"对于解决在计划经济条件下形成的图书发行的僵化模式有着很强的针对性，即便是到今天，对图书发行体制改革仍有着现实的指导意义。

1982年5月，在国务院机构改革中，国家出版局划归文化部，改称文化部出版事业管理局（以下简称"文化部出版局"），此后，一些省、自治区、直辖市的出版局或撤销或与文化局合并或改为出版总社，其行政管理的能力降低，与快速发展的出版业形成了矛盾。

1984年6月，文化部出版局在哈尔滨召开了全国地方出版社工作会议，会议提出："要学会用经济杠杆，推动精神生产"和"适当扩大出版单位自主权，以提高出版单位经营的主动性。绝大部分出版社现在是事业单位，实行企业管理，都要做到奖励基金、福利基金的提取同利润挂钩。要使出版社由单纯的生产型逐步转变为生产经营型"。这一改革措施的实行，使出版社逐渐由生产导向型向市场导向型转变。

1987年1月，《国务院关于成立新闻出版署的通知》提出"为了加强对全国新闻、出版事业的管理，决定成立中华人民共和国新闻出版署，为国务院直属机构"。新闻出版署的职责包括起草新闻出版的法律法规，制订新闻出版管理的方针政策，管理书报刊市场，取缔非法出版活动和对外交流活动等。音像出版的管理职能也逐步交给新闻出版署。此后各省、自治区、直辖市均设立了新闻出版局。1988年5月6日发布的《中共中央宣传部、新闻出版署关于当前出版社改革的若干意见》是新时期关于出版社改革的第一个文件。

1988年4月，在全国各行各业大搞承包的形势下，中央宣传部和新闻出版署提出了深化图书发行体制改革的要求，即放权承包，搞活国营书店；放开批发渠道，搞活图书市场；放开购销形式和发行折扣，搞活购销机制；推行横向经济联合，发展各种出版发行企业群体和企业集团。通过改革，我国图书发行业逐步形成了国有书店、集体个体书店共同参与市场竞争的局面，方便了广大读者购书，加快了图书的物流和信息流。出版单位的经营机制改革着眼于扩大经营自主权，调动生产积极性。中宣部和新闻出版署同时提出，编辑部门试行承包责任制时，要有保证社会效益的要求和措施，不允许不顾出版方针和图书质量，片面追求经济效益。考虑到编辑工作的特点，利润指标不宜分解到人。但在实际的操作当中，绝大多数出版社把利润指标分解到人，其不良后果很快显现出来：片面追求经济效益、买卖书号、编校质量下降、图书品种迅速增加。因此，此后有许多出版社用目标责任制代替了承包制。

（二）以优化结构为主要特征的改革试点阶段

1992 年 4 月，新闻出版署召开党组扩大会和部分省市新闻出版局局长会，提出加强出版行业的联合，进行出版、印刷、发行企业集团的试点。此后，山东、四川、辽宁、江西等出版总社经地方政府批准纷纷成立了出版集团。这一阶段的集团，行政色彩浓郁，集团领导同时兼任新闻出版局的领导职务，组建的动力来自新闻出版局或出版总社。这是在新闻出版署推动下，新闻出版局自主推动的一种改革。这一阶段，基本上还停留在总社的管理层次，体制和机制没有实质性的改变。

1994 年，新闻出版署党组认真分析了面临的新形势、新问题，提出了出版工作要从以规模、数量增长为主要特征的阶段向以质量和效益增长为主要特征的阶段转移的思路。1996 年 10 月，党的十四届六中全会通过的《中共中央关于加强社会主义精神文明建设若干重要问题的决议》指出："加强对新闻出版业的宏观调控，采取有力措施解决目前总量过多、结构失衡、重复建设、忽视质量等散滥问题，努力实现从扩大规模数量为主向提高质量效益为主的转变。" 1998 年，党的十五大报告明确指出："新闻出版业要加强管理，优化结构，提高质量。"

从 1996 年开始，出版集团进入国家试点阶段。特别是从 1998 年 12 月，新闻出版署批准建立广东省出版集团和上海世纪出版集团之后，全国出版改革试点出版集团有 6 家：广东省出版集团、上海世纪出版集团、辽宁出版集团、中国科学出版集团、北京出版社出版集团、山东出版集团。

这一阶段，国家试点出版集团成为亮点，国家允诺给予其特殊政策，一些已经积蓄一定力量的出版集团取得了试点资格，并采取切实措施，改善外部环境与改造内部结构。政企分开成为共识，并逐步实现。虽然集团成员的纽带依然是行政力量为主，但资本、经济的纽带得到了前所未有的关注。有的集团通过取得授权经营，建立了新型纽带关系，如辽宁出版集团，首先解决了国有资产授权经营和新闻出版局脱钩的问题。湖南出版集团也在组建同时获得了国有资产授权，并尝试了资本运作。大部分集团还没有取得国有资产经营的授权，没有明确企业身份，这也一定程度上制约了集团重组、整合以及股份制改革的步伐。

2002 年 7 月 29 日，中共中央办公厅、国务院办公厅又发布了相关文件，对于文化事业发展改革起到了深远的影响。该文件的核心，一是加大集团化建设，二是加快政府职能转变，三是加快市场流通体制改革，四是加快文化机构内部改革。2001 年，是新闻出版法规出台比较密集的一年。这一年，《中华人民共和国著作权法》《出版管理条例》《音像制品管理条例》《印刷业管理条例》修改并实施，《中外合作音像制品分销企业管理办法》等一系列法规出台。还有一系列法规的修改基本完成。

2002 年 8 月，新闻出版总署对各类集团的基本条件和审批程序作出规定，明确了出版集团、期刊集团和报业集团属事业性质，实行企业化管理。

在改革初始的阶段中，一直萦绕在出版界的困惑也越来越强烈，为什么集团化、连锁经营、不均衡发展战略这些本来应该是符合中国出版业现状的改革理念却没有能够发挥应有的作用？为什么机制改革的理念和改革的思路是适应时代潮流和现代出版规律的，但是一经与目前出版业的实践相结合，就显得那样的苍白无力，以致改革停滞不前，陷入僵持和胶着状态？症结何在？出版业创新发展的视线逐步聚焦在出版体制的改革上。

（三）以推进建立现代企业制度为重点的全面深化改革阶段

十六大以后，我国加快了改革步伐，党中央作出加快文化体制改革和文化产业发展的决定，也给新闻出版业体制机制的改革带来机遇。2002年年底，十六大提出的"积极发展文化事业和文化产业，推进文化体制改革"，"通过分类管理、推进出版业的企业化转制"成为出版业发展的关键词。2003年6月全国文化体制改革试点工作会议的召开，使出版业的转制真正进入操作层面。在此次会议中，有8家出版单位、7家发行单位和6家报社成为文化体制改革试点单位，其中绝大多数是此前成立的各类集团。在文化体制改革试点单位中，多数将以企业化转制作为核心内容，而股份制改造作为产权制度改革的方向，顺理成章地成为出版社下一步改革的重点。

2004年5月，中央作出了对出版社实行改制的重大决定。各省、自治区、直辖市除保留一家人民出版社或者其他一家政策性的出版社为公益性出版社之外，其余530多家出版社将逐步按照现代企业制度进行转制。自2004年开始，清华大学出版社、北京大学出版社、外语教学与研究出版社、中国人民大学出版社和大连理工大学出版社5家已被教育部和新闻出版总署确认完成转企改制。

2005年，新闻出版总署明确了深化出版发行体制改革的总体思路和具体任务，按照重点抓好一批中央部委出版社、一批高校出版社、一批经营性报刊转企改制，继续推动地方出版单位深化改革的要求，出版单位转企改制有条不紊地进行。

2005年12月23日，中共中央、国务院发出《关于深化文化体制改革的若干意见》。2006年3月底，全国文化体制改革工作会议召开，这次会议对文化体制改革试点工作做了总结，并对推进文化体制改革做出具体部署。2006年7月出台的《新闻出版总署关于深化出版发行体制改革工作实施方案》鼓励出版集团公司和发行集团公司相互持股，进行跨地区、跨部门、跨行业并购、重组或建立必要的经营性分支机构；推动有条件的出版、发行集团公司上市融资；大力发展连锁经营、物流配送、电子商务、信息管理等现代流通技术和手段；鼓励非公有资本以多种形式进入政策许可的领域等。

党的十八届三中全会通过了《中共中央关于全面深化改革若干重大问题的决定》，提出允许非公资本参与对外出版、网络出版，据此，2015 年国家新闻出版广电总局批准，民营的北京时代华语图书股份有限公司和北京联合出版有限责任公司合作，联合成立北京华语联合出版有限责任公司，2016 年人民出版社与民营的天舟文化股份有限公司联合成立了人民天舟（北京）出版有限公司，开创了非公资本进入出版环节的新模式。

对出版传媒企业进行股份制改造、上市融资，目的在于通过吸引市场资本参股，建立规范的股份制公司，实现股权结构多元化，壮大资本实力，将企业做强做大。2006 年 10 月 17 日，上海新华传媒股份有限公司成功"借壳上市"，成为我国出版发行企业中第一家上市公司，开创了我国文化企业上市和股权分置改革的先例。2007 年 5 月 30 日，四川新华文轩连锁股份有限公司宣布在香港联合交易所主板挂牌上市，成为继上海新华传媒之后第二家上市的中国图书发行企业。2007 年 12 月 21 日，辽宁出版传媒股份有限公司严格按照资本市场的标准和规则规范运作，精心实施，将多家出版企业整体上市，成为第一个正确解决了关联交易和同业竞争问题的出版企业，受到广大媒体和投资者的高度关注，充分显示了在文化体制改革不断推进的背景下，出版产业在资本市场具备良好的发展机遇，对后续上市的出版传媒企业具有重要借鉴意义。2010 年 12 月 15 日，湖南天舟科教文化股份有限公司首次公开发行 A 股在深交所创业板成功挂牌交易。天舟文化主要从事青少年图书的策划、设计、制作与发行业务，被称为"中国图书出版发行行业民企第一股"。

据统计，截至 2018 年年底，全国共有经国家出版行政管理部门或省级出版行政管理部门批准的出版传媒集团 126 家，其中图书出版集团 40 家、报刊出版集团 47 家、发行集团 28 家、印刷集团 11 家。在中国内地和香港特别行政区上市的出版传媒公司共计 42 家，其中，出版公司 14 家，报业公司 5 家，发行公司 8 家，印刷公司 10 家，新媒体公司 5 家。

二、我国出版业发展的现状

改革开放以来，我国出版业的出版单位数量、出书品种、总印数、总印张以及销售额等各项指标均有几倍甚至几十倍的增长，产业规模迅速增长，形成了较为完整的产业体系。1978 年到 2018 年，我国的出版社从 105 家发展到 585 家；报纸从 186 种增加到 1871 种；期刊从 930 种增加到 10139 种；图书产品从 1.5 万种增加到 51.9 万种；印数从 37 亿册增加到 82.91 亿册。截至 2018 年年底，全国共有出版社 585 家（包括副牌社 24 家），其中中央级出版社 219 家（包括副牌社 13 家），地方出版社 366 家（包括副牌社 11 家）。2018 年，全国共出版图书、期刊、报纸、音像制品和电子出版物 465.27 亿册（份、盒、张）。其中，出版图书 100.09 亿册（张），占全部数量的 21.51%；期刊 22.92 亿册，占 4.93%；报纸 337.26 亿份，占 72.49%；音像制品 2.41 亿盒（张），占 0.52%；电子出版物 2.59 亿张，占 0.56%。全国出版图书、期刊、报纸总印张为 1937.18 亿印张。表 1-1 反映了 2000 年至 2018 年我国出版业发展的基本情况。

表 1-1 2000 年至 2018 年我国出版业发展的基本情况

年份	种数（种）	定价总金额（亿元）	总印数（亿册）	总印张（亿张）	库存总金额（亿元）
2000	143 376	430.1	62.7	376.21	272.68
2001	154 526	466.82	63.1	406.06	297.58
2002	170 962	535.12	68.7	456.45	343.48
2003	190 391	561.82	66.7	462.22	401.38
2004	208 294	592.89	64.13	465.59	449.13
2005	222 473	632.28	64.66	493.29	482.92
2006	233 971	649.13	64.08	511.96	524.97
2007	248 283	676.72	62.93	486.51	565.9
2008	275 668	791.43	69.36	560.73	672.45

年份	种数（种）	定价总金额 （亿元）	总印数 （亿册）	总印张（亿张）	库存总金额 （亿元）
2009	301 719	848.04	70.37	565.50	658.21
2010	328 387	936.01	71.71	606.33	737.80
2011	369 523	1063.06	77.05	634.51	804.05
2012	414 005	1183.37	79.25	666.99	880.94
2013	444 427	1289.28	83.10	712.58	964.40
2014	448 431	1363.47	81.85	704.25	1010.11
2015	475 768	1476.09	86.62	743.19	1082.44
2016	499 884	1580.96	90.37	777.21	1143.00
2017	512 487	1608.94	92.44	808.04	1220.97
2018	519 250	1870.90	82.91	757.20	1375.40

资料来源：新闻出版统计资料（2000 年至 2018 年）

在实现规模迅速增长的同时，我国出版物的总体质量也得到了显著的提高。如在图书出版方面，过去以单本书居多，现在中型和大型重点图书增多。图书再版率明显提高，由 20 世纪 80 年代初的 15%左右上升到目前的 50%以上（2018 年重版、重印图书 272 142 种）。国家制定实施了"八五""九五"……"十三五"重点书规划。以"十三五"国家重点出版物出版规划为例，包括 11 个子规划，即主题出版规划、重大出版工程规划、文艺原创精品出版规划、未成年人出版物出版规划、少数民族出版规划、古籍出版规划、辞书出版规划、社会科学与人文科学出版规划、自然科学与工程技术出版规划、音像制品出版规划和电子出版物出版规划。《中华大典》《大辞海》等国家重大出版工程的规划与实施，带动了出版物整体质量的提升。此外，随着"农家书屋"工程的推进，至 2016 年，全国已建成农家书屋 600 449 家，覆盖了全国具备基本条件的行政村，建成数字农家书屋 3.5 万家，我国广大农民"买书难，看书难"的状况已有所好转。全民阅读工程深入推进，全国已建成城乡阅报栏（屏）超过 10 万个，每年全国城乡有 8 亿人次参加各类全民阅读活动，出版业的繁荣为改革开放提供了精神动力和智力支持。

从产业与科技的结合情况来看，我国出版业正紧跟世界发展的潮流。数字化技术在出版业得到广泛应用，数字出版产业规模不断扩大，数字出版产业链日趋完善，数字出版形态更加丰富。2002 年，我国数字出版产业整体规模为 15.9 亿元，到 2018 年已经超过 8330.78 亿元。其中：互联网期刊收入达 21.38 亿元，电子书达 56 亿元，数字报纸（不含手机报）达 8.3 亿元，博客类应用达 115.3 亿元，在线音乐达 103.5 亿元，网络动漫达 180.8 亿元，移动出版（移动阅读、移动音乐、移动游戏等）达 2007.4 亿元，网络游戏达 791.1 亿元，在线教育达 1330 亿元，互联网广告达 3717 亿元。报刊媒体纷纷借助新兴媒体渠道，构建新媒体传播矩阵，在舆论格局中发挥"风向标"的作用。多家传媒集团均形成了"报+网+端+微"多介质、多形态、立体化的融媒体矩阵。大型互联网企业也向短视频市场集体发力，或搭建特色短视频平台；或通过战略投资，将短视频作为数字内容生态布局中的一环；或扶持创作团队，加强原创内容生产。

改革开放以来，我国出版业的对外交流也得到了稳步发展。自 1986 年以来我国成功举办了每两年一届的北京国际图书博览会（从 2002 年开始办展周期缩短为一年一届）和多届中国国际音像博览会、北京国际出版论坛，增进了中国出版界与世界出版界的相互了解。积极组织参加德国法兰克福等著名国际书展，积极推动中国出版走向世界。加入了《保护文学和艺术作品伯尔尼公约》、《世界版权公约》和《唱片公约》，保护著作权的法律体系基本形成并逐步与世界接轨。积极实施"走出去"战略，"经典中国"国际出版工程、中国图书对外推广计划、中国出版物国际营销渠道拓展工程、重点新闻出版企业海外发展扶持计划等新闻出版"走出去"重点工程取得重大进展，打开了 190 多个国家和地区出版物市场。中国与世界出版业的联系大大增强。

总体来看，我国出版业在发展过程取得了显著成就，主要表现在以下几点：出版物质量显著提高，产业规模迅速增长；管理体制改革稳步推进，结构调整初见成效；科技水平明显提高，载体形式不断丰富；法律法规不断健全，法制体系不断完善；对外交流和对外开放不断扩大；新闻出版公共服务体系初步建立。

在我国图书出版业迅速发展的同时，也存在一些发展过程中不可避免要遇到的问题，如在传统媒体和新兴媒体融合发展方面，虽然传统媒体的新兴媒体业务发展势头迅猛，但所占比重不高，传统媒体转型升级任务较重，还没有从相"加"迈向相"融"，同时网络舆论引导能力和实际效果有待提升。在内容产品质量方面，有数量缺质量、有"高原"缺"高峰"的问题依然存在，与人民群众日益增长的精神文化需求还存在差距，推出精品力作的任务依然繁重。在公共文化服务体系建设方面，还存在城乡区域发展不平衡、标准化均等化水平不够、数字化覆盖水平不高、长效机制不健全等问题，与全面建成小康社会的要求还不相适应。在产业发展方面，束缚新闻出版广播影视产业发展的体制机制性障碍尚未彻底消除，成熟的市场主体、完善的现代企业制度、健全的现代市场体系还处于建设之中，产业竞争力不强，规模化集约化水平不高，对文化信息消费和国民经济的拉动作用尚未充分显现。在科技创新方面，网络化、融合化、智能化水平不高，推动新闻出版广播影视技术与新一代信息技术的融合发展，实现全业务、全流程、全网络从数字化向智能化的战略转型任务依然艰巨。在国际传播能力建设方面，我国传媒机构的整体实力和竞争力与世界知名传媒企业还存在较大差距，生产世界级、划时代内容产品的能力还较欠缺，海外传播力和影响力有待进一步提高，传播效果有待进一步提升，与我国文化资源大国形象和日益提高的国际地位还不相称。

除以上提到的一些问题外，出版业在市场主体的打造、书号资源的管理、相关法律法规的完善、市场体系和秩序的规范等方面还存在一些问题，这些问题都有待于以习近平新时代中国特色社会主义思想为指引，在以改革创新推动出版业发展的过程中逐步得到解决。

第四节　《出版企业经营管理》的研究内容与方法

一、《出版企业经营管理》的学科特点和内容

(一)《出版企业经营管理》的学科特点

出版企业经营管理是出版业经营管理的一个重要的组成部分，属于出版业管理的微观层面，涉及具体的经营主体。它是一门系统地研究出版企业在经营管理过程中的普遍规律、基本原理和一般方法的科学。随着经营环境的变化，现代出版企业经营管理的内容和重点也在不断地发生变化，因此，现代出版企业经营管理是一门动态发展的学科，具有以下特点：

1. 一般性。虽然出版企业属于文化企业，与其他企业在产品特点、承担的社会责任和义务方面有所不同，但现代出版企业经营管理同样具有一般企业的共同特点，完全可以也必须充分吸收一般意义上的现代企业的经营管理基本思想及通用原理。

2. 独特性。出版企业作为文化企业，其生产产品属于精神产品，因此，从出版企业的经营管理目标来看，要特别注意突出经济效益与社会效益并重。这就决定了出版企业的经营管理中有着独特的一面，其经营管理的相关活动都是围绕此目标展开。

3. 历史性。现代出版企业经营管理是对我国出版企业以前的管理实践、管理思想和管理理论的总结、扬弃和发展。割断历史，不了解我国出版企业对管理经验的理论总结和管理历史，就难以很好地理解、把握和运用现代出版企业经营管理的相关知识。

4. 实践性。现代出版企业经营管理是一门应用性科学，具有很强的实践性。它的理论与方法是否有效，要通过出版企业的经营管理活动的实践来检验；同时，有效的经营管理理论与方法只有通过一大批优秀的出版社领导者的实践，才能带来实效，发挥其指导出版企业实际工作的作用，并在不断反复的实践中，完善现代出版企业经营管理这一学科的理论和方法。

（二）《出版企业经营管理》的研究内容

《出版企业经营管理》课程的研究对象是出版企业的经营管理活动和经营管理过程。现代出版企业经营管理活动和经营管理过程大多是围绕出版资源的有效利用以获得较大的经济效益和社会效益而展开的。因此，现代出版企业经营管理活动的重点，应侧重于出版企业的人力、财力、物力、信息等资源的有效整合和利用。其经营管理过程则体现了出版企业作为精神产品的生产单位，集知识与信息的创造与生产、知识与信息复制、知识与信息的传播三大主要过程。现代出版企业经营管理的任务，就是要在经营管理过程中，充分利用有限资源，最大限度地实现经营管理目标，在满足出版企业自身生存和发展的同时，为我国社会主义现代化建设提供充足的精神动力。

二、本课程的学习方法

在本课程的学习过程中，建议采用以下几种学习方法，以取得更好的学习效果：

（一）理论和实践相结合的方法

出版企业经营管理是一门应用科学，它和出版企业的经营管理活动的实践关系非常密切。计划、组织、分析和控制等经营管理活动的理论和方法，都是在总结现代出版企业经营管理活动实践的基础上形成的，而实践的经验一旦被总结成为理论和指导原则，又反过来指导实践工作，提高出版企业的经营管理水平。这种从实践上升到理论，再由理论回到实践的循环是现代出版企业经营管理这门学科发展的途径，也是学习现代出版企业经营管理这门课程所应采取的主要方法。

（二）定性分析和定量分析相结合的方法

定性分析和定量分析相结合，是现代企业管理的特征之一。定性分析对于处理出版企业在经营管理活动中出现的不可控的、难以度量的、无法建立数学模型进行科学计划的问题，具有很大的优势。定量分析则可以通过一定的量化模型，为决策提供科学的量化依据。定性分析和定量分析的结合有利于取长补短，能有效组织生产，提高现代出版企业经营管理水平，促进出版企业的科学发展。

（三）系统分析的方法

系统分析，是指以系统的观点来考察和研究问题。所谓系统是由两个或两个以上相互区别又相互联系、相互作用的要素组成的、具有特定功能的有机整体。一般来说，系统具有整体性、相关性、目的性、层次性、环境适应性等特点。系统分析的方法是指用系统的观点来研究和分析管理活动的全过程。

出版企业是一个系统，它包含若干个小系统。对出版企业各系统的管理要求实现系统的最优化，系统分析方法能使经营管理者全面地理解问题并提供解决问题的思路，实现对经营管理活动计划、组织、分析和控制的最优化选择。

现代出版企业经营管理是一门内容十分广泛的学科，以上所列三种研究方法只是现代出版企业经营管理中最常用、最典型的研究方法，而不是全部。这要求读者在学习时根据自己的实际情况理解、使用。

本章知识小结：

● 总体来看，我国早期出版组织的管理呈现以下特点：出版组织的目标是为了维护封建统治；尚没有形成系统的出版管理体系。新闻出版的日益法制化是近现代新闻出版业的一大特点，近现代出版业的另一大特点是图书流通与发行渠道的日益成熟。

● 新中国成立初期，形成了以国营出版为主体，编、印、发专业分工，统一书籍编校制度，统一版本、字体格式，统一书刊定价，统一书稿稿酬，统一书刊进出口工作等出版事业计划经济管理体系。

● 改革开放以来，我国出版业的经营管理体制改革，大概经历了三个主要阶段，即以放权让利为主要特征的市场导向改革阶段（1979年~1991年），以优化结构为主要特征的改革试点阶段（1992年~2002年），以推进建立现代企业制度为重点的全面深化改革阶段（2003年至今）。

● 我国出版业在发展过程取得了显著成就，主要表现在以下几点：出版物质量显著提高，产业规模迅速增长；管理体制改革稳步推进，结构调整初见成效；科技水平明显提高，载体形式不断丰富；法律法规不断健全，法制体系不断完善；对外交流和对外开放不断扩大；新闻出版公共服务体系初步建立。

● 《出版企业经营管理》课程的研究对象是出版企业的经营管理活动和经营管理过程。现代出版企业经营管理活动和经营管理过程大多是围绕出版资源的有效利用以获得较大的经济效益和社会效益而展开的。因此，出版企业经营管理活动的重点，应侧重于对出版企业的人力、财力、物力、信息等资源的有效整合和利用。

[思考题]

1. 简述改革开放以后我国出版业体制改革的三个基本阶段。并举出每一阶段分别有哪些代表性的文件和事件？

2. 请查阅相关资料，说说目前我国图书出版业发展过程中所面临的主要机遇和挑战。

3. 如何理解并运用系统分析的学习方法？

第二章　出版企业经营管理概述

本章学习目标：

- 理解和掌握出版的概念与内涵
- 了解出版活动的基本功能
- 理解和掌握出版物的概念、基本要素、出版物的类型
- 掌握出版企业的基本类型及特点
- 理解经营与管理的含义与基本属性
- 理解和掌握现代企业制度下现代出版企业经营管理的基本内容
- 了解出版企业的目标和社会责任

随着时代的变化与发展，"出版"的概念也在不断发展，出版物的类型也不断地丰富，现代出版企业经营管理的内涵和内容也在不断变化。因此，正确理解知识经济和信息时代下"出版"的内涵，既有利于出版企业在承担一定的社会责任的前提下，树立科学的经营管理理念，确定合理的发展目标，拓展经营管理的内容，还有利于出版企业正确看待出版产业的环境，提出科学的发展战略，实现可持续发展。本章从现代出版企业经营管理所涉及的一些基本概念出发，对出版企业的含义、类型等进行了分析，阐明了现代企业制度下现代出版企业经营管理的基本内容。

第一节　出版的概念及其功能

一、出版的基本概念

有关对出版概念的理解，有很多不同的看法，有的学者认为：出版是将作品编辑加工后，经过复制向公众发行。也有的学者认为：所谓出版，就是选择、整理著作物，通过一定生产方式将其复制在特定载体上，并以出版物的形态向社会传播的一系列行为。还有的学者认为：所谓出版，就是将知识信息产品经过加工后，以商品生产的形式大量复制在一定的物质载体上，并使其广泛传播的过程。

综合国内外专家学者对出版活动内涵认识的各种理解，本书认为：所谓出版，是指将知识信息作品经过加工后，以一定的生产方式将其复制在特定载体上，并使其广泛传播的过程。它既包括对作品的选择、编辑、复制等生产过程，也包括发布、赠送、销售（发行）等方式的传播过程。从这个概念出发，信息知识、复制和广泛传播构成了出版的三大要素。如图1-1所示。

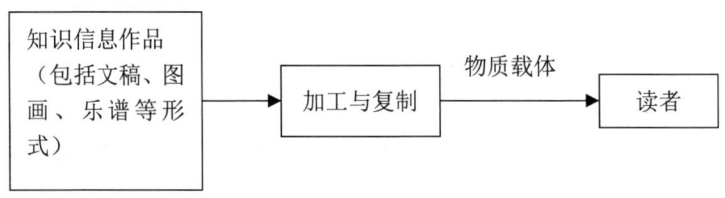

图1-1　出版活动的内涵

考察出版活动的内涵，不难发现出版活动具有以下几个基本特征：

1. 出版是对已有的作品进行深层次开发的社会活动。出版不是对原始信息进行开发，而是对现成的作品进行开发。接受原始信息，将其归纳成知识，形成知识产品的任务，已由作者完成，或者说已主要由作者完成，已有作品的形成过程属于作者劳动过程，不归属于出版活动。作家创作、画家写生、音乐家谱曲等，都不能算出版，就是这个道理。

2. 出版是对原作品进行编辑加工，使其具有适合读者消费的出版物内容的过程。出版过程虽不是知识信息的主要形成过程，却是一个对知识信息体系进行选择的过程，这种选择是按照适合读者消费的要求进行的，并且，还要按照同样的要求对所选定的作品里的知识信息进行整理、补充、完善，也就是通过编辑工作对原作品进行编辑加工。

3. 出版是对加工好的已有作品进行复制，使其具有能供读者消费的一定载体形式的过程。无论采用何种方式对作品进行复制，都是使加工好的知识信息具有能供读者消费的载体形式的过程。只有经过大量复制，作品中所含的知识信息才能被众多的读者接受。电视、广播、网站等传播行为与出版的区别主要在于复制这个基本要素上，其传播行为从本质上不属于出版的范畴，但如果将其节目内容进行大量复制，以书刊、磁带、光盘等形式传播时，就构成了出版。

4. 出版包括将出版物公之于众的过程。通过各种方式将出版物广泛向读者传播，也是出版活动的重要内涵。从西方对"出版"这一词汇的演变来看，法语 Publier 和英语 Publish 均源自拉丁语 Publicare，而拉丁语 Publicare 的本义却是"公之于众"。可见，在赋予"出版"的众多含义中，"公之于众"的含义更有着特殊的地位。

由于信息知识载体的不断变化、信息知识记录方式的不断丰富、信息知识复制技术的不断发展，导致了出版工作的流程、手段、方法、材料、技术以及运作模式等的改变，变革着出版结构和出版管理体制。在过去相当长的时间里，人们将纸、印刷技术、编辑等作为出版活动的基本要素，这在当时的历史条件下是合理的，但随着出版载体、复制方式的增多，这种看法显然存在很大的局限性，在实践中也无法真正把握出版的实质。现代信息出版技术的发展，使人类在实现了桌面出版（Desktop Publishing）、网页出版（Web Publishing）之后，又迎来跨媒体的数字出版（Digital Publishing）新时代。

二、出版活动的功能

出版活动对文化知识的传播积累，对社会经济的繁荣与发展，以及对社会秩序的稳定、信息的沟通、人际的交往等，都有着非常重要的意义。出版活动所具有的功能，使其在推动人类社会文明的前进与发展中扮演着非常重要的角色。总体来看，出版活动具备以下四个方面的功能。

1. 政治功能

出版活动的政治功能主要表现在思想教育与舆论导向上。出版是人类精神活动的重要传播媒介，科学的进步、思想文化的积累离不开出版，特别是报刊和图书对于政治宣传、思想教育的巨大作用尤其不可忽视。由于出版物可以从多个方面去影响读者的立场、观点和行为，因此，出版物是宣传思想的有力武器，任何阶级、学派、团体、宗教，无不利用这一武器来宣传自己的思想。

2. 文化功能

出版文化功能包括文化选择功能、文化生产功能、文化传播功能、文化积累功能。出版的文化选择功能是通过出版活动中的编辑工作环节来履行的。不论是对出版物的选题，还是对某一部作品进行的具体编辑加工，都是一种去劣存优的文化选择过程。出版的文化生产功能是出版物生产的性质所决定的。出版其实就是一种文化承载物的生产，它是作者文化创造的继续，编辑对著作（书稿）的选择、整理、审读、加工等都是一种文化创造活动，不仅如此，出版生产的产品——出版物中还融进了质的变化。出版的文化传播功能是通过出版活动中的批量生产及出版物的广泛传播过程来实现的。批量生产为出版物的流通创造条件，而流通则直接使蕴含于出版物中的知识信息得到广泛的传播。人类积累精神财富，往往需要通过一定中介，被编辑、印刷，制作成物质载体形态的产品——图书、期刊、报纸以及电子音像出版物，才可能成为全社会共同的精神财富。这个中介便是出版。出版的文化积累功能是通过出版物为旧文化的保存与新文化的增长创造条件来实现的。在人类文化发展的历史上，出版物的产生、印刷术的发明、出版技术的改进以及图书流通的发展，都对旧文化的保存和新文化的增长起了巨大的推动作用。

3. 经济功能

出版活动的经济功能概括为三个方面：一是贡献产值功能，出版活动能向社会提供出版物或出售版权，直接创造产值，构成国民经济总产值的重要部分；二是经济促进功能，出版活动能传播知识，提高劳动力素质，促进社会生产力的发展；三是经济服务功能，出版活动能传递信息，为经济决策与管理提供信息服务。

4. 社会功能

出版活动的社会功能，是指出版活动对社会环境产生的功用。主要包括社会交流、社会教育、消遣娱乐三个方面。出版活动的社会交流功能，主要表现为出版物作为一种重要的信息媒介，能在社会成员之间进行广泛的信息交流与沟通。出版活动的教育功能，是指出版物所具有的教育价值。读者通过阅读各类出版物，获取新的知识和信息。娱乐是人们不可缺少的一种精神需求。许多人阅读图书报刊等出版物的一个重要动机，就是要从其内容中得到娱乐、消遣和休息。这就是图书出版活动的消遣娱乐功能。

第二节　出版物及其构成

一、出版物的概念

从前述的出版的概念出发，我们可以为出版物下这样一个定义：出版物是附着在一定的载体上，通过文字、声音、图像等方式表述其精神内容，向公众传播的作品，它是出版活动的成果和产品。

综合以上界定，我们可以概括出出版物具有的三个基本特征：

1. 精神内容。即采用文字、图画、声音或其他符号，按照一定的主题或结构，记录或表述知识、信息等内容。此项工作由作者完成。这一要素表明出版物本身是一种精神产品。

2. 物质载体。即通过印刷或非印刷的方式将精神内容复制在便于携带的物质载体上。也就是将精神内容和物质形式进行有机的高度的结合，使之成为物化的精神产品。印刷是迄今为止复制的主要方式，但并非唯一方式。

3. 用于传播。即通过销售或赠送的方式实现向公众传播的目的。这一要素将出版物和非出版物区别开来。

从理论上讲，出版物概念广义上的界定是具有一定科学性的，但在实践中存在一定的局限性，尤其是在网络出版日益兴盛的今天，网上发布的东西越来越多，如果将它们统统定义为出版物，将会给出版物的管理带来很大的难度。

二、出版物的基本要素

随着现代信息出版技术的发展，出版物的种类和形态呈多样化的发展趋势，因此，在把握出版物概念时，应注重对其基本组成要素的掌握，只要掌握了基本的构成要素，就可以对不同类型和形式的出版物有清晰的认识。

我们将出版物基本要素主要概括为：信息知识、存储载体、信息知识的表达方式、复制手段、向公众广泛传播和具有出版物标识六项基本要素。

1. 信息知识

信息知识是构成出版物的基本要素。无论是何种出版物，若载体上没有记录信息或知识，出版物也就成为无源之水、无本之木。出版物上承载的信息知识，使出版物供人们学习、研究、欣赏、消遣等功能得以实现。正是由于这个要素的存在，才能够将出版物与笔记本、账簿、记事本等区别开来。

2. 存储载体

信息知识一定要附着在一定的载体介质上，存储载体是构成出版物的又一要素。随着科技的不断进步与发展，存储载体也在不断发展变化着。载体形态多样化发展的趋势，是导致出版物类型增多的主要原因之一，而且这种趋势还将发展衍生下去。存储载体的不同，造成了信息知识复制手段和内容编排的不同。如纸质出版物的复制方式最主要和最重要的是印刷，内容处于静态的稳定状态；网络出版物的复制手段更多，更加快捷，方便检索，如果不加以限制，其内容可以由阅读者随意改变。技术的发展促进了载体的多样化，也促进了载体间的相互转化，这为出版物增值活动的开展奠定了基础。

3. 信息知识的表达方式

信息知识通过文字、图画、图像、符号、数字、声音以及代码等将其所代表的内容表述出来，并将其存储在载体上。出版物载体不同，信息知识的表述方式也有所差异。单纯以纸张为信息知识存储载体，如果没有其他技术的加入，是无法表述声音和活动的图像的。网络技术的发展，使文字、图像、声音等同时在出版物中出现成为现实。

4. 复制手段

雕刻、书写、印刷、录音、录像、电脑显示、下载、打印等都是出版物复制的手段。复制手段与出版物载体的发展并不完全是同步的。如纸张最重要的复制方式是印刷，但印刷技术并不是与纸张同时发明的。印刷术发明后，复制手段与载体的发明又是相对保持一致的，如电子出版物和网络出版物的载体与复制手段，二者的结合就较为紧密。

5. 向公众广泛传播

供个人学习用的日记、笔记等，虽然具备以上四种基本要素，但一般不属于出版物，这是因为它们不具备"公之于众"这一出版物的基本要素。这些个人日记和笔记等若公开出版，则成为出版物。这一要素不仅要求出版物应当广泛传播，而且还要求在传播时间上有一定的持久性。广播、电视等大众媒体有广泛的传播性，但其传播内容具有强烈的瞬时性特点，如果其内容没有被复制到其他载体，若播放完了，想再听、再看是很难的。

6. 具有出版物标识

出版物作为一种社会产品，为社会所用，也被社会管理。国际和国内的有关标准化组织以及出版界等各种信息知识生产与管理部门对正式出版发行的出版物应有的标识，从各方面作了一些规定，如我国正式出版物上应当有中国标准书号、中国标准刊号、中国标准书号条码（ISBN 码）、中国标准刊号条码（ISSN 码）、图书在版编目（CIP）数据以及中国标准音像制品码等。在具备以上五要素的基础上，正式出版发行出版物时，还应该掌握各种有关出版物标识的国际标准、国家标准及有关规定，并在出版物上做出相应的标识。

三、出版物的类型及特点

根据不同的分类标准，出版物可以分成多种类型。

我们可以根据物质载体的不同，对出版物进行分类。从出版物的定义出发，出版物包括出版机构出版的图书、期刊、报纸、图片、图册、挂历、印刷宣传品以及各类音像制品、电子出版物、网络出版物等，也包含其他单位部门或个人的各类广告邮寄宣传品，网上发布的各种信息等。不同类型出版物的特性并不相同，但又具有共同的属性，可以在一定条件下实现相互的转化，以扩大其社会功能。

我国2016年修订的《出版管理条例》指出："本条例所称出版物，是指报纸、期刊、图书、音像制品、电子出版物等。"我国在2002年8月1日正式实施了《互联网出版管理暂行规定》。也就是说，如果按物质载体的不同，我国现有的出版物主要包括以下几类：

1. 图书

图书包括书籍和图册，因图文经常结合使用，故常不加区分，视为一类。其基本特点是：纸质印刷，独立成册。一种书的开本、篇幅、装帧形式和出版期限都可独立选取，但书的内容一般有稳定性，体系、文体相对完整、统一，积累、传播作用都强，一册书采用一个定价、一个书号，可独立销售、使用和再版。中国规定正式出版的图书均需印出版本记录，内容包括书名、作者、出版者、印刷者、发行者、开本、印张、字数、版次、印次、印数，中国标准书号、定价、出版年月等。不装订成册的不算图书。

2. 报纸

报纸的特点是纸质印刷，散页发行，以刊载新闻、广告及新闻评论的内容为主，定期连续出版，每期篇幅稳定、定价同一，但内容、文体多样化。由于它信息传播快速，因而有较强的宣传功能，对社会舆论的影响比较大，常是各级政府传达方针政策的重要工具。中国规定正式出版的报纸都应刊出国内统一刊号、出版日期、期号、发行方式及邮发代号、报社地址、电话、邮编、定价、印刷厂名及广告经营许可证编号。

3. 期刊

期刊是介于书报之间的一种纸质印刷出版物，既定期连续出版，各期篇幅、开本、定价一致，文体多样化，又加有封面并装订成册。内容有的注重时效，也有的注重相对稳定，兼具积累、传播知识信息、宣传和娱乐的功能，对不同刊期，不同性质的刊物可有不同的侧重。正式出版的期刊也应刊出刊头说明，内容包括刊名、刊期、出版年月日、主办者、编辑者、出版者、印刷者、发行者、广告经营者、定价、中国标准刊号、国内统一刊号等。

4. 音像制品

音像制品是以声音、图像为主要信号，以磁带、胶片等为主要载体的出版物，与书、刊、报等纸质出版物有较大的不同。它既可静态地使文字记录再现，又能动态地表达事物。正式出版的音像制品都应在装帧纸、片芯纸上印出中国标准音像制品编码（ISRC 码），包括出版者码及年度记录码。前者是以英文大写字母加两位数字，后者包括录制年码、记录码、记录项码及类别代码。申请表中需要对每一项独立节目说明节目名称、表演者、作曲（编剧）者、作词（导演）者、节目时间、出版单位、出版时间、录制方式、载体形式。

5. 电子出版物

电子出版物是指以数字代码方式将图文声像等信息编辑加工后存储在磁光电介质上，通过计算机或者类似功能的设备读取使用的一种新型出版物。包括计算机软件及各种激光盘片，是运用机读数据记录信息、利用计算机及多媒体技术使之高密度地存储于磁盘、光盘、芯片等载体上。主要的电子出版物形态有软磁盘、只读光盘（CD-ROM）、交互式光盘（CD-I）、照片光盘（Photo-CD）等。

6. 网络出版物

网络出版是继以光盘出版为代表的电子出版后的又一种新的出版形

式，其最显著的特点为：信息知识以数据库形式进行存储，在网络上发布与传播；如果没有技术的限制，那么它既可以在网络上阅读，也可以打印下载，还可以转化为印刷出版物，或单机版的电子出版物。

以上是根据其物质表现形式的不同所做的分类，此外，还可以有以下几种分类方法：

1. 根据出版物的内容及其管理、制作和生产方式可以划分为合法出版物和非法出版物。合法出版物是指出版物的内容及其编辑、制作、复制、发行、销售等各个环节符合国家有关的出版法律、法规、条例、政策等的出版物。非法出版物则是指在内容与出版环节上不符合国家有关法律、法规、政策等的出版物。

2. 在内容符合国家有关要求的前提下，出版物根据出版方式又可以划分为正式出版物和非正式出版物。正式出版物是指经过国家正式出版单位正式出版的，并在社会上广泛分销的出版物。非正式出版物一般相对于正式出版物而言，它是指由正式出版单位出版或以委托印刷的方式出版，在社会一定范围内传播的出版物，它与正式出版物最大的区别是不具有书号、刊号、版号等出版物标识，如会议文献、学位论文、内部资料等。

3. 按出版物出版的时间顺序以及出版物内容之间的关系，可以分为一次文献、二次文献、三次文献等。一次文献指的是首次发表、出版的出版物，如一般的图书、期刊、报纸等。二次文献是指在一次文献基础上出版的书目、索引、文摘、参考数据库、全文数据库等；三次文献指的是在一次和二次文献基础上综合分析、重新编写而成的文献，如专题评述、综述、进展报告以及书目、索引指南等。

四、出版物的双重属性

所谓出版物的双重属性指其既具有精神产品的属性，提供精神的满足；也需要物化为物质产品，使之具有物质属性，成为商品，按经济规律办事。

出版物既是精神产品也是物质产品。所有的出版物都具有二重性，它传达的是一种观念、一种思想、一种知识、一种价值观，表现为观念形态的东西；但同时，它又是一种产品，有一定内容的载体和形式，有一定的市场价值，它又是物质的。这种二重性使其在生产、交换与消费的过程中表现出独特的产品属性。但在出版物的本质属性问题上，出版界尚存比较大的争论，主要有以下三种观点：第一种观点认为出版物是精神产品，不是一般意义上的商品。商品属性只是出版物属性之一，而非本质属性。出版物的本质属性是精神产品属性。第二种观点则认为出版物就是商品，而不是什么特殊商品，过分强调出版物的特殊性，这不利于出版物在发行和流通过程中的市场化。出版物作为一种产品的特殊性，其实只能表现在它的使用价值和体现方式上，从这个意义上说，任何商品都有特殊的使用价值，再特殊还是商品。第三种观点认为出版物的商品性和特殊性是辩证统一的，不应该将两者对立起来或割裂开来。这种观点由于把图书产品的一般性和特殊性融合起来考虑，受到了出版业主流人士的肯定。

出版物的产品属性，决定了图书出版业具有社会价值和经济价值既相融合又相矛盾、精神和物质生产一体化、垄断与竞争兼备的交叉型风险性的产业特征。新闻出版业是一个具有双重性的产业。一方面它具有意识形态的属性，所有的出版物都要表达一种文化观、世界观；另一方面它又是市场上的一类商品，报刊、音像、电子产品都要进入流通，都有商品属性。2015年9月，印发的《中共中央办公厅、国务院办公厅关于推动国有文化企业把社会效益放在首位、实现社会效益和经济效益相统一的指导意见》是新时代指导出版业把社会效益放在首位、实现社会效益和经济效益相统一的纲领性文件，要求出版工作必须坚守社会效益为先的底线，同时兼顾社会效益和经济效益的统一发展。

第三节　出版社的含义、类型及业务范围

一、出版社的含义

所谓出版社，是指经国家新闻出版行政管理部门审核批准并履行注册手续、从事出版活动、具有法人资格的出版机构。

我国出版单位实行法人制度。2016 年国务院修订的《出版管理条例》规定了出版单位应具备法人条件，经核准登记后，取得法人资格，以其全部法人财产独立承担民事责任。法人出版报纸、期刊，不设立报社、期刊社的，其设立的报纸编辑部、期刊编辑部视为出版单位。

根据《出版管理条例》的相关规定，出版单位设立的条件主要有：

1. 有出版单位的名称、章程；

2. 有符合国务院出版行政主管部门认定的主办单位及其主管机关；

3. 有确定的业务范围；

4. 有 30 万元以上的注册资本和固定的工作场所；

5. 有适应业务范围需要的组织机构和符合国家规定的资格条件的编辑出版专业人员；

6. 法律、行政法规规定的其他条件。审批设立出版单位，除依照前款所列条件外，还应当符合国家关于出版单位总量、结构、布局的规划。

值得一提的是，近些年来，我国出版界出现了很多民营出版公司，如磨铁、新经典等、大多经过工商登记，领取了营业执照，并实行股份制经营。它们在选题策划、资本运作和市场营销方面有较强的实力，往往都与一家或多家出版企业有稳定的合作关系。目前，书号资源是国家出版行政管理部门的垄断资源，只有国有出版社或出版单位才拥有。民营文化公司有些是合法的，有些却打政策的擦边球。也就是说，这些民营文化公司，其业务已涉足出版社的各个业务环节，它们缺的是书号、刊号。而要想顺利完成其工作，就必须与国有出版单位合作，从而拥有书号资源。

二、出版企业的类型及特点

出版企业可以从不同的角度做不同的划分。不同类型的出版企业既互相补充、互相协作，又相互制约、相互竞争。

按出版社主管部门和主办单位的社会地位不同，可分为中央、地方、大学及其他四类出版社。

中央出版社的主管部门和主办单位是中央相当部委一级的机关和团体。这类出版社立足主管部门所在系统，面向全国组稿、出书，大都成立较早，实力较强。它们的任务以其主管部门所分管的业务领域为重点，一般专业性的特点比较突出。如人民卫生出版社是国家卫生健康委员会下属的出版社，其业务领域主要为医疗卫生方面，所出版的图书也以该领域为主。

地方出版社的主管部门和主办单位都是地方人民政府。这类出版社一般立足所在省份，面向全国组稿、出书，其市场范围以本省及相邻省份为重点。这类出版社多数规模不大，但市场相对稳定。

大学出版社的主管部门为国家或省市的教育行政管理部门，主办单位为它们所属的高等学校。这类出版社主要是立足本校，面向全国组稿、出书。它们有独特的为教学和科研服务的功能优势，又有丰富的作者资源，两者相辅相成。大学出版社主要出版学术专著和教材等，在学术出版中占有很重要的地位。由于高等学校有国务院各部委直属和省、市主管之分，所以大学出版社也常被认为有中央和地方的区别。

除以上三大类以外，我国还有少数大报刊、大公司所属的出版社，如人民日报出版社、新华通讯社所属的新华出版社以及石化总公司所属的石化出版社等。

按出版社的专业性特点可分为综合和专业出版社。综合出版社的学科和书类的范围较宽，比如人民出版社。专业出版社是指出版某一学科、专业或图书门类的图书为主的出版社，又有社科、科技、教育、文艺等类的区别，如中国社会科学出版社、人民美术出版社等。

出版社按规模大小，又可以分为大型、中型、小型出版社。从业人员在 300 人以上，年出书在 2000 种以上的出版社可称为大型出版社，如高等教育出版社。从业人员在 100 人至 300 人之间，年出书品种在 300 种至 2000 种之间的属于中型出版社。而人员在 100 人以下，年出书 300 种以下的属于小型出版社。

如果按主要服务的读者对象和目标市场划分，出版社还可分为教育出版社、专业出版社、大众出版社等。教育出版社主要出版与学习、教育及培训有关的出版物，如高等教育出版社；大众出版社主要出版与大众的日常生活、休闲阅读以及文化体验相关的出版物，如长江文艺出版社；专业出版社主要出版与职业和行业有关的出版物，如清华大学出版社。

国外的现代出版企业一般有三种类型；一是政府出版机构，一般附属于政府某个部门，没有独立的主体地位，其出版物是为社会公益事业服务的，大都免费派送。二是经营性的非营利组织，发达国家的大学出版社一般采用这种企业形态，如美国哈佛商学院出版公司、英国牛津大学出版社、英国剑桥大学出版社等都是这样的企业。这类出版企业也完全采取公司制的形态，其运营与其他公司制企业并无不同，只是其出版的内容更多地偏重学术和文化，因此政府对这类出版企业给予免缴所得税的优惠政策予以扶植，但同时也规定其公司利润不得用于股东分红，而必须继续用于教育和文化事业。三是股份有限公司，其中有的是上市公司。这类企业是发达国家出版企业的主流形态，所有的大型出版集团均采用这种形态，如美国三大教育出版集团——培生教育出版公司、麦格劳-希尔出版公司、汤姆森学习出版集团都是上市的股份有限公司。这类出版企业的市场销售约占发达国家出版市场的90%左右。

第四节　出版企业经营管理的内涵及基本内容

一、经营管理的含义

经营与管理是两个不同的概念。企业经营解决企业的方向、市场、战略等问题。企业在市场上干什么、如何干、如何调整、如何发展等经营决策对企业的生存与发展至关重要，战略性的经营决策涉及企业的宏观和全局问题，如果出错会给企业带来灾难性的损失。衡量企业经营的指标是效益。经营属于开源，是挣钱，其目的是让企业的资本不断获得最大的增值机会。而企业管理解决企业内部员工的秩序、纪律、工作胜任能力、积极创造性和提高资产利用效率等问题。衡量管理的指标是人、财、物的效率，即劳动生产率、资金周转次数（天数）、单位产品能耗与物耗等。向管理要效益，则是具体通过提高质量、降低成本、提高劳动生产率和资产利用率、加速资金周转、节约物耗等来实现的，管理的目的是充分调动员工的积极性与创造性，共同为实现企业的经营目标而高质量、高效率地工作。成本、质量、效率是管理永恒的话题。管理属于节流，是省钱，是企业的内部和局部问题，是企业生存和发展的保障。

因此，现代出版企业经营管理的关键必须以读者为中心，以市场需求为导向，强调以满足读者需求为核心，其重点为积极进行出版企业品牌建设，建立读者对出版企业品牌的信任度及忠诚度，关怀、贴近、服务顾客，培养顾客群，市场策划与开拓，销售渠道与网络建设，树立良好的公共关系与形象，通过资产经营与资本经营加速出版企业发展等。

从二者产生的根源来看，经营与管理也有区别。经营是市场经济的产物，萌芽于商品经济，形成于市场经济。计划经济年代，企业没有经营，整个国民经济由国家在经营，但企业有管理；市场经济初期的短缺经济时代，因产品供不应求和供求基本平衡，企业经营的重要性并不显著；唯有进入买方市场的真正市场经济时代，市场对资源的配置发挥着更大的基础性作用，在日益激烈和残酷的市场竞争中突显出了企业经营的作用，丰富和发展了企业经营的内涵和外延。管理是集体劳动和分工协作的产物，一个人不需要管理，但凡有集体劳动和分工协作马上产生管理。

但是，经营与管理是辩证统一的。首先，二者的根本目标一致。企业经营与管理根本目标都可概括为顾客满意并取得合理利润，从而实现企业价值的最大化，为顾客、股东、员工创造出更多的财富和价值。其次，经营与管理是企业齿唇相依的不可或缺的两个重要的不同领域，像人的左脚与右脚，必须交替前行，齐抓共管，既外抓市场经营又内抓规范管理，相互促进，才能促进企业的健康发展。且企业管理的历史远远久于企业经营。从广义的角度看，作为社会科学的大学科，管理学包容了企业经营学，企业经营学则是到了市场经济阶段从企业管理学分立与分解出来的新学科。

在国家实行计划经济的相当长的一段时间里，出版社由于在体制的束缚下，经营与管理完全隔离。出版社只是按照上级的计划和决定，搞好内部的管理工作。当时的出版社，只管编印出书，而选题、书价、成本等都由上级部门统一安排，成书由新华书店包销，出版社的盈亏自然也由国家统一承担。这种做法严重约束了出版社的活力。

在社会主义的市场经济体制下，特别是近年的出版单位改革过程中，出版社逐步由生产型向生产经营型转化，重视经营、重视销售、重视市场、重视效益的观念日益深入人心，经营的自主权得到逐步加强。在日趋激烈的出版物市场竞争中，有越来越多的人认识到，搞好出版社是一项较为复杂的系统工程，市场是出版社的领导，经营是出版社的龙头，管理是出版社的基础，技术是出版社的工具，必须以创新的观念促进出版社的经营、管理、技术的全面创新，并以技术创新促进出版社经营、管理的创新，以管理服务于经营，以管理创新服务于经营创新，从而促使出版社达到既能满足读者需求又能取得合理利润，即获得资本的最大增值，为读者、国家和员工创造出更多的财富与价值的目的，使出版社得以更好地生存与发展。

二、经营管理的基本属性

第一，经营管理具有二重性。所谓经营管理的二重性，是指经营管理的自然属性和社会属性。一方面，经营管理是由许多人进行协作劳动而产生的，是有效组织共同劳动所必需的，具有同生产力和社会化大生产相联系的自然属性；另一方面，经营管理又体现着生产资料所有者指挥劳动、监督劳动的意志，因此，它又有同生产关系和社会制度相联系的社会属性。此外，从经营管理活动过程的要求来看，既要遵循管理过程客观规律的科学性要求，又要体现灵活协调的艺术性要求，这就是经营管理所具有的科学性和艺术性。

1. 经营管理的自然属性。经营管理是由人类活动的特点所产生的，人类的任何社会活动都必定具有各种管理职能。马克思曾经指出："一切规模较大的直接社会劳动或共同劳动，都或多或少地需要指挥，以协调个人的活动，并执行生产总体的运动——不同于这一总体的独立器官的运动——所产生的各种一般职能。一个单独的提琴手是自己指挥自己，一个乐队就需要一个乐队指挥。"可见经营管理是人类社会活动的客观需要。

经营管理也是生产力。任何社会任何企业，其生产力是否发达，都取决于它所拥有的各种经济资源或各种生产要素是否得到有效的利用，取决于从事社会劳动的人的积极性是否得到充分的发挥，而这两者都有赖于经营管理。在出版企业外部环境基本相同的情况下，有不少出版企业其内部条件如资金、人员素质和水平基本类似，但经营结果、所达到的生产力水平却相差悬殊。同一个出版企业有时只是更换了出版社主要领导，例如换了社长，企业就可能出现新的面貌。其原因就在于经营管理，由于不同的领导人采用了不同的经营管理思想、制度和方法，就会产生完全不同的效果。

经营管理的上述性质并不以人的意志而转移，也不因社会制度意识形态的不同而有所改变，这完全是一种客观存在，所以，我们称之为经营管理的自然属性。

2. 经营管理的社会属性。经营管理是为了达到预期目的所进行的具有特殊职能的活动。谁的预期目的？什么样的预期目的？实质上就是"为谁管理"的问题。

在人类漫长的历史中，经营管理从来就是为统治阶级、为生产资料的占有者服务的。经营管理也是一定社会生产关系的反映。国家的管理、企业的经营管理以至于各种社会组织的管理概莫能外。列宁对此有过十分深刻的分析："资本家所关心的是怎样为掠夺而管理，怎样借管理来掠夺。"因此，资本主义企业管理的社会属性具有剥削性。

在我国，公有制实现形式也正在向多样化方向发展，股份制、股份合作制及其他有效的资本组织形式，正在被愈来愈多的企业所采用，所有权和经营权分离已成为国有企业改革的目标之一。企业经营管理的形式正在发生急剧的变化，但经营管理的社会属性并未发生根本性的变化。

第二，经营管理既是一门科学，又是一种艺术。

经营管理的科学性是指经营管理作为一个活动过程，其间存在着一系列基本客观规律。人们经过无数次的失败和成功，通过从实践中收集、归纳、检测数据，提出假设，验证假设，从中抽象总结出一系列反映管理活动过程中客观规律的管理理论和一般方法。人们利用这些理论和方法来指导自己的经营管理实践，又以经营管理活动的结果来衡量经营管理过程中所使用的理论和方法是否正确、是否行之有效，从而使经营管理的科学理论和方法在实践中得到不断的验证和丰富。因此说，经营管理是一门科学，它以反映经营管理客观规律的理论和方法为指导，有一套分析问题、解决问题的科学的方法论。

经营管理的艺术性就是强调其实践性，没有实践则无所谓艺术。这就是说，仅凭停留在书本上的经营管理理论，或背诵原理和公式来进行经营管理活动是不能保证其成功的。主管人员必须在经营管理实践中发挥积极性、主动性和创造性，因地制宜地将经营管理知识与具体活动相结合，才能进行有效的经营管理。所以，经营管理的艺术性，就是强调经营管理活动除了要掌握一定的理论和方法外，还要有灵活运用这些知识和技能的技巧和诀窍。

从管理的科学性与艺术性可知，有成效的管理艺术是以对它所依据的管理理论的理解为基础的。因此，二者之间不是互相排斥，而是互相补充的。经营管理的专业训练不可能培训出"成品"的主管人员，却是为通过实践进一步培训主管人员的一个良好的开端，它为培养出色的主管人员在理论知识方面打下坚实的基础。

因此，经营管理既是一门科学，又是一门艺术，是科学与艺术的有机结合体。经营管理的这一特性，对于学习经营管理理论和从事经营管理工作的主管人员来说也是十分重要的，它可以促使人们既注重经营管理基本理论的学习，又不忽视在实践中因地制宜地灵活运用，这一点，可以说是经营管理成功的一项重要保证。

三、现代企业制度下出版企业经营管理的基本内容

（一）出版企业建立现代企业制度的概念

党的十四届三中全会通过的《中共中央关于建立社会主义市场经济体制若干问题的决定》明确指出：以公有制为主体的现代企业制度是社会主

义市场经济体制的基础。建立现代企业制度，是发展社会化大生产和市场经济的必然要求，是我国国有企业改革的方向。

现代企业制度是以企业法人制度为基础，以企业产权制度为核心，以产权清晰、权责明确、政企分开、管理科学为条件而展开的由各项具体制度所组成的、用于规范企业基本经济关系的制度体系。它是为适应我国国有企业制度创新的需要而提出来的特定概念，是企业制度的现代形式。

从出版社的角度看，出版社既是精神文明建设的一项事业，又是国民经济的一项产业。出版企业要争取更大繁荣，以更好地满足国民经济和社会发展，离不开建立既适应社会主义市场经济体制又体现出版产业性质的行为规范。这种行为规范的基础就是现代企业制度。出版企业必须遵循市场规律，在坚持社会效益为首位的同时，也必须像一般工商企业一样加强经营管理，转换经营机制。适应社会主义市场经济体制，对出版企业来说，最主要的是根据出版产业的特点，在生产经营活动中，充分运用和发挥市场对生产经营的激励或约束作用，增强其在市场经济中的应变能力、竞争能力和自我发展能力。

（二）基本特征

作为现代企业制度的基本特征，出版企业在建立现代企业制度的过程中，必须做到产权清晰、权责明确、政企分开、管理科学。

1. 产权清晰

产权清晰是指要以法律的形式明确出版企业的出资者与出版企业的基本财产关系，尤其要明确出版企业国有资产的直接投资主体；明确国家作为出版企业国有资产出资者的有限责任，彻底改变国家对出版企业的债务实际上承担无限责任的状况，以确保国有资产的合法权益。

产权清晰首要的也是最起码的要求，是要弄清"家底"，即弄清每个出版企业的资产总额，包括流动资产、固定资产、无形资产及其他类别的资产。这里特别重要的是，要符合建立社会主义市场经济体制的要求，通过资产评估，按照法定程序，运用科学方法，对资产某一时点的价格进行评定和估算。为此，就必须建立包括资产评估的主体、客体、目的、程序、标准和方法在内的要素体系。

产权清晰的第二个内容，是要明确资产所有者代表。从所有者（所有权）归根到底要决定和制约经营者（经营权）这个意义上说，所有者代表缺位，甚至千呼万唤难寻觅的状况，是国有资产实现保值增值的最根本障碍，也是国有资产流失的最危险根源，是体制性的缺陷。国有资产代表不确定，或者定位不准确，以经营国有资产为目标的国有企业，不可能真正成为独立的法人实体和市场竞争主体。

2. 权责明确

权责明确是指要明确股东和出版企业法人主体两方面的权利和责任。出版企业的出资人依法享有股东的各项权利，同时也以其出资额为限对出版企业债务承担有限责任。代表国家的政府作为出版企业国有资产的出资人，要切实转变出版企业预算约束软化的问题，不再对出版企业的债务承担实际上的无限责任。出资人不直接参与出版企业的具体经营活动，不直接支配出版企业的法人财产。

从另一个方面讲，出版企业作为法人主体，拥有法人财产权，以全部法人财产独立享有民事权利、承担民事责任，依法自主经营。出版企业以独立的法人财产对其经营活动负责，以其全部资产对债务承担责任。通过建立企业法人制度和公司制度形成企业的自负盈亏机制和对出版企业经营者的监督机制。出版企业法人财产权的行使要受出资人所有权的约束和限制，必须对出资人履行义务，依法维护出资人权益，对所有者承担资产保值增值的责任，而不是以损害出资人的合法权益为前提。

3. 政企分开

政企分开是指在理顺出版企业国有资产产权关系、产权清晰的基础上，实行企业与政府的职能分离，建立新型的政府与企业的关系。

第一，政企分开是指要把政府的社会经济管理职能和国有资产所有权职能分开。主管部门与政府与出版企业的关系，从社会经济管理者和被管理者的角度看，要用行政法来调整；从国有资产所有者和法人财产支配者的角度看，要用民法来调整。

第二，要把主管部门和政府的行政管理职能和出版企业的经营管理职能分开。政府主管部门主要通过法律法规和经济政策等宏观措施调控市场，引导出版企业健康发展；政府主管部门对出版企业的监督管理有些可通过诸如会计师事务所、律师事务所等中介组织来实现。要取消出版企业与政府主管部门之间的行政隶属关系和出版企业的行政级别，对出版企业的管理人员不应像对国家公务员那样进行管理。

政企分开要求出版企业一定要作为一个企业进行运作，按经济规律建设、发展。同时也要求行政主管部门不能像对党政机关一样下命令：一方面向出版企业要效益，另一方面又强行要求出版一些长官意志的无效、低效选题；或者向出版企业推荐一些不合适人员，要求安置；或者将亏损企业、困难企业与出版企业"拉郎配"，转嫁矛盾，甩包袱。出版企业只有按现代企业制度建设，才能成为真正实现"两个效益"全面发展的经济实体。

4. 管理科学

管理科学是指出版企业应在经营体制、机制上适应市场运作的需求，特别是要按合理配置的方式使用各种资源。如选题资源、人才资源、资金资源、技术资源、市场网络资源以及无形资产资源等。管理科学要求企业适应现代生产力发展的客观规律，按照市场经济发展的需要，积极应用现代科技成果，在管理人才、管理思想、管理组织、管理方法、管理手段等方面实现现代化，并把这几方面的现代化内容同各项管理职能有机地结合起来，形成有效的现代化企业管理；管理科学还要求建立和完善与现代化生产要求相适应的各项管理制度，主要包括：（1）现代企业领导制度，核心是关于企业内部领导权的归属、划分及如何行使等所作的规定；（2）现代企业劳动人事制度，实现劳动用工市场化、工资增减市场化、劳动争议仲裁法规化；（3）现代企业财会制度，现代企业有健全的内部财会制度，并配备合格的财会人员。其财务报告须经注册会计师签证；（4）现代企业破产制度，是以法律保障的经济运行方式"自动"筛选和淘汰一些落后企业，为整个经济运行提供一种优胜劣汰的途径。

（三）现代出版企业经营管理的基本内容

出版社的改制，不仅要求现代出版企业在产权关系明确的基础上，按照规范的公司治理结构去开展工作，更要求出版社把自己真正打造成市场主体，按照市场经济的一般规律和现代企业的管理思想和理念，从出版社的选题策划开始，到出版物走向市场、服务读者为止的整个过程中，始终按照科学的现代企业的经营管理方法，不断提升出版社的经营管理水平。现代企业制度下，出版企业经营管理的基本内容主要包括以下几个方面：

1. 生产流程管理

现代企业的生产流程管理是现代企业管理的重要内容，不仅是因为对于大多数企业而言，生产或服务提供是企业的核心内容，还在于生产流程的管理集中体现了企业的管理水平，对企业的效益有直接影响。出版企业的生产流程管理是指从出版物选题策划开始，到出版物复制完成为止的整个过程。具体包括选题、组稿、编辑加工、审稿、校对以及复制等环节。它不包括出版物的销售与发行过程。出版企业的生产流程管理要求明确每一个流程所涉及业务工作的主要内容，以及数字技术对生产流程的影响等。

2. 质量管理

出版物质量是出版企业的生命线。出版企业的质量管理是现代出版企业经营管理的基础内容，质量是伴随着出版物流程的每一个环节产生的。现代出版企业的质量管理要求管理者树立科学的质量观，理解质量的真正内涵及影响出版物质量的主要因素。需要从思想子系统、方法子系统以及产品子系统等方面去建立出版物的质量管理体系。

3. 营销管理

买方市场时代，营销变成企业实现价值、获取利润的重要环节。出版企业应树立先进的营销理念，理解出版物营销的真正内涵，深入研究读者需求，通过完善的营销系统，从产品和服务两个环节尽可能满足读者要求。出版物的营销不仅要重视产品、价值、分销渠道以及促销等传统的营销因素，更要从营销战略的高度出发，通过准确的市场调研与预测、科学的市场细分、合理地选择目标市场并进行准确的市场定位。

4. 版权经营与管理

作为提供知识信息产品的出版业，版权是出版企业重要的无形资产。如何合理地开展版权经营，开展版权贸易，保护出版企业的知识产权，也是值得出版企业关注的问题。

5. 财务管理

财务管理是现代出版企业经营管理的重要内容。一方面是因为财务资源是出版企业最重要的资源，另一方面是因为现代出版企业经营管理的成果，从很大程度上需要通过财务上的相关指标来体现。科学的财务管理，第一，要明确财务管理的目标，现代企业是以企业价值最大化为目标的。出版企业首先要通过各种渠道筹措资金，并评估各种资金来源的成本；第二，还需要把筹措的资金合理地加以预算，使各个部门的经费大致平衡和实现使用效益的最大化。还需要进行资金运作，投资项目。出版企业所有的经营管理活动所取得的经济效益，都可以通过出版企业财务报表中的各项财务指标来体现。

6. 人力资源管理

人是企业中最活跃、起决定性的因素。出版企业的管理者要根据出版企业人才队伍的特点，以及各级管理者的需求，采取不同的激励手段，最大限度地调动出版企业员工的积极性。出版企业的人力资源管理涉及出版企业如何选人、用人、育人和留人的问题，需要出版企业的人力资源管理部门从人员选聘、人力资源的培训与开发、员工职业生涯管理、绩效评价以及薪酬体系的设计等方面，运用科学的人力资源管理工具，达到人尽其才、才尽其用、人事相宜的效果。

7. 信息资源管理

信息资源也是企业的一个重要资源。对信息资源的有效开发和使用，可以为现代企业带来价值增值。出版企业的信息管理目前还处在相对低的水平。科学的信息管理首先要求出版企业科学采集与整理信息资源，通过系统分析业务流程和数据流程，建立内部的信息管理系统。同时也可以利用信息技术手段对出版企业的内容资源进行管理，还可以利用电子商务平台开展营销活动。

8. 战略管理

出版企业需要认真研究国家对出版业的指导和要求，从政治法律、经济、社会和技术等环境方面，整体把握出版企业所面临的宏观环境，同时对出版行业的行业环境进行深入分析，明确环境中所存在的机遇和挑战，并且结合出版企业自身的资源和条件，根据自身的优势和劣势，寻找与环境结合的最佳契合点，最终确定出版企业的发展战略和竞争战略。在确定战略目标时要考虑发挥优势、突出特色、明确市场定位、调整出书结构、开发主导产品、保证把社会效益放在首位、做到社会效益和经济效益的统一。

9. 组织管理

出版企业要根据企业发展的规模、市场特点、产品特点以及出版企业人力资源的水平和能力等，确定出版企业的组织架构。在组织结构中，既要明确各个职位与部门之间的纵向与横向关系，还要明确各部门的权限，明确管理边界。此外，出版企业还应根据战略和市场的发展变化不断地调整组织结构，以最有效地配置资源，获得最大的投入产出比。

10. 品牌管理

作为市场竞争的一个无形因素，品牌对于出版企业起了越来越重要的作用。越来越多的企业把打造出版企业良好的品牌形象作为出版企业可持续发展的基础和企业的战略目标。出版企业品牌的建立、维护、开发、拓展等都将成为出版企业品牌管理的重要内容。

第五节　出版企业的目标与社会责任

一、出版企业的目标

现代企业作为市场经济的主体，需要通过生产产品或提供服务，来满足社会需要并且盈利。因此，现代企业的基本目标是盈利。同样，出版企业的目标也包括追求经济效益和社会效益两个方面。但我们通过考察出版活动的双重性，可以看出，在任何情况下，出版企业都应该把社会效益放在优先的位置，在这一前提下，力图实现经济效益和社会效益的最佳结合。2015年印发的《中共中央办公厅、国务院办公厅关于推动国有文化企业把社会效益放在首位、实现社会效益和经济效益相统一的指导意见》提出了社会效益优先，实现社会效益与经济效益相统一；正确处理社会价值和市场价值的关系；正确处理文化的意识形态属性与产业属性，为产业进一步深化改革和"十三五"规划指明了方向。

市场经济条件下政府应以社会效益第一为原则，不断完善出版法律法规，充分发挥宏观调控职能，并为出版业创造良好的发展条件和环境。市场经济从某种意义上说就是法治经济。在依法治国的条件下，法律手段是对出版业进行宏观管理的最重要的手段。出版界十分关注日本"出版大崩溃"的问题，其实造成日本"出版大崩溃"的主要原因之一，就是其放弃了出版的文化追求，过分偏重出版业眼前的经济利益和商业利益。这一教训是深刻的。因此，政府应该从宏观管理的角度，以社会效益第一为出发点，制定出完善的法律法规，对出版企业进行有效的约束。始终不渝地按照"以科学的理论武装人，以正确的舆论引导人，以高尚的精神塑造人，以优秀的作品鼓舞人"的要求抓好出版管理，充分发挥出版的意识形态功能。

目前的现实问题是，一方面，出版管理的法律法规不健全，有大量的空白点需要填补，以及已经有了法律规定却不按法律规定执行，有法不依或执法不严的问题仍然存在。另外，政府还应该从制度上为出版业创造良好的发展条件和环境，比如，对社会效益好而经济效益不好的出版物进行补贴。社会效益为正，而经济效益为负的出版物在现实中大量存在，如为支持某些边缘学科和新兴学科建设而出版的教材和学术著作，某些专业面过窄、受众面小但社会上又不可缺少的出版物，少数民族文字的出版物，对外文化交流的出版物等。这类出版物具有公共物品的性质，带有公益性，它自身的经济效益可能是负的，但从整个社会来看，其社会效益却是正的。因此，政府应该加大对这类出版物的支持力度。这类出版物的意识形态性功能是明显的，它的产业或经济功能是通过促进科学进步、促进中外文化交流、提高人的素质、推动社会和谐发展而实现的。这样，就整个社会而言，出版物的经济效益和社会效益也实现了统一。

另一方面，出版企业应在法律法规的制约下追求利润最大化，同时以战略性的眼光间接实现经济效益。任何企业，只要把它放到市场中，其命运就与经济效益紧密地联系在一起。出于生存本能，企业总是自觉地把经济效益当成追逐的根本目标，这既是企业有别于其他社会组织的行为特征，也是市场机制赖以正常运行的前提。没有经济效益这一根本目标，企业就没有了自主经营、自我发展的内在依据，出版企业亦不例外。所以，经济效益目标在出版企业的经营管理目标体系中占据支配地位，起主导作用，这是合情合理的，也是符合社会经济发展规律的。当然，这一根本目标要在政府法律法规的约束下实现。其实，企业只要在政府的约束下运作，企业取得的经济效益越高，为社会所作的贡献就越大。

二、出版企业的社会责任

现代企业理论发展的趋势要求我们要充分重视社会责任。随着出版产业化的推进，尤其是出版社的转制，经营性的出版社要转制为企业。一些出版业界人士就认为，既然出版社是企业，那么作为企业单纯强调经济效益、追求利润最大化就是天经地义的。有人提出，社会效益优先的原则只对公益性出版社起作用，对经营性出版企业不应再提"把社会效益放在首位"的要求，而应该理直气壮地追求经济效益。现代企业理论研究成果表明，上述观点是一种过时的、片面的看法。现代企业管理理论提出企业不仅要创造利润，同时要保护和增进社会福利，企业的目标是追求利益相关者总体价值最大化。这一理论强调，企业的经营应该对提高公众利益负有责任，这就意味着企业管理者要积极促进社会公正、保护环境、支持社会文化活动。具体来讲，出版企业的社会责任可以分为以下三个层次：

1. 强制（法律）约束——法律责任

法律约束是社会效益保证的底线，即保证不产生负的社会效益。针对出版业，把社会效益管理纳入依法管理的轨道，通过加大法律监督和舆论监督力度可以基本上保证不盗版、不出版不健康的出版物、不造成精神污染。现代出版业比较发达的国家如美国、日本、英国、德国等通过法律、法规使出版产业能从总体上沿着健康有序的方向发展，可见其法律约束的作用。

2. 道德、准则约束——道德责任

道德没有写入法律中，是企业社会责任的基本构成部分。遵守基本的道德准则与规范，诚实守信、尊重他人、做正确的事情等是社会对企业的期望。道德、准则的建立是创建社会效益的第一步，至少可以保证对社会风气等没有不好的影响。

3. 企业的价值观、信条——义务责任

义务责任是社会对企业的向往，意味着企业按既定的价值观和社会的希望采取额外的行动，主动去做对社会有益的事。出版企业要力求引导广大读者多读书、读好书，把传播先进文化的内涵融入文化企业的社会责任中。如果大多数出版企业以促进人类文化进步和社会健康发展为使命，以积极向上、有品位的出版物为出版定位，无疑对社会是有益的。

但在出版现实中，一些出版者却在单纯追求利润最大化，无视出版者的社会责任，出版了一些精神垃圾，严重污染了社会环境。这些精神垃圾可以分为三类：第一类，黑色污染，主要指各类"厚黑学"类官场秘经出版物以及攻击党和政府、攻击我国现行社会制度的反动出版物；第二类，黄色污染，主要指各种色情、淫秽出版物，也包括一些格调低俗、品位低下的出版物；第三类，白色污染，指各种虽不属于禁止之列却粗制滥造、错误百出或没有给读者提供任何有效信息的出版物。任何一个有良知的出版者都要勇敢地承担起出版的社会责任，为社会提供更多的"绿色精神食品"，对这些精神垃圾我们要自觉抵制、坚决清除，以免其危害社会，污染环境。

本章知识小结：

● 出版是指将知识信息产品经过加工后，以商品生产的形式复制在一定的物质载体上，并使其广泛传播的过程。它既包括对作品的选择、编辑、复制等生产过程，也包括发布、赠送、销售（发行）等方式的传播过程。信息知识、复制和广泛传播构成了出版的三大要素。出版活动具有政治功能、文化功能、经济功能和社会功能。

● 出版物是附着在一定的载体上，通过文字、声音、图像等方式表述其精神内容，向公众传播的作品，它是出版活动的成果和产品。精神内容、物质载体和用于传播是出版物的三个基本特征。出版物包括信息知识、存储载体、信息知识的表达方式、复制手段、向公众广泛传播和具有出版物标识六项基本要素。

● 我国现有的出版物主要包括以下几类：图书、报纸、期刊、音像制品、电子出版物以及网络出版物。出版物既是精神产品也是物质产品。

● 出版社，是指经国家新闻出版行政管理部门审核批准并履行注册手续、从事出版活动、具有法人资格的出版机构。它们是制作、生产和销售出版物的组织机构，是联系作者和读者的中介机构。按出版社主管部门和主办单位的社会地位不同，可分为中央、地方、大学及其他四类出版社。按出版社的专业性特点可分为综合和专业出版社。如果按主要服务的读者对象和目标市场划分，出版社还可分为教育出版社、专业出版社、大众出版社等。

● 经营与管理是两个不同的概念。企业经营解决企业的方向、市场、战略等问题。而企业管理解决企业内部员工的秩序、纪律、工作胜任能力、积极创造性和提高资产利用效率等问题。经营管理具有二重性。所谓经营管理的二重性，是指经营管理的自然属性和社会属性。

● 现代企业制度是以企业法人制度为基础，以企业产权制度为核心，以产权清晰、权责明确、政企分开、管理科学为条件而展开的由各项具体制度所组成的，用于规范企业基本经济关系的制度体系。

● 在任何情况下，出版企业都应该把社会效益放在优先的位置，在这一前提下，力图实现经济效益和社会效益的最佳结合。出版企业所应承担的社会责任包括三个层面：法律责任、道德责任和义务责任。

[思考题]

1. 如何理解出版的概念与内涵？如何运用这一概念理解数字出版？

2. 出版物包括哪几项基本要素？有哪些类型及各自有哪些特点？

3. 有关出版物的根本属性的争论，你更倾向于哪一种观点？为什么？

4. 列举你知道的几家出版企业，并说明这些出版企业的基本业务范围。

5. 如何理解经营与管理的异同？

6. 如何理解现代企业制度的概念？你觉得出版企业建立现代企业制度的难点在哪里？

第三章　出版企业的生产流程管理

本章学习目标：

- 理解并掌握出版企业的一般生产流程
- 了解数字出版发展趋势与流程
- 掌握选题策划的原则、内容和程序
- 熟悉编审的基本要求和流程
- 了解出版企业的基本印务流程

　　出版物生产，是指出版业生产经营者利用一定的出版资源，按照市场需求生产出与之相适应的出版物产品的过程。出版物生产是文化生产的重要内容，也是出版产业链中的重要环节。出版物生产与出版物流通和消费存在着相互影响、相互制约的关系。各出版企业各自的历史条件、现实环境和主营业务不尽相同，导致发展水平各不相同，出版物的生产流程有所差异。因此，本章通过对各种出版物生产活动进行比较，分析它们在生产过程中的异同之处，总结出出版生产活动的一些共性规律，以供借鉴。

第一节　出版企业生产流程和流程变革

一、出版物生产的一般流程

现代出版物生产的一般流程大体由出版策划、编辑加工、出版物制作三个基本环节组成，如图3-1所示。尽管电子出版技术以及新兴的网络出版技术给传统出版流程带来了数字化的变革，但即便是电子、网络出版，也依然离不开传播内容的策划、组织、编辑加工以及内容的复制传播等基础操作环节。当然，不同载体形式的出版物，其生产活动具有不同特点，不同出版企业和社会环境中的出版生产活动，在具体操作中也会形成各自的特色。因此，本节将从对传统出版生产流程的分析、新技术环境下出版生产流程的变革两个方面对出版物的生产流程进行分析。

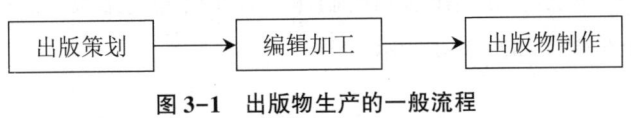

图3-1　出版物生产的一般流程

总体而言，出版物的生产流程不是由人们随意确定的，也不是可以随意改变的，这表现在生产过程的基本环节不能随意改变，而且生产过程中每一个基本环节的具体操作也有一定的程序与工作内容，但是不同的出版企业在具体操作中存在一些相异之处。

传统的出版物主要是指印刷出版物（或称纸介质出版物）和音像出版物。其中传统印刷出版物生产的一般过程可分为出版策划、编辑工作和出版产品物质形态制作三个阶段，基本上如图3-1所示。在这几个阶段中，出版策划的具体内容很多，包括选题策划、主体形象策划、目标市场策划、资源配置策划、发行渠道策划和宣传促销策划等内容，如图3-2所示。

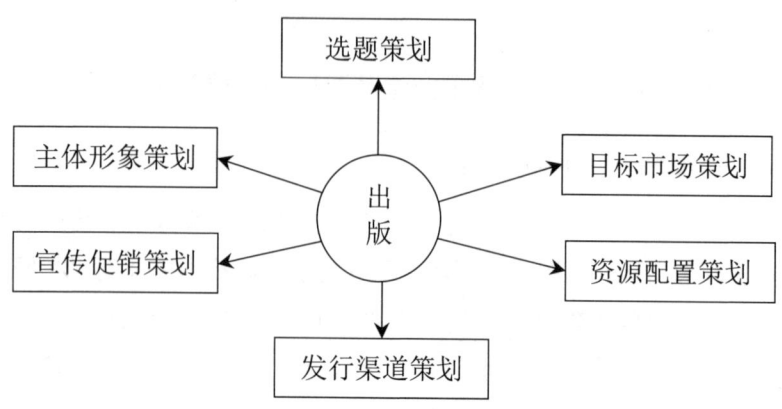

图 3-2 印刷出版物的出版策划

编辑工作贯穿出版活动的始终，但就出版物生产流程中的编辑工作而言，其主要内容包括选题、组稿、审稿、加工整理、装帧设计、发稿与校对，如图 3-3 所示；印刷出版物的制作，大体要经过排版、制版印刷、装订成形三个步骤，如图 3-4 所示。

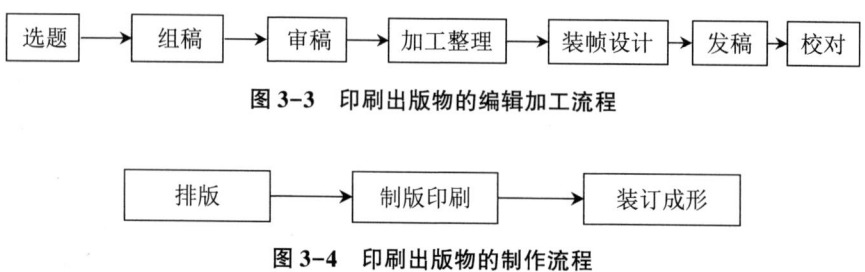

图 3-3 印刷出版物的编辑加工流程

图 3-4 印刷出版物的制作流程

而就音像电子出版物而言，无论是录音制品，还是录像制品，其生产制作都需经过编辑创作、表演和录制三个环节，如图 3-5 所示，音像电子出版物的制作则主要是指录制环节。音像电子出版物的录制，分为工作母带或母盘的制作与复录生产两个步骤，其中录音制品和录像制品的复录生产具体操作差别不大，而工作母带或母盘的制作稍有区别。录音制品工作母带或母盘的制作，目前大多采用前期录音和后期录音相结合的多声道录音工艺，录像制品工作母带或母盘的制作则分为单机拍摄、脱机编辑、合成制作等环节，如图 3-6 所示。

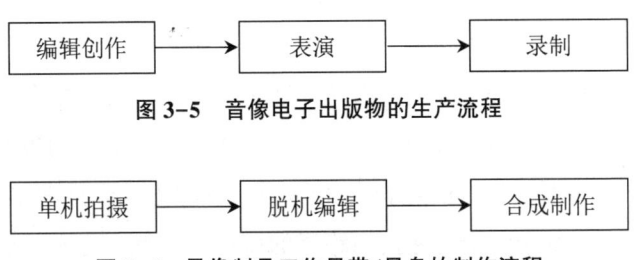

图 3-5 音像电子出版物的生产流程

图 3-6 录像制品工作母带/母盘的制作流程

随着市场竞争的深入，对出版时间的要求越来越严，一般说来作者提交最后的手稿之后，手稿应该经历三个编辑环节，即审稿或者内容编辑、加工或文字编辑、设计编辑，或者称为审稿、加工整理、装帧设计三个环节。有时，编辑人员会将这些编辑环节颠倒或者甚至将所有编辑环节合在一起，因为以上三个环节有时会发生重叠，如图 3-7 所示。编辑人员采取灵活机动的方法更能适应不同出版物编辑的特点和要求，体现了在面向市场争取时间时的流程再造思想——由串行流程过渡到并行流程。

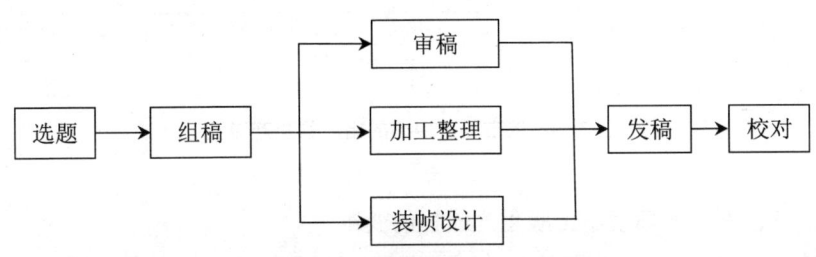

图 3-7 印刷出版物编辑加工的并行流程

二、以市场为中心的出版生产流程

以市场为中心的出版生产流程要充分体现出版者对市场、竞争和成本问题的高度重视。

出版物的生产过程取决于出版业的运作机制，而这种运作机制在某种程度上又是由国家的宏观经济运行机制决定的。

发达国家市场经济高度发达，出版业的市场化和专业化程度也较高，因此，这些国家出版活动的策划、开展无不体现了市场力量的作用。首先，发达国家非常重视出版生产的前期策划准备工作，注重对出版物市场进行调研和预测，充分考虑生产活动开展之前和生产过程中的市场反响和销售效果。其次，在出版力量的分工上，也体现了对市场的极其重视。如英、美等国很多出版企业的编辑分工明确，编辑工作以选题策划、组稿、审稿为重点，出版企业全力寻找销路好的稿源。当然，也有一些出版企业主要考虑出版物的质量和社会效益，而将销路置于次要地位。最后，发达国家的出版机构在生产过程中十分重视图书的外观设计（图书包装）对图书销量的促进作用。

与西方发达国家不同的是，我国出版界十分重视出版物的社会效益，对编辑把关环节极其重视，十分强调编辑的把关职能。随着出版业市场化进程逐步深入，出版企业越来越重视市场。目前从机构设置、出版理念等方面看，我国出版企业正逐渐与国际接轨。我们认为以市场为中心的出版生产流程如图 3-8 所示。

图 3-8　以市场为中心的出版物生产流程

三、新技术环境下出版生产流程的变革

出版业正在发生以电子技术、计算机网络技术、多媒体技术等现代数字技术在出版业内的应用和发展为标志的数字化变革，以数字出版、电子出版、网络出版、按需印刷等为主要表现形式的技术革新，引领人们对"出版"概念进行全新的认识，也推进着出版物生产方式和消费方式发生变革。在新的技术环境下，出版业被界定为一种"内容产业"。出版模式被描述为：内容提供者→内容加工者→内容消费者；新技术的发展也迫使出版界重新认识出版流程。

（一）桌面出版系统的出版生产流程

在 20 世纪末，"桌面出版系统"（电子出版系统）在出版业内的迅速普及，已使中外出版物的生产流程发生了重大变化。传统的出版物生产流程是：信息采集→选题→组稿→审稿→加工整理→整体设计→发稿→排版→校对→改版→付型→制版→印刷→装订；采用"桌面出版系统"后，出现了新的出版物生产流程，如图 3-9 所示。计算机编辑排版技术精简了出版生产流程中的工作机构，使一些工作程序得以兼容，并且提高了工作效率，节约了生产成本。

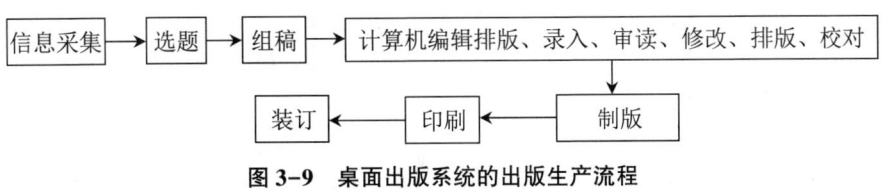

图 3-9　桌面出版系统的出版生产流程

（二）数字出版流程

数字化、信息化出版技术使得传统出版流程中从组稿、接受来稿、编辑、终审、排版、制版一直到送交印刷厂的所有环节都能在一台计算机上完成。新的出版方式使出版流程进一步简化，传统出版环节出现融合趋势，出版生产的所有环节均可被数字化，传统意义上的出版生产效率和活动范围得到超越。

在新技术环境下，出版与发行可以同步进行。传统的传播模式是线性的：信息→传播者→传播渠道→受众；而数字技术使作者可以绕过出版者和流通经营者，作者、出版者、流通经营者甚至可以三位一体，集于一人之身。

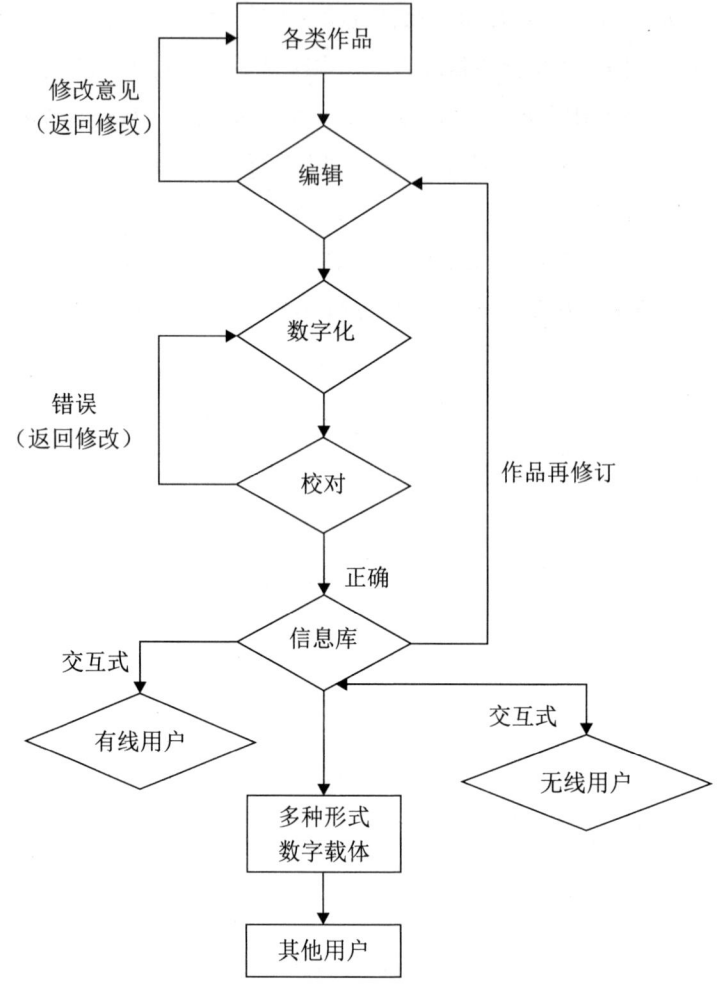

图 3-10　数字出版流程图

　　图 3-10 中的数字出版流程图显示，数字出版流程与传统出版流程基本相同。

　　第一步，出版单位对准备出版的作品进行审核，将内容符合出版要求的作品编辑加工。

　　第二步，编辑对作品提出修改意见，返回作者修改，直至作品达到出版标准。

第三步，对作者、创造单位、版权所有人等所有合法提供给出版单位的原始作品包括文字、图表、音像、地图、照片等所有作品表现形式，出版单位全部进行数字化处理，并且统一文件格式。数字化要有广泛的兼容性，根据不同使用用户制作多种数字化版本，适应不同消费者在多种环境下使用。

第四步，作品数字化后，由校对进行数字化校对，如发现内容有错误，进行数字化标注后，退回上一步工序改正处理。

第五步，作品内容正确率达到出版规范后，进行版权数字化确认，通过数字加密技术对出版机构提供的知识产权进行保护，并且能够为出版机构的作品在线与离线副本提供保护。

第六步，版权得到确认及技术性保护后，出版机构就可以将完成作品上传信息库分类储存，以便快捷地为用户提供服务。

第七步，信息库中的作品以用户付费方式可提供给各类使用者。

数字出版使用终端大致可分为三种形式：一是有线终端用户，有互动功能，信息更新快；二是无线终端用户，有互动功能，信息更新快；三是其他终端用户，只有一定有限的互动功能，信息更新相对较慢。这三种形式既可单独使用，也可多种形式混合使用。2010 年，电纸书、iPad、Kindle、智能手机等电子书阅读终端销售火爆，因此也被称为"电子书发展元年"。随着阅读终端的品种丰富，精美的数字读物已经得到硬件的支持，数字出版进入后终端时代。时至今日，数字出版以计算机技术、通讯技术、网络技术、流媒体技术、存储技术、显示技术等高新技术为基础，通过设计规划和运用计算机进行艺术设计，融合了传统出版，形成了融媒体发展新态势。

第二节　出版企业的选题策划和选题管理

一、选题策划的战略性决策

（一）把选题作为出版企业的战略业务单位

一般来讲，把企业的主要业务称为"战略业务单位"（Strategic Business

Units，SBUs）。一个战略业务，可能是企业中的一个或几个部门，或者是某个部门的某产品线，或者是某种产品或品牌。就出版企业来说，一个选题就是一个战略业务单位，一个出版企业众多的选题就组成了一组产品投资组合。因为编辑策划的任何选题，都需要有一定投入，少则几万元，多则几十万、上百万元，这就需要每个编辑对申报的选题的投入及可能得到的市场回报进行预测，测算出选题投入所需要的资金，写出具体的投入产出预算方案。

出版企业作为自负盈亏的文化企业，在经营方式上与其他企业一样，都是在企业产品低投入、高产出所获取的市场回报中，创造出版生产的增加值，从增加值中获取利润，积累资金，打响品牌，不断扩大再生产，从而得到发展的。具体的执行方式可以按照项目管理的形式进行。但是，出版企业的投资项目是否可行，投资能否收到预期的产出，并不取决于编辑的主观意愿，而在很大程度上取决于投资项目进入市场后所产生的竞争力。因此，要确保出版企业选题投资的市场收益率，必须建立对选题投资项目的管理体制。

1. 制订投资项目策划方案

制订投资项目策划方案不同于选题策划方案，在内容涵盖上比选题策划方案更为全面，一般包括八个要点：

一是选题的价值评估，包括选题的文化、传播价值和市场价值。图书选题具有双重属性，既是在知识、文化信息的传播中产生一定社会舆论导向作用的精神产品，又是在图书生产的投入、产出中为出版企业带来经济效益的物质产品。

二是选题的竞争性评估，包括选题在全国同类选题中所具有的优势。

三是选题作者的创造水平和创造潜能评估。

四是选题的书装形态评估，包括选题制作的封面和内文用纸、开本及装帧、版式设计的风格等。

五是选题投入的经费预算，包括选题制作所花费的直接成本和间接成本。

六是选题的附加值评估，即图书价格与成本的差价以外的价值，如使图书成为某种社会时尚价值的体现，提高读者需要的满足系数。

七是图书宣传诉求点的确立，在图书的特点与特定读者的需求相结合的基础上，策划能打动人心的宣传诉求点，增强图书的文化亲和力。

八是图书分销渠道的选择和评价。

2. 选题策划的战略选择

对那些有较高的投入产出比值、较高的市场回报率的选题投资，应优先予以立项；对那些投资的预期效益不明显，或是投资规模超过出版企业承受力的选题，则应坚决撤销或暂缓立项。在重视"短、平、快"的短线选题投资项目立项的同时，更要重视长线选题项目的投资，将畅销书选题与常销书选题结合起来，形成选题投资的梯度结构。

（1）整体选题与局部选题

根据选题规划覆盖的大小，我们可以把选题策划区分为行业性的总体规划、全社性的选题规划、学科性或板块性规划（有的出版社称之为编辑室规划或事业部规划）以及个体性规划。

行业性的规划，如国家" 十二五""十三五"等出版规划具有宏观指导性和导向性，它对各个出版企业的规划具有示范性，各社在制定规划时要把它作为最主要的参考依据。全社的选题规划，要充分反映党和国家对出版的总体要求，一方面要根据国家宏观的出版导向，另一方面还要结合自身的特色，在选题的规模、结构、重点和方向等方面提出指导性意见，同时紧紧抓住重点性的、需举全社之力方可实现的重大选题或系列性选题。学科性选题，要根据全社的选题结构和规模，对本学科的选题进行规划和实施，同时把它落实到各个策划编辑的具体选题上。每个策划编辑以及各个编辑室或事业部在全社性的总体规划下，从不同的方向、不同的结构以及不同的学科等方面把总选题分解到具体的选题项目中，以项目群来实施社里的选题规划。

这样，通过自上而下而又自下而上的反复的论证和研讨，最终就可以形成既体现出版企业的整体意图又可发挥每个学科群或每个策划编辑创造性的统分结合的选题规划。

（2）长期选题、中期选题和短期选题

如果说，整体和局部的关系属于横向的空间关系，那么，长中短期关系则属于纵向的时间关系。这二者实际上有着密切的关系：一般来说，整体的规划更重视长期性的选题，而局部性选题则更关注中短期选题。但任何有成就的出版企业都必须同时注重这两个方面，并在几者之间找到恰当的平衡点。比较理想的做法应是：以长线产品为主，短线产品为辅，以长线产品保持稳定增长，以短线产品带动超常增长。

（3）重点选题与一般选题

所谓重点选题，是指能够产生重大社会效益或经济效益的出版物选题，必须把它放在优先地位，集全社之力去加以实施。但重点和一般是相比较而存在的，在整个选题规划和实施过程中，重点选题毕竟只是少数，是其中的一小部分，因此，我们又不能忽视一般选题。因为社会需求是多方面的，我们的精神产品也要满足多方面的需求，一般选题就是为了满足多方面的需求而策划的。我们必须在抓住重点的同时，统筹安排，统一规划，使一般选题也能产生最大化的效益。

（二）年度选题计划的确定

年度选题在某种意义上是下一年度出书的总指挥，一般来说，出版企业在思考年度选题时，应就下一年的出书方向、目标、项目、结构等方面做出统一计划。

年度选题计划应该包括三个计划，即年度组稿选题计划、年度发稿选题计划和年度出书选题计划。这三个计划是相互衔接、相互影响、环环相扣的关系，前一个计划的实施、落实情况，直接关系到下一个计划的实施和完成。其中年度组稿选题计划是年度发稿选题计划的基础，而年度发稿选题计划又是年度出书选题计划的基础。对于一个出版企业，策划编辑只有在制定并落实了组稿计划的情况下，才能进一步制定并落实年度发稿选题计划，并通过实施、落实年度发稿选题计划，确保年度出书选题计划的实现。

1. 年度组稿选题计划

年度组稿选题计划是制定全年选题计划的基础。一个选题，只有组到了稿，才能落到实处。年度组稿选题计划一般在每年的第三季度进行，为第二年的选题计划做准备。编辑策划组稿的选题在出版社组稿选题论证的过程中通过了出版社的论证，列入了出版社年度组稿选题计划后，编辑就可以开始进行组稿工作，这样，到年底制定年度选题计划时，这些组稿选题就成了年度选题计划的基础。组稿选题计划仅仅是策划的起始阶段，因而实现率未必很高，但组稿计划如果得到落实，那么组稿选题就可成为年度发稿选题计划的组成部分。

2. 年度发稿选题计划

年度发稿选题计划是在上一年组稿选题计划的基础上形成的，因此与组稿选题计划的完成、落实情况有着密切关系，年度发稿选题计划的选题，主要应该来自年度组稿选题计划。

3. 年度出书选题计划

年度出书选题计划，也就是年度图书出版计划。这个计划就是出版管理部门每年都以发通知的形式要求各个出版社完成的任务。年度图书出版计划与年度发稿选题计划的不同之处在于，前者是出版社正式上报的计划，这个计划一经批复，对出版社便形成了一定的制约。后者的选题虽然是前者的基础，但后者只是出版社内部的发稿计划，对出版社并没有制约性。成熟的年度发稿选题计划，是确保年度图书出版计划落到实处的必要的保证措施。

二、图书选题策划的原则

（一）选题策划以市场信息为基础

在选题策划时，有以下三个方面值得我们重视：

1. 要建立专门的机构采集市场信息

出版业发达国家的编辑非常重视市场信息，其选题决策都建立在对市场的分析基础之上。在这些国家，作为编辑工作首要环节的信息采集活动一般是由专门的机构和工作人员负责的，其专业化和准确性强于我国。而在我国，这项工作一般由编辑亲自来完成，他们主要通过去书店浏览新近出版的图书、分析市场上的同类产品等方法来进行市场调研。

2. 要多渠道采集市场信息

编辑既要善于从正规渠道收集信息，也要善于从非正规渠道收集信息。如今，上网阅读报刊成了编辑的习惯，但同样是上网，同样是阅读报刊，对信息不同的感知程度会产生不同的结果。有价值的选题信息往往是在不经意间获得的，有些信息看起来不起眼，但只要是有心人，将获取的信息策划到位，往往能成为热点选题。

3. 要充分利用现代信息技术采集市场信息

发达国家出版业内现代信息技术的应用程度很广，很多出版机构的信息传递系统非常完善。而中国出版企业内的信息系统和信息共享平台的建设进度较迟缓，有关市场调研、信息分析的机构设置和人力资源建设也才刚刚起步。

（二）选题策划要以经济预算为核心

发达国家出版企业实施的以选题预算为核心的设计机制要求编辑人员从各方面严格执行预算标准，有效地控制了选题成本，增大了出版机构的赢利空间。而我国出版社实施以书号数量、范围为基础的选题设计机制。在我国，选题的设计必须制定经济预算和出书方向两方面的标准，出版社对出书方向的标准有明确规定，但在选题设计过程中，并没有执行严格的经济预算标准。这种机制使得编辑在选题设计上忽视选题的成本，容易引起不必要的资源浪费。

随着出版社体制改革的深入，应该尽快确立以经济预算为核心的选题策划机制，尤其是出版社管理者制定的选题预算标准，一定要有相关的监督机制保证其实施。同时，财务部门还要发挥出自己切实的作用，做到事先预算与事后核实相结合。

（三）实行选题全程策划

选题策划作为出版企业投资项目的策划，其成效如何，并不是指选题策划的方案如何完备，或是选题策划的思路怎样新颖，而是体现为选题成形后的市场竞争力。因此，成功的选题策划方案，并不是选题策划的结束，而仅仅是选题策划的开始。完整意义上的选题策划，应该贯穿于图书生产的全过程。

三、选题策划的主要内容

按照选题全程策划的原则，图书选题策划包括四个方面的内容：图书虚拟形态策划，选题成形中的图书成本及装帧策划，选题成形前后的宣传诉求点策划和选题成形后的公关造势策划、销售渠道策划等营销策划。

（一）图书虚拟形态策划

图书虚拟形态策划主要是出版企业的选题结构优化的过程，这是出版企业的竞争优势、编辑人才结构和作者资源优势的综合体现。选题结构的优化与否，直接关系到出版企业是否可持续发展。选题结构的优化包括选题的个体优化和选题的整体优化，是两者的有机结合。衡量选题结构是否得到优化的标准，就是看选题策划是否具有创造性。

选题的个体优化指策划编辑对每个选题都认真策划，认真筛选，争取达到优秀或比较优秀的标准。选题个体优化可以大致归纳如下几个方面：符合出版的方针、任务，对社会经济、政治、文化建设有积极作用；符合读者需要，有益于提高人们的思想道德素质和科学文化素质，能满足人们精神生活的需要；有一定的学术价值、艺术价值和实用价值，能传播、积累人类的优秀文化成果；有时代特色，符合社会发展的要求和趋势；在图书的内容、形式方面能开拓创新，有鲜明的个性特色，内容积极健康，有显著的经济效益并具有社会效益等。选题个体优化的具体内容见表3-1。

选题的整体优化也叫系统优化，以选题的个体优化为基础，同时要求选题结构合理。选题整体优化的基本要求：正确处理选题的门类、序列、层次问题，使各类图书的选题保持合理的比例和内在的联系；突出重点，使重点选题在整体出版计划中占主导地位；发挥优势，创造强项产品，形成出书的特色和风格。优化选题重在设计，只有设计出大量优秀选题以后，才能有选择的余地。如果设计的选题质量不高，就不得不迁就现状，难以达到优化的目的。此外，还要下决心剔除平庸重复的选题，撤销陈旧过时的选题。只有这样，才能保证选题的个体优化和整体优化。

表 3-1　选题策划内容信息表

社　　名					选题号		
策划编辑		加工编辑			专业分类号		
选题名							
丛书名 （或系列书名）							
作译者姓名及单位							
选题字数（千字）				版别		新书　　修订	
选题性质	编　　编著　　著　译　其他（　）			选题等级		重点书　一般书 资助项目	
书类	单行本　　丛书　　工具书　教材　教辅						
	教材层次	研究生　本科生　高职高专　中职中专　中小学					
引进版	原书名			原作者			
	原出版社			出版日期		原书文种	
	原书版别	第　版	出版文种	版税率		最低印数	
	对方要求出版时间						
合同交稿日		合同包销数（册）				折扣	
预计编写费		合同资助款 （万元）				合同出书日	
稿酬标准	版税 （%）		基本稿酬 （元/千字）			一次性付酬 （元）	
选题来源	策划　　投稿　　其他						
选题相关产品	无　VCD　CD-R　录音带　录像带　其他（　　）						
读者定位	主要读者对象		读者层次	大众读者			
	次要读者对象			专业读者　　初　中　高			
选题目标	赢利　占领市场　填补空白　增加码洋　获奖　获得其他出书机会 其他（　　）						
选题产生背景（包括该选题涉及的行业情况、图书市场前景及读者需求情况）							

续表

同类书市场调查（包括本社和外社）	（包括：书名、出版社、初版时间及印数、定价、印次、累计印数及最后一次印刷时间和对该书的简单评价）				
	综合评价				
选题特色（包括作者、结构、形式、内容及与同类比较等方面有哪些特色）					
学术价值（申报专著填写）					
教材需求市场调查（申报成套教材填写）	国内有多少院校开设此专业				
	哪些院校拟采用此教材				
	哪些院校可能采用此教材				
修订书	上版次最早出版时间		印　数		
	上版次最末一次出版时间		印　数		
	上版次累积印次		累积印数		
	上版次累计库存		本次修订量（%）		
	主要修订内容				
经济预测	书号资源费（元）		编写费（元）	预计稿酬（元）	
	生产成本预估（印前、排版、印刷、装订、纸张）（元）			总成本（元）	
	版口字数（千字）		估计印张	印张定价	
	预定价（元）		首次预印数	出版码洋（万元）	
	首印毛利（元）		销售量	第一年	册数
					码洋
				第二年	册数
					码洋
	可否重印	可否	总销量	册　数	
				码洋（万元）	
	预计生命周期（年）			平衡点销量（册）	
社长意见	签字：　　　　　　　年　　月　　日				
总编辑意见	签字：　　　　　　　年　　月　　日				

（二）图书成本策划

与其他行业一样，图书选题策划者需要考虑成本与产出，即使是属于公益性事业的非营利出版机构也应考虑如何有效地控制成本以减少补贴等问题。因此，成本是出版行业不容忽视的一个重要经济因素。

策划编辑在出版生产过程的第一个步骤——选题策划环节中，就需要进行出版成本估算、选题经济预测等基础工作，只有在对投入产出心中有数的基础上，才能作出正确的出版决策。而对出版成本进行估算，首先需要综合考虑成本构成。

出版物的全部成本由生产成本与销售成本两部分组成。出版物的生产成本又可以分为直接生产成本和间接生产成本。出版物的直接生产成本是指在出版产品形成过程中直接发生的劳动耗费，它包括稿费与编校费、纸张费、装帧材料费、制版费、印刷费、装订费、废品损失等项目。出版物的间接生产成本是指间接作用于出版产品形成过程的劳动耗费，它主要由出版企业员工的工资报酬、企业经营管理费等项目构成。间接成本不是直接发生在出版生产过程中的，而是指结算期间所发生的非生产费用，它无法直接记入具体出版物的生产成本。

（三）装帧策划

图书的装帧设计现在普遍受到重视，被认为是编辑活动中不可分割的一部分。随着出版业市场化的深入，我国出版物的装帧观念和方法日益与国际接轨，主要体现在如下几个方面：

1. 装帧设计理念

出版物装帧概念几乎等同于出版物的包装，出版物装帧设计的理念应该是：装帧设计应该着眼于读者，立足于市场的需要，具有独特的"个性"，根据市场的变化，尽可能多地营造图书本身的宣传效果和说服效果，使装帧设计富有创意。但是，加强装帧设计的市场意识不等于一味媚俗。图书装帧不仅讲究图书的美感，更重要的是能打开市场，刺激读者的购买欲望。图书装帧还应该被出版机构用来作为树立品牌的重要手段。例如，发达国家成功的出版机构都有自己风格独特、个性鲜明的图书包装模式，从而使自己的图书在出版界获得较高知名度和美誉度。

图书装帧设计最主要的是封面设计,封面设计使图书封面形成强烈的视觉冲击力和情感辐射力,以此吸引读者的注意力,树立品牌观念。在封面设计上可以实施 CI(形象识别)战略,设计具有独特风格的出版社标志,并把它标在每一本书的封面上。国内已有不少出版社开始意识到品牌宣传的重要性,在封面上使用本社的独特标志。但是,图书装帧设计不仅仅是封面设计,还包括文字安排、标题处理和环衬、扉页以及书内空间处理等方面的整体设计,对图书进行全面设计。

2. 装帧设计内容

具体的装帧设计内容参见表3-2。

表 3-2 装帧设计信息表

书 号	ISBN 7-		光盘号		
出版中心收稿日		交稿人		出版中心收稿人	
策划编辑		责任编辑		出版社责任人	
本书生产等级	普通 急 特急		版 次	计划出书日	
书 名					
丛书名(或系列书名)					
著译者及著作形式					
书 类	单行本 丛书 工具书 教材 教辅				
教材层次	研究生 本科生 高职高专 中职中专 中小学				
图书开本	A4 B5 A5 B6 大16 16 大32 32 64 48 其他				具体尺寸
装帧形式	胶订 平订 精装包封 纸面精装 假精装 软精装 塑料软精糊 袋装 骑马订				裱
封面工艺	无膜 覆光膜 覆亚光膜 压纹 压鼓 局部 UV 磨砂 亮油 烫金 其他				

封面标识	时代建筑　时代制造　时代电气　时代教育　时代经管　时代IT　时代汽车　其他			
封面设计要求		勒口有无作者简介	有　　无	
		封四内容	有　　无	
精品要求	有　　无	版式设计	一般要求　特殊要求	
封面特殊字样（如基金）				
用纸要求	正文	彩插	其他	
	封面	环衬		
环　衬	有　　无	环衬位置数量	文前　　页，文后　　页	
插　页	无　彩色　黑白	插页位置	文前　　文后　　其他	
图书相关产品	无，VCD　CD-R　　张，录音带　录像带　　盘，其他（　　）			
生产方式	大流程作者提供软片，社印装	作者自校作者排印装	作者提供电子文件影印	
发稿物品清单	文稿　　　页	图稿　　张	发稿字数	千字
	电子文件　磁盘　　张	光盘　　张	文件格式	
	插　页　照片　　张	绘图　　页	其　　他	
	原书　　　册	书　名		
备注				

出版中心主任签字：　　　　　　　　　年　　月　　日

（四）选题的营销策划

选题全程策划不仅包括选题成形前的图书虚拟形态策划，还包括选题成形前后的宣传诉求点策划和选题成形后的公关造势策划、销售渠道策划等营销策划，这些不同生产环节的环环相扣的策划，形成了一个完整的策划过程。所以在选题策划中，给出图书宣传策划、图书评论策划、公关活动策划、销售渠道策划等的建议，使这些不同环节的环环相扣，组成一个完整的策划过程。具体的营销建议信息，如表3-3所示。

表 3-3 选题营销建议信息表

宣传建议	主题宣传词							
	新闻点（宣传时机与社会背景）							
	媒体选择	报纸						
		专业杂志						
		电视台						
		网页宣传						
	是否写书评		是 否		是否做海报		是 否	
	主要宣传活动	新闻发布会（时间、地点、参加对象）						
		宣传推广会（时间、地点、参加对象）						
		其他（时间、地点、参加对象）						
销售建议	主要销售渠道	零售市场 学校 专业渠道 包销 直销 其他						
	销售限制							
潜在读者	建议销售折扣（正常折扣不填，填写特殊要求）							
	地区分布		发达地区	次发达地区	不发达地区			
	销售册数比例（%）							
	行业分布		专业技术人员	管理人员	师生		大众读者	
	人员比例（%）							

策划编辑签字： 年 月 日 社长签字： 年 月 日

四、选题的申报、评价和决策

（一）填写选题申报表

编辑策划的选题基本明确以后，就可以着手填写选题申报表了，如表3-1所示。选题申报表反映的是某一个已经确定的选题的具体内容，在填写中要注意两个要点。一是选题表的各个项目都要填写，不能出现缺项或是漏项。选题表所设计的各个项目，反映了对编辑策划的选题的具体要求，并不是可有可无的，必须都要填写。特别是关于选题名称、选题作者、选题背景、同类书市场调查和选题特色这几个主要因素，更不能出现空白。二是选题的各个项目必须如实填写，不能有虚假的内容。有的编辑在申报选题时，由于准备不足，在选题策划的必备要素不齐的情况下，为了应付过关，在选题表中填上自己编造的内容。这样做的结果，既影响了出版社选题计划的实现，又降低了出版社的选题计划质量。

（二）选题的评价

1. 建立科学规范的选题评价机制

将选题策划从单纯的文化产品选择、设计提升到文化产品选择、设计与出版企业项目投资立项开发相结合的层面，并不是一个提法的改变，而是体现了在社会主义市场经济形势下的必然发展趋势，适应了出版产业发展的历史性需要。建立科学规范的选题评价机制，要从以下两个方面着手：

（1）建立选题三级评价程序

出版企业领导要充分利用选题集体评价的"头脑风暴"方法，让选题在"头脑风暴"中锤炼得更加成熟，更富有市场竞争力。选题评价要建立三级评价的程序。

①编辑室选题的"头脑风暴"评价

编辑室的选题评价是出版社制定选题计划的基础。在编辑室的选题评价中，要充分发扬民主，鼓励每个成员都充分发表意见，对选题进行评价，充分利用"头脑风暴"的方法来优化选题。

②出版社层面的选题答辩评价

出版社的选题评价是决定编辑申报的选题命运的评价，因此更要充分发扬民主，给每个编辑以充分陈述其选题策划思路的机会。在选题评价中，特别要关注有争议的选题，要采取答辩而不是"头脑风暴"的形式，因为经过第一个阶段的评价，选题已经趋于成熟，通过答辩给编辑以陈述其选题思路的机会，为有价值的选题脱颖而出创造条件。有价值的选题往往来自有争议的选题。对有争议的选题，出版社领导不要急于"判死刑"，可以实行复议制。即如果策划编辑要求复议，则由社领导主持召开有关人员参加的选题复答辩会，先由编辑再次陈述选题策划思想，接着回答有关人员提出的问题，最后由答辩小组成员进行裁决而不是某些领导人的独断决策。

③社外专家的参与评价

最后，要建立一种筛选式的、社外专家与社内各部门人员共同参与的全方位评价机制，而不是一种认同式的、以社内编辑人员为主的评价机制。因为如果缺乏社外专家参与机制，社内的选题评价在视野的开阔性、评价的权威性和评价的公正性等方面都存在缺陷。另外，出版社还要非常重视选题的多次开发，不要在意第一版的销售是否能收回成本，而是关心在所有版本的销售中和合理的财政年度内收回成本并赢利。要建立对选题的再开发和二次创利进行评价的机制。所以，应该建立一个有社外专家和社内各相关部门人员全面参与的评价机制，以保证选题的可行性和客观性。

（2）变"三合一"为"三分离"或"两分离"

"三分离"即选题的提出、策划和书稿案头加工相对分离。目前，大多数出版社实行的是选题的提出、策划和书稿案头加工"三合一"的编辑制度，难以适应市场经济条件下出版竞争激烈的新形势。选题的提出、策划和书稿案头加工虽然是编辑工作的三个必备环节，但这三个环节的工作性质不同，对编辑的素质要求也不尽相同。在这三个环节中，选题策划是一个在较高智力层面上进行的创造性脑力劳动，对编辑工作的成效起着关键性的作用，因此对编辑的素质要求比较全面。选题策划不仅要求编辑对图书市场有敏锐的反应能力，善于将市场信息转化为选题策划的有效信息，还要懂得成本核算、市场推广等知识，能对选题的运作进行全程策划。书稿的案头加工则要求编辑有比较扎实的专业知识素养、文字功底和一丝不苟、严细成风的工作态度。现在，有很多出版社设立了策划编辑岗位，这样就把一部分有策划能力的编辑从案头工作中解脱出来，让他们集中精力提出和策划选题，根据市场变化情况，调整出版社的选题策划方向，优化出版社的选题结构；让一些有较强文字驾驭能力的编辑专职担任案头工作；在岗位设置上分别设立策划编辑和加工编辑。

2. 选题评价的原则

选题评价是一项系统工程，要重点注意以下三个方面的内容：

（1）选题的政治倾向性

选题策划有着鲜明的政治性，体现在选题是否体现了党和国家的方针、政策。因此，选题评价要考虑评价选题产生的社会效益，评价选题是否适合当前的形势需要，是否体现了为大局服务的思想，是否弘扬了主旋律，是否紧密配合了党的中心工作。

（2）选题与本社图书产品结构的符合度

图书产品结构体现了一个出版社的市场竞争优势和核心竞争力，一个比较成熟的出版社，都有与自己的资源整合优势和发展目标相适应的图书产品结构。从原则上来说，每个编辑策划的选题，都应该符合本社的图书产品结构，构成本社图书产品结构的有机组成部分，体现本社市场竞争优势。

在一般情况下，每个出版企业都应该有自己的优势板块，这个优势板块既包括创建品牌的畅销书和常销书，也包括根据不同时期的市场需求推出的一些适应短期市场需求的图书。策划编辑出于各自的考虑或是出于认识上的局限，有可能在选题策划中出现游离于本社图书产品结构的现象，但出版企业组织的选题评价必须从整个出版企业发展的角度出发，对编辑提出的选题策划思路进行修正和完善，将编辑个体的选题策划思路纳入出版企业的整体选题策划思路之中，使之成为出版社选题的组成部分，成为出版企业市场竞争优势的体现。

（3）选题与读者定位的匹配性

在图书市场日益细分的趋势下，选题的读者定位是否得当，成了选题能否成功的关键性因素。在图书市场细分的新形势下，一种图书要赢得市场，必须有非常正确的市场定位，而且是越精确越好。因此，在选题评价中，编辑策划的每一个选题，都应该有非常明确的读者对象，要详细说明这个选题是给哪些人看的，是适应哪些人的需要的，而不是笼统地说是某个读者群体。如老年保健类的选题，要说明是针对哪一个年龄层的读者群的，最好要精确到某一个具体的年龄段，或是具体到某一个需要保健的群体，这样的选题才是有市场潜力的选题。

（三）选题的决策

1. 建立选题决策委员会

在选题决策方面，应建立以委员会制度为基础的科学决策机制。例如，美国出版社执行选题决策的一般是编辑委员会、董事会、监事会等机构，采取集体决策和民主决策机制，他们有来自所有环节报表的数据，以供委员会对选题的可行性做出比较精确的分析。因此，这种选题决策机制是一种更科学、更有效的决策机制。由于受管理体制的影响，中国的出版社的选题决策大多仍是以单个的高层管理者为主的感觉决策、经验决策，这些决策者在选题决策时往往倾向于内容的可行性而忽视市场因素的影响。此外，信息采集技术和手段的相对落后也导致了决策依据的缺乏，致使选题决策的风险较大。最后，应该推行以高素质的领导人为核心的民主决策机制。出版企业的领导人应该具备准确定位、精心设计选题的战略眼光和落实选题、执行选题计划的管理能力。出版企业应成立选题决策委员会，每一个选题的决策都应该获得一定比例委员的同意后才能通过，以保证选题决策的民主性和科学性。

2. 建立图书选题数据库

在信息时代，光靠人的主观感受进行决策是不够的，一定的高科技支撑是开发选题资源的必备条件。国内外一流出版企业的经验表明，建立选题数据库，能为提高选题资源的开发和决策提供快捷、便利的操作平台。

编辑可以按照事先设定的检索条件，对图书进行任意检索，如对图书的库存进行检索、对图书的累计发行量进行检索、对图书的实现利润进行检索等，这有利于对有价值的选题进行二度开发。

第三节　出版企业组稿与编审管理

选题计划确定之后，组织书稿就成了落实选题计划的关键。出版社的选题计划制定得再周密，其创意、设想再大胆，最终还要由与之相适应的作者来完成，因此，物色合适的作者，成了图书生产流程中重要的一环。而不同的出版机构，其组稿运作方式是不同的。如美国，出版社的选题、组稿和审稿三个环节是紧密联系在一起的。编辑在组稿过程中确定了选题之后，才决定是否购买版权，因此组稿是一切编辑后续工作的前提和基础，这种思路是在组稿过程中确定选题。而在我国，出版社的选题、组稿和审稿是三个相对分离的环节，编辑一般重视选题和审稿两个环节而相对忽视组稿，一般是先确定选题，后联系作者进行组稿，最后是审稿和编辑加工。但是不管是哪种方式，组稿过程中，作者资源的开发和管理对出版机构来说都是重要活动。

一、作者资源管理

（一）出版企业和作者的关系

作者是出版社对外关系中最直接也是最重要的关系。小赫伯特·S. 贝利将这种关系归于出版社的"外部环境"。我国出版界流传着作者是出版社的衣食父母的说法，贝利也认为，出版社的活动和决策深受一群才华横溢的作者的影响，他们被看作是出版社力量的源泉。这无疑都是正确的。出版社必须寻找那些有才能的作者，否则将无法生存。同理，作者也必须依靠出版社才能达到传播思想的目的，否则文稿写出后不为人知，是没有什么价值的。组织书稿的工作，在很大程度上表现为编辑与作者打交道，与作者沟通、合作的过程。出版社与作者的关系，在本质上是合作双赢的关系。

但是，随着出版竞争的日趋激烈，对作者特别是优秀作者书稿的争夺更加激烈，而作者与出版企业的关系如何，很大程度上取决于编辑的工作。组稿工作就是编辑在与作者打交道的过程中，努力接近作者、团结作者、开发作者的过程，因此，组稿工作说到底还是做人的工作，是与人打交道的工作。

（二）作者的类型

现代出版条件下的出版企业主要和下列"三类"作者打交道：一是个体作者，二是出版经纪人，三是社团研究机构。

1. 个体作者

个体作者一般是那些被出版企业认定为"有生产力的成功的作者"，他们和出版企业之间已经建立了长久的、良好的信誉关系。对出版企业来说，寻找一个乃至一批"成功的"作者并非易事，一般需要慢慢地去培养和创造。因此，对那些有培养前途的作者的初版书，出版企业即使不赚钱也会出版。一旦这位作者获得成功，出版企业就会依靠作者的名气推销先前出版的"不太成功"的书。

2. 出版经纪人

在作者资源的发展与维护方面，发达国家的出版机构一般都利用较成熟的出版经纪人来进行约稿。出版经纪人在三个方面发挥着重要作用：一是编辑，主要对作者的稿件进行修改、加工和润色。二是投稿，根据作品内容和价值寻找最好的出版社及作品辅助销路。三是销售，即为作者出售文稿，出版社接受文稿后，出版经纪人则全权代表作者同出版社谈判，尽量将书稿卖个好价钱。

尽管出版社对出版经纪人这一角色还有许多看法，但现在已承认这种客观存在的事实和普遍发展的趋势。出版经纪人无形中充当了出版社不拿薪水的"过滤器"，筛去大量的、不好的作品，而把真正有价值的作品提供给出版社。出版经纪人可以是独立的个人，也可以是一个机构。由于对出版经纪人的素质要求比较高，所以那些有成就的出版经纪人一般都来自出版界——从出版社的编辑岗位改行而来。从某种意义上讲，正是出版社成了出版经纪人的培训基地。

3. 社团研究机构

社团研究机构作为出版社的作者主要是指专业学术机构。这类学术机构是各国科技界与学术界的许多领域的科学家、工程师自己组织并成立的学术团体，大多冠以"学会""协会"的名称。他们一般都有自己的学术刊物，供发表学术性论文及各类学术文章，大的协会、学会都有自己专门的出版机构。出版物形式有小册子、图书、文献汇编、地图、书目文摘、词典等。社团研究机构的出版物有时自己出版，有时让机构外正规出版社出版，因此，社团研究机构和出版社之间存在着密切的关系。

出版企业和社团研究机构之间的密切联系及业务合作有利于提高出版企业的声誉和出版品位。美国的"兰登书屋"长期坚持与美国的科研情报机构合作，开发专项经济策略研究报告和图书，供美国政府及大财团在决策中参考。这种"合作伙伴"关系在西方出版业发达的国家并不少见。

（三）个体作者资源的发展和维护

在作者资源的发展与维护方面，发达国家的出版机构一般都利用较成熟的出版经纪人进行约稿。而中国的出版企业以直接向作者约稿为主要约稿方式。虽然其形式较为单调，缺乏联系稿源、发展新作者的专业化机制，但是由于我国出版业市场化程度较低，还没有形成签约作家制。所以，出版企业应重视与个体作者的长期合作，并努力维护与作者的良好关系来发展和稳定相互之间的合作。

按照个体作者在图书编辑出版工作中所起的作用，可将作者分为两大类。一类属于编辑主导型的作者，即在编辑的组稿过程中，编辑的选题策划思路对完善作者的创作思路、丰富作者的创作内容、提升作者的创作层面，起着十分重要的作用。也就是说，作者的整个创作过程，都是在编辑的积极参与下完成的。另一类属于创作主导型的作者。这类作者的周围已经形成了一大批比较忠实的读者，在图书市场有相当的号召力和影响力，本身就是一个品牌。当前的一些知名作家及影视界、演艺界、体育界、传媒界的名人就属于这类作者。这些作者的书稿本身具有的畅销潜质和畅销"基因"，提升了书稿的价值，有些书稿往往成为多家出版企业争夺的目标，编辑要拿到这些书稿，要付出更多的劳动，花费更高的代价。

二、审稿

编辑对书稿的加工由两个基本环节组成：一是审读，也即出版社常说的"三审制"；二是修改，也就是对书稿文字、结构的具体加工，即编辑加工。实际上，在编辑对书稿的加工过程中，审读与修改是密不可分的，可以说审读中有修改，修改中又有审读，其流程可以参见表3-4。这里为了叙述上的方便，还是分审读书稿和编辑加工两个方面来说。

表3-4　编辑加工信息表

书　号	ISBN 7-		开　本		
盘　号			装帧形式		
书　名					
丛书名（或系列书名）					
著译者及著作形式					
选题号		版　次	选题字数（千字）		发稿字数（千字）
引进版权登记号			广告经营许可证号		
编辑收稿时间		编辑加工时间	年　月　日至　年　月　日		
原稿　　页，图稿　　张，　另加表图　　张					
分　社		策划编辑		加工编辑	
发稿时间	年　月　日	社长签字		总编室收稿人签字	
复审时间	年　月　日至　年　月　日		复审签字		质量等级
终审时间	年　月　日至　年　月　日		终审签字		质量等级
退改时间	年　月　日至　年　月　日				
备注					
总编辑签字		年　月　日	质量等级		

（一）审读书稿的原则

这里讲的审读，是指对书稿整体质量的全面审读，旨在对书稿作出基本评价，决定取舍。审读书稿，简称审稿，其基本职责是坚持为人民服务、为社会主义服务的方向，按照出版工作的方针和政策，对书稿进行评价、选择和把关，以促进优秀图书的出版，防止有害读物流入社会。审稿要分步骤进行，一般可分初读、细读两步进行。初读时，浏览全稿，了解和掌握书稿的大体情况。如果书稿的内容不属于本社界定的出书范围或在政治内容、学术内容上存在严重差错，则需退稿或退改，这种书稿不存在下一步的细读环节。反之，对于能细读的书稿，必须思想高度集中，仔仔细细审读，不能放过书稿上任何细枝末节的差错。精品图书必是字斟句酌、精雕细刻的结果。

审稿的过程是用高度的责任感、理性的心态、冷静的头脑对书稿进行科学分析和判断的过程。审稿要以质论稿，不论贵贱亲疏，即便是名家的书稿，也要认真审读。审稿不同于对图书的浏览和阅读，不能根据审读者个人的爱好、情趣作出取舍决定，而应代表社会和读者对书稿作出理性判断。审稿也不同于研究者对研究资料的阅读，而是要从出版专业的角度对书稿的内容由表及里、由浅入深、全面反复地进行审视，以便作出理性的、正确的取舍。编辑的职责与审稿的目的决定了审稿必须"锱铢必较"，精益求精，而不能粗枝大叶，敷衍塞责。

（二）三级审稿制度

我国实行审稿工作的"三审制"，即责任编辑初审，编辑室主任复审，社长、总编辑（或由他们授权的具有正、副编审专业技术职务的人员）终审。三级审稿缺一不可。因为只有经过多人多次审读，才能使认识深化，作出的判断才能符合书稿实际。

1. 初审

初审是三审的基础，要坚持责任编辑初审制度。一般由具有编辑专业技术职务的人员或具备一定条件的助理编辑人员担任责任编辑。责任编辑必须逐字逐句地认真审读全稿，对书稿的政治倾向、思想品位、学术或艺术价值、科学性、知识性、结构体例、文字等各个方面进行把关，对书稿的质量、社会效益和经济效益进行评价，并提出取舍意见和修改建议。

2. 复审

复审应由具有正、副编审专业技术职务的编辑室主任一级的人员担任。复审应审读全部稿件，并对稿件质量及初审意见书中提出的意见作出总的评价，同时要回答和解决责任编辑在初审意见书中提出的问题。

3. 终审

终审应由具有正、副编审专业技术职务的社长、总编辑或由社长、总编辑指定的具有正、副编审专业技术职务的人员担任（非社长、总编辑终审的书稿意见，要经过社长、总编辑审核）。终审主要根据初审、复审意见，对稿件的内容，包括思想政治倾向、学术质量、社会效果、是否符合党和国家的政策规定等，作出评价。如果书稿涉及国家安全、社会安定等敏感问题，属于应专项报批的，或初审和复审意见不一致的，终审者应在通读稿件的基础上，对稿件能否采用作出决定。有些重要的书稿可由比较多的人审读、讨论。有些本社编辑难以作出准确判断的专业性很强的书稿，经过社内审读后，还需请社外专家审读。翻译书稿则应由有关的外语专家校订。

复审、终审工作应该让符合条件的老编辑、资深编辑负责。可以集中一部分在专业领域有较高造诣的资深编辑，设立审读室，书稿均全权委托他们分别进行复审、终审；还可以科学地组织、利用社会力量，约请专家对学术性、专业性较强或内容较复杂的书稿进行终审。编辑室主任和总编辑因此也可以有更多精力去从事选题开发和管理工作。

三、编辑加工

（一）统一体例

统一体例是修改书稿最基本的任务。对单本书而言，统一体例就是要按照书稿加工的基本要求，对书稿的篇章结构、段落之间的衔接和过渡等问题进行规范化的处理，使之符合图书质量的标准和要求。

1. 结构

第一，是看全书的结构是否紧凑、严谨，章节安排是否合理，层次是否清楚。审稿时，如果发现节以下的段落划分不合理，可以作必要的合并或分开，也可以加几句承上启下的话。但是，如果要对结构作大的改动，必须征得作者的同意。

第二，是看前言和后记是否规范。前言、后记是指作者、译者用来向读者交代有关本书情况的说明文字。

2. 标题

标题是标明图书某部分内容的简短语句，其特点是层次分明，能体现全书的内容和结构。标题的作用，除了作为书稿内容的总结，还可体现书稿的层次性及各层次之间的逻辑关系。对标题进行规范化处理的关键，是要在理解各级标题所含的层次的基础上，对标题进行科学规范的分级处理。一部书稿通常可以有若干级标题，如一级标题、二级标题、三级标题、四级标题、五级标题等。一般而言，可设篇、章、节、条、款等层次，常用的序号（除篇、章、节外）有一、（一）、1、（1）等。按照国际标准，序号可统一用阿拉伯数字表示。此外，按标题位置分，可分为居中标题、边题、插题。居中标题大多用于一、二级标题，即章、节标题；边题大多用于三、四级标题，有顶格排和空两格排两种；插题即段首标题。

3. 目录

为了便于读者检索正文和了解全书内容的纲要，把书中各级标题按次序或类别加以排列，并标上相应的页码，这就是目录。目录一般排在正文之前、前言之后。目录的项目有序言、绪论、篇号篇题、章号章题、节号节题、小节号小节题、参考文献、附录、索引等。目录的详细程度要看书稿的性质和内容的复杂程度，一般书稿列到第二或第三级标题，有的书稿总目录列简单的章目，后面分章再列详细目录。

（二）润饰文字

书稿的文句是否通顺，既关系到作者内容表达的准确性，又影响到读者的阅读效果。有的学术书稿侧重于对学术观点的阐述，往往忽视语法、修辞，时常有文句不通之处。遇到这种情况，应在准确领会原意的前提下，结合上下文进行修改。对于含意深奥、难以理解的句子，应请作者修改。

书稿要做到字迹清晰、工整，使用国家语言文字委员会最新公布的《简化字总表》中规定的简化字，严禁使用不规范的汉字和自造的汉字。由于汉字是由象形文字演变成的方块字，结构相似、偏旁相同的字很多，每个汉字具有形、音、义三要素，又多单音节字，因此极易造成差错。

（三）订正观点

订正观点也是编辑的重要职责。在一般情况下，一些明显的有错误倾向的观点，编辑比较容易发现和纠正；但一些似是而非的观点，特别是深究起来发现有明显不妥的观点，则需要编辑用锐利的目光去鉴别和发现，并正确处理。

（四）核对数据

核对数据也是书稿修改过程中的重要工作。核对数据一般要注意三个方面的问题。一是数据明显不符合事实，且这些不实数据通过查询有关工具书或资料马上可以得到准确的答案。二是有些数据前后不一致，编辑单凭自己的经验和感觉，难以作出决断，只能通过询问作者进行解决。需要指出的是，编辑决不能以自己的想当然行事，认为这个数据应该是怎样的，而应该本着实事求是、严肃认真的态度，由作者来纠正。三是有些数据的运用不符合常理，但又不能确定到底应该是什么数据。遇到这种情况时，编辑可以带着疑问向有关专家进行咨询，求得比较完满的解决。

第四节　出版企业印务流程

一、基本印务流程

下面从出版企业对图书生产管理的角度出发，把图书的印制分为图书印前、印刷和印后三个环节进行分析，为出版企业印务管理提供工作思路。

（一）印前制作

印前制作是指按照图书的整体设计要求，将原稿加工制作成可供印刷复制的印版的工艺过程。印前工艺流程包括原稿检核、图文输入、图文编辑、图文输出、印版制作和打样等环节。在对科技类图书进行原稿检核时，应重点检查插图（包括彩图、黑白影像图、线画图等）的质量：彩图和黑白影像图稿必须清晰、层次感强，其中彩图色彩要鲜艳；线画图的线条清晰、饱满；分辨率要满足出版要求。

（二）图书印刷中的管理

图书印刷中的管理首先是印刷工艺流程的确定。出版社应同印刷企业一道，选择合理的印刷工艺，达到最佳印制效果。图书印刷一般采用平版印刷，内芯印刷（单色）在工艺上一般没有特殊的要求，而对装帧制作，出版社常采用一些特殊工艺，如覆膜（光膜，哑膜），UV 上光、压印、特殊印刷等，在前面的装帧策划部分我们已经详细论述，在印制过程中主要是这些工艺的落实。因为有些特殊工艺的使用都是有其特定对象和条件的，装帧设计操作时一定要考虑这些因素，如果选择不当，虽然增加了印制成本，却达不到想要的效果。

另外是印刷材料的选择。图书印刷的材料主要是指油墨和纸张。出版社一般对印刷油墨的关注较少，而对印制成本影响较大的纸张关注较多。同一个印刷机，使用不同档次质量的纸张，其印刷质量有很大不同。因此，出版社应根据图书的不同要求选择不同的印刷材料，重点书、精品书可考虑选择高档纸、特种纸，一般图书则选择普通纸。

（三）印后入库前抽样检验

图书印刷完毕后，对印刷厂送交的大批量委印图书进行抽检。出版社除检查印刷厂送来的样书外，还要根据委印图书数量对大批量图书进行抽检。因为样书一般都是印刷厂仔细挑选过的，如果出版部门只检查样书，而对大批量的图书不进行抽检，就很有可能让不合格图书流入书库。对抽检不合格的图书，则不予签字入库，抽检合格的图书要填写入库信息表，如表3-5所示。

表 3-5　入库信息表

入库时间	版次	入库册数	接收人签字

　　为了适应社会主义市场经济的需要，出版社应该建立面向市场的出版生产流程，出版社对提高图书印制质量负有更大的责任，理应成为图书印务管理工作的主体。因此，出版社除认真做好图书的印前制作外，还要对图书印刷过程进行严格的管理。但是，基本的原则是本着解决问题的态度与印刷企业进行沟通，按照各负其责、密切合作、共同努力的方针，才能提高图书的印装质量，为读者提供内容与形式完善统一的精品图书。

二、图书印制计划与进度控制

　　在出版社对图书印制过程进行监督和管理的过程中，要制定严密的图书印制计划与进度控制表，可参照表 3-6 制定。

表 3-6　印制流程表

环　节	计划完成时间	实际完成时间	签收人	签收时间	责任人	周期考核	备注
计算机绘图						天	
版式设计						天	
封面设计						天	
一二校						天	
一改						天	
三校、四校						天	
退编						天	
二改						天	
加校						天	

续表

环 节	计划完成时间	实际完成时间	签收人	签收时间	责任人	周期考核	备注
加改						天	
一核、二核						天	
付型						天	
质检						天	
出片、印刷						天	
装订						天	
收样书						天	
样书质检						天	
入库						天	

本章知识小结：

● 现代出版物生产的一般过程大体由出版策划、编辑工作、出版物制作三个基本环节组成。编辑工作贯穿出版活动的始终，但就出版物生产流程中的编辑工作而言，其主要内容包括选题、组稿、审稿、加工整理、装帧设计、发稿与校对；印刷出版物的制作，大体要经过排版、制版印刷、装订成形三个步骤。

● 以市场为中心的出版生产流程要充分体现出版者对市场、竞争和成本问题的高度重视。以市场为中心的出版生产流程非常重视出版生产的前期策划准备工作，注重对出版物市场进行调研和预测，充分考虑生产活动开展之前和生产过程中的市场反响和销售效果。另外，在出版力量的分工上，也体现了对市场的极其重视。

● 年度选题在某种意义上是下一年度出书的总指挥，一般来说，出版企业在思考年度选题时，应就下一年的出书方向、目标、项目、结构等方面做出统一计划。选题策划要以市场信息为基础，以经济预算为核心，实行选题全程策划。选题策划包括图书虚拟形态策划、选题成形中的图书成本及装帧策划，选题成形前后的宣传诉求点策划和选题成形后的公关造势策划、销售渠道策划等营销策划。

●选题评价是一项系统工程，包括三个方面的原则：选题的政治倾向性；选题与本社图书产品结构的符合度；选题与读者定位的匹配性。

●选题计划确定之后，组织书稿就成了落实选题计划的关键。如何最大限度地开发、利用作者资源，将选题策划优势与相应的作者优势结合起来，进而实现选题效益的最大化，是组稿工作必须解决的重要课题。

●编辑对书稿的加工由两个基本环节组成：一是审读，也即出版社常说的"三审制"；二是修改，也就是对书稿文字、结构的具体加工，即编辑加工。我国实行审稿工作的"三审制"，即责任编辑初审，编辑室主任复审，社长、总编辑（或由他们授权的具有正、副编审专业技术职务的人员）终审。编辑加工则包括统一体例，润饰文字，订正观点，核对数据等方面的工作。

●图书的印制分为图书印前、印刷和印后三个环节。印前工艺流程包括：原稿检核、图文输入、图文编辑、图文输出、印版制作和打样等环节。

［思考题］

1. 期刊的出版流程与图书出版流程的区别与联系。

2. 有人说："作者是出版社的衣食父母"，你对此有何看法？

3. 如何以市场为导向进行选题策划？

4. 如何看待数字技术对出版流程的影响？

5. 如何管理作者资源？

第四章　出版企业质量管理

本章学习目标：

- 理解并掌握图书质量的概念及其基本要素
- 了解图书质量保证体系
- 理解和掌握 PDCA 循环
- 了解图书质量标准

质量是企业的生存之本，是现代企业赢得竞争优势的主要手段。图书质量是出版企业的生命线。市场经济体制的确立，为发展与繁荣我国的出版业注入了新的活力，无论从数量、规模、品种、结构上都以前所未有的发展态势营造着出版业的鼎盛时期。尤其近10年来，随着出版改革的深化和出版社的增加，处于竞争日趋加剧环境之中的图书市场将出版业带入动态变化时期。兼并、重新组合和优胜劣汰的危机感已迫使各出版社为加固生存的基石，为提高两个效益和竞争能力，把更多的注意力转向抓图书的质量，倾心策划优质的选题和出版精品图书之上。

近年来，国家新闻出版主管部门连续开展"出版物质量年"专项检查工作，着力加强图书质量管理，指导督促出版单位及其主管主办部门建立并实施图书质量保障体系，切实提高了图书出版的整体水平。但在管理工作中也发现一些出版单位内部管理失范，造成图书质量不合格的问题。这些图书有的内容质量存在导向问题；有的差错率较高，编校质量问题严重。教育部社会科学司曾委托高校出版质量监督检查中心于2015年7月到12月组织质检专家，对全国高校出版单位2014年出版的社科类图书进行质量抽查。此次共抽查了108家出版单位的216种图书，其中，内容质量方面，全部合格，未发现政治性问题。编校质量方面，合格［差错率在万分之一（含）以下］的160种，占74.1%；不合格（差错率在万分之一以上）的56种，占25.9%。本次抽检的编校质量不合格的主要问题是汉语拼音差错，封面、扉页、CIP数据相关信息不一致，标点符号、字词、语法等差错，知识性差错等。

图书出版是一项复杂的系统工程，它和许多物质产品的生产一样，要经过多道工序。每部书稿向图书的嬗变过程，凝聚着不同工序专业人员的创造性劳动成果。同物质产品的生产过程相比较，图书的生产过程更复杂，带有更多的主观性和随意性，其许多环节的质量无法用检测仪器和工具予以控制。本章结合质量管理的基本理论，重点介绍图书质量、图书质量保证体系、图书质量标准与相关监管制度。本章所述的质量管理方法，不仅适用于图书，也适用于其他形式的出版物。

第一节 图书质量管理概述

一、图书质量的概念

图书作为出版企业向社会提供的产品，是精神劳动和物质劳动的有机结合体。图书产品是一系列出版过程的结果，包括硬件（图书的物质载体形式）、软件（图书所包含的知识内容）及服务（出版发行过程中的信息提供、运输等）等内容。所谓图书质量，就是指图书产品的一组固有特性满足读者要求的程度。这些特性具体包括图书产品的装帧设计、内容价值、印制、特色、品牌、文化品位、系列服务等方面。

根据新闻出版总署于2004年颁布的《图书质量管理规定》，图书质量包括内容、编校、设计、印制四项，这四项的质量分属于内容质量和形式质量两个方面。图书内容质量是指图书产品的思想性、科学性、艺术性、可读性、实用性及符号表达的通用性，它是图书质量的灵魂和核心。形式质量则包括图书产品开本的大小、用纸质量、印刷水平、装帧设计的艺术性及耐用度等，既能强化其内容特色，又可增加其欣赏、适用、保存的价值。图书的内容质量由出版人（编辑、审读人员）通过书稿的选择和加工提炼这一过程来决定。图书的形式质量由出版人通过对出版物的印装工序来实现。

二、图书质量的基本要素

从图书质量的概念及其基本内容出发，可以看出图书质量包括以下几个基本要素。评价一本图书质量的高低，可以从以下几个要素来衡量：

（一）选题质量

选题是图书的灵魂，读者往往是根据选题来决定是否去购买、阅读这本图书。一个好的选题，可以吸引读者的注意力，它体现着编辑独到的眼光、独有的特色，让读者产生阅读的欲望。因此，一部图书能否成功，选题好坏是关键。选题工作是图书出版的第一环节，是图书出版工作的入口。平庸的选题，只能造就平庸的图书，编辑的案头功夫再过硬，也难以将平庸的选题加工为优秀的图书。一个成功的选题，能够产生良好的社会效益和巨大的经济效益。深受大众欢迎的图书，都有一个共同点，那就是它们都有一个好的切入点——一个高质量的选题。选题并不是一个简单的书名的问题，它凝聚着编辑或作者的心血和智慧，有些选题是编辑或作者对某个领域深入研究的结晶，本身就是有价值的科研成果。良好的开端是成功的一半，选题的质量在很大程度上决定着图书的质量。市场上大量的滞销图书，基本上都是选题一般、内容平平、没有特色，无法打动读者的作品，缺乏购买价值。因此，选题质量是图书质量的基础和关键。

对于出版社的重大选题，还必须坚持重大选题备案制度。对涉及政治、军事、安全、外交、宗教、民族等敏感问题的重大选题和其他需宏观调控的重大选题，必须按照国务院《出版管理条例》和国务院出版行政部门的有关规定履行备案手续。凡列入备案范围内的重大选题，出版社在出版之前，必须报国家新闻出版署备案，未申报备案或报备后未得到备案答复的，一律不得出版。重大选题备案的一般程序是：先由出版社写出申请报告和对稿件的审读意见（写明没有把握要请示的问题），连同稿件一并报主管部门；主管部门审读稿件后如认为有出版价值，再正式向国家新闻出版署申报备案。

（二）写作质量

原稿的写作质量在起点上就决定了图书的质量水准，高质量的原稿为打造图书精品提供了可能，而书稿内容的先天不足则是很难产生高质量图书的。一流的选题，再加上一流的作者，才能造就一流的图书。如果作者选择不当，不能准确理解编辑的选题意图，很可能导致一流的选题，三流的作品，从而葬送一个优秀的选题。图书的写作质量与作者的写作能力有关，优秀的作者能够很好地理解、把握编辑的选题构思，并以此为基础，明确自己的写作目标，选择恰当的表达形式，通过生动的文笔，完成图书的写作。有些图书的选题很好，但由于作者的写作质量不到位，导致作品没有满足读者对该作品的期望，从而导致失去一本优秀的图书。写作质量的高低虽然不像选题质量的高低那样直观，但它对于图书的综合质量同样至关重要。

（三）编校质量

图书的编校质量不像它的选题质量、外观质量那样可以一眼就看出高下，它属于隐性的质量。图书编校质量的优劣，往往是在读者购买后，经过阅读才能得出结论。图书的编校质量关系到出版社的形象，同样的图书，读者总是选择那些老牌出版社、名牌出版社所出版的，这些出版企业一贯重视图书的编校质量，这为他们在读者中赢得了良好声誉，他们也就等于得到了进入市场销售快车道的通行证。读者的质量意识越来越强，一本编校质量低劣的图书，很快就会使有关出版社、有关作者名誉扫地。就图书的编校质量而言，1%的失误可能会带来100%的损失，谁忽视质量谁将为此付出沉重的代价。

（四）装帧设计质量

装帧设计质量是图书的外在形式质量的重要组成部分，包括封面、扉页、插图、行文排列格式、字体字号使用等的设计以及印刷材料的选用等。装帧设计应围绕图书的内容特征来进行，使形式与内容相协调，用形式美来促进内容美。因此，这项工作做好了对图书质量是可以起到锦上添花作用的。封面是一本图书的脸面，封面是否美观，直接关系到图书对读者的吸引力。有些图书的选题很好，内容质量也不错，就是因为缺乏一个美观的装帧，从而淹没在图书的汪洋大海中，影响了图书的销售。在图书的包装方面，许多出版企业只注意了封面的设计，忽略了书脊的设计。对于大多数图书来说，平面陈列的机会很少，主要还是上架立体陈列，读者首先看到的是书脊，图书的书脊设计是否醒目、美观，是图书外观质量的一个重要因素。

（五）印装质量

印刷装订是图书的物化过程，印装质量直接影响图书的外观和视觉效果，如果出现缺页、掉字等还会影响到图书的内容。印刷技术的不断进步，为生产更精美的图书提供了条件，但印装质量管理实在不可掉以轻心。

以上第一、二个要素反映了图书的内容质量，而第三、四、五个要素则反映了图书的外观形式质量。高质量的图书，内容与形式应该都达到完美的程度，不恰当的外在形式，同样会影响一本图书的实际效益。

第二节　图书质量保证体系

一、图书质量保证体系

图书质量保证体系，是指出版企业以保证和提高图书质量为目标，为实施质量管理所需要的组织结构、程序、过程和资源。运用系统的原理和方法，建立统一协调的组织机构和合理的制度，把各部门、各环节的质量职能严密组织起来，明确规定其职能、任务和权限，并有一个灵敏的质量信息反馈系统，形成一个高效的质量管理有机整体。

一般说来，图书质量保证体系有如下结构（如图4-1）：

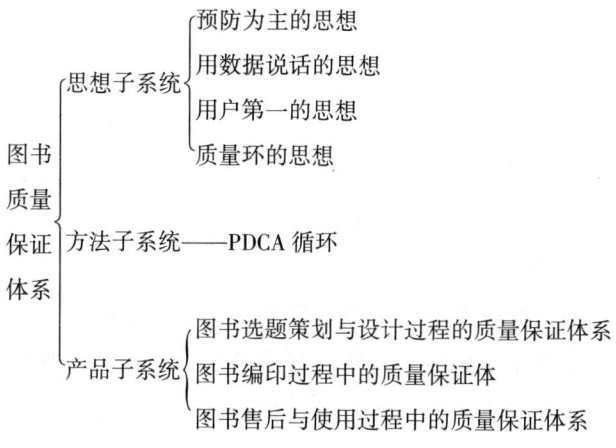

图 4-1　全面质量保证体系

图书质量保证体系是一项系统工程，要有严密的组织，需要各出版社、出版社的主管部门、各级出版行政部门以及社会各界的共同参与，形成网络；要有科学、严格、有效的机制，根据图书生产、销售和管理的规律，分部门、分阶段、分层次组织实施，分清任务，明确责任，提高管理和运行水平；要有称职的队伍，各出版单位要制定计划，对各级、各类的出版从业人员，特别是从事编辑工作和出版行政管理工作人员，进行考核和培训，提高思想、政策、职业道德、专业技术水平。

二、图书质量保证的思想体系

(一)"用户第一"的思想

出版企业必须识别读者的质量要求，以用户、市场为导向。图书质量不仅要达到国家的图书质量标准，更重要的是要识别用户的要求。质量管理中的"用户"概念被拓宽了，不只是指直接用户，而且包括出版企业内部前后工序，提倡树立"下工序为上工序的用户"意识，每项工序的各项工作都经得起下道工序的检查，都能使下道工序满意，本工序内发现的质量问题要在本工序解决，使出版企业内所有工序形成一个相互协调、相互促进的质量管理有机整体。实践证明，一切从用户出发，出版企业才能提供使用户满意的图书，才能够不断创新，使出版企业活力长存。

（二）"预防为主"的思想

全面质量管理认为："质量是设计出来的，不是检查出来的。"影响图书质量好坏的真正原因，不在于检验，而在于选题策划。全面质量管理使质量管理从事后检验发展到事前控制。从管结果发展到管过程、管原因，将影响产品质量的可控制因素控制起来，最大限度降低不合格率。

（三）"一切用数据说话"的思想

全面质量管理是以数据为基础的管理活动。质量可以表示为一定的数量界限，只有掌握准确信息，才能了解质量变动状况，采取有效措施解决质量问题。全面质量管理广泛运用了各种统计方法，一切用数据说话，提高了质量管理工作的科学性和准确性。

（四）"质量环"的思想

产品质量的形成是一个闭环管理的过程，这个闭环是从市场调研开始，经过设计、开发、生产、销售、物流以及售后服务等环节，最后通过消费者的使用又回到市场中。产品质量是在这些过程中的每一环节中逐渐形成的。因此，为确保产品质量，就必须对其中的每一个环节进行质量控制。图书产品和其他产品一样，也需要经过这样一个质量环，只是在具体的节点上，与一般工业产品有所不同。因此，控制图书产品形成的每一个环节，就可以有效地保证图书产品的质量。如图4-2所示。

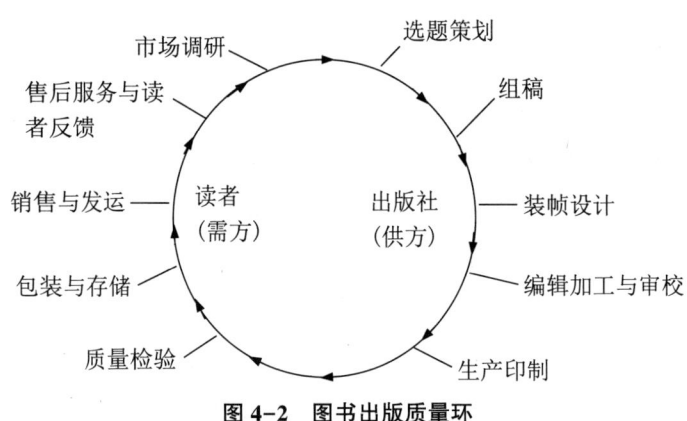

图4-2　图书出版质量环

三、图书质量保证的方法体系

质量管理中常用的 PDCA 循环可以帮助建立图书质量保证体系，并对图书质量进行持续改进。

PDCA 循环是全面质量保证体系的基本运转方式和科学的工作程序，是由美国质量管理专家休哈特提出的。质量保证体系活动的全过程是按照计划（Plan）、实施（Do）、检查（Check）、处理（Act）四个阶段不停地周而复始运转。

PDCA 循环包括四个阶段、八个步骤，如图 4-3、图 4-4 所示。

1. 计划阶段（P），确定出版社的质量目标、活动计划、管理项目和措施方案的阶段。计划阶段包括四个步骤：第一步分析现状，找出图书质量存在哪些问题；第二步分析产生图书质量问题的各种因素；第三步找出影响图书质量的主要因素；第四步制订改进措施与方案，提出措施执行计划和预计效果，并且具体落实执行人、时间、地点、进度、方法等。制订计划必须考虑 5W1H（why、what、where、when、who、how）因素，以提高计划工作质量。

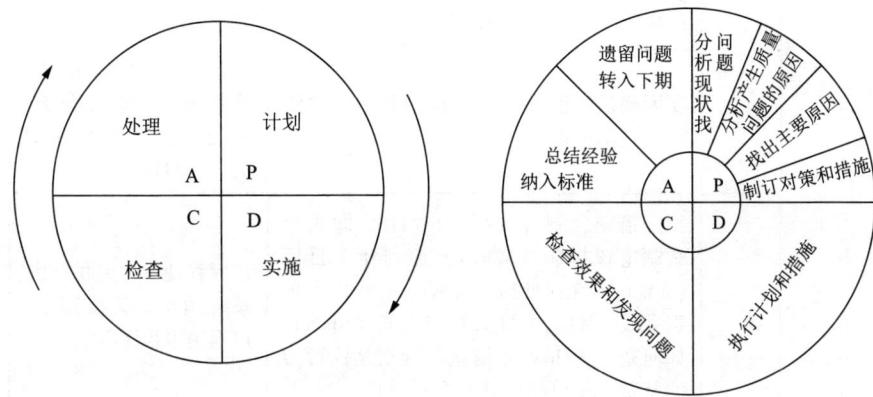

图 4-3 PDCA 管理循环四个阶段示意图　　**图 4-4 PDCA 管理循环八个步骤示意图**

2. 执行阶段（D），根据预计目标和措施计划，组织计划的执行和实现。

3. 检查阶段（C），检查计划执行情况，将结果与目标衡量，找出不足。

4. 处理阶段（A），针对执行结果，进行总结和分析、处理问题。这一阶段包括两个步骤：（1）总结成功的经验和失败的教训，成功的经验进行标准化，以利于今后遵循；失败的教训有针对性地提出防范性意见。（2）把没有解决的遗留问题转入下一个循环，作为下期循环应考虑的目标。

PDCA 循环的四个阶段、八个步骤及其可能使用的质量统计工具如表4-1 所示。

表4-1　PDCA 循环的四个阶段、八个步骤及其可能使用的质量统计工具

阶段	步骤		质量统计工具
	序号	管理内容	
P—计划阶段	1	分析现状，找出问题：强调的是对现状的把握和发现问题的意识、能力，发掘问题是解决问题的第一步，是分析问题的条件	排列图法、直方图法、控制图法、工序能力分析法、KJ 法、矩阵图法
	2	分析产生问题的原因：找准问题后分析产生问题的原因至关重要，把导致问题产生的所有原因统统找出来	因果分析图法、关联图法、矩阵数据分析法、散布图法
	3	要因确认：区分主因和次因是最有效解决问题的关键	排列图法、散布图法、关联图法、系统图法、矩阵数据分析法、KJ法、实验设计法
	4	拟定措施、制订计划（5W1H）即为什么制定该措施（Why）？达到什么目标（What）？在何处执行（Where）？由谁负责完成（Who）？什么时间完成（when）？如何完成（How）？措施和计划是执行力的基础，尽可能使其具有可操作性	目标管理法、关联图法、系统图法、矢线图法、过程决策程序图法
D—执行阶段	5	执行措施、执行计划：高效的执行力是组织完成目标的重要一环	系统图法、矢线图法、矩阵图法、过程决策程序图法

阶段	步骤		质量统计工具
	序号	管理内容	
C—检查阶段	6	检查验证、评估效果：把执行结果和要求的目标进行对比。"下属只做你检查的工作，不做你希望的工作"，检查验证、评估效果的重要性被 IBM 的前 CEO 郭士纳的这句话一语道破	排列图法、控制图法、系统图法、过程决策程序图法、检查表、抽样检验
A—处理阶段	7	标准化，固定成绩：标准化是维持企业治理现状不要下滑，积累、沉淀经验的最好方法，也是企业治理水平不断提升的基础。可以这样说，标准化是企业治理系统的动力，没有标准化，企业就不会进步，甚至下滑	标准化、制度化、KJ 法
	8	处理遗留问题：所有问题不可能在一个 PDCA 循环中全部解决，遗留的问题会自动转进下一个 PDCA 循环，如此，周而复始，螺旋上升	转入下一个 PDCA 循环

PDCA 循环并不是简单的重复，每一次循环都赋予新的内容和目标，都是更高水平的循环，质量问题不断被解决，又不断有新的问题，质量管理 PDCA 循环是一个不断提高的动态循环。

四、图书产品质量保证体系的基本内容

根据质量环的思想，出版社要建立图书质量保证体系，就要对图书产品形成的每一个环节进行控制，确保每一环节的质量。

（一）选题环节的质量保证

选题环节的主要质量保证措施包括：第一，要确定选题方向。选题方向的确定是出版单位的重大决策。选题方向确定之后，就必须根据规定的选题方向取舍选题，不能什么书都出。第二，论证选题的可行性。一是三级论证。通过三级论证，淘汰背离选题方向的选题，去掉仿制、雷同等低水平重复的选题以及伪书选题；二是专家论证。重要选题和重大选题可以聘请相关领域的专家进行论证，以保证选题的切实可行。第三，优化选题

结构。一是优化选题的品种结构，一个时期的选题要适当集中，以形成规模。一般选题、重点选题和重大选题三者之间要保持合理的比例关系；二是优化选题的期间结构。要保持中长期选题和年度选题之间合理的比例关系。中长期选题太少甚至没有中长期选题，年度选题就容易失去明确的方向。甚至会导致出现短期行为。第四，物色目标作者。策划人策划选题的同时还要物色目标作者，物色的作者应当是相关领域的专家学者，学有专长，且写作水平高，责任心强。作者的素质直接决定书稿的质量。没有合适的作者，这个选题就不能立项。第五，评估营销能力。好的选题图书只有销售出去才能体现选题的价值。

在宏观调控方面，针对选题控制问题，国家新闻出版署已建立了两项制度：一是年度选题计划审批和备案制度，国家新闻出版署对不符合国家法规、规定的选题可以进行调整或通知撤销；二是重大选题备案制度，列入备案范围的重大选题，未申报备案或上报后未得到备案答复的，不得出版。

（二）组稿环节的质量保证

组稿环节的主要质量保证措施包括：第一，策划编辑设计出书稿的总体构想：策划编辑在组稿前，对于书稿特别是丛书和套书书稿，应当有明确的构想。对书稿体例、结构，表现手法、切入的角度、内容的规范和取舍原则、书稿字数、整体设计等应有明确的思路。第二，加强与作者的沟通。一是向作者传达自己的总体构想，让作者充分理解自己的思路；二是就写作体例等与作者进行磋商，达成共识，并确定写作提纲、写作进度和质量要求；三是向作者分发《作者须知》，向作者介绍一些国家规范和标准以及具体的写作要求；四是及时了解书稿的撰写质量和写作进度。第三，审读样稿。审读样稿是把握书稿质量的重要环节。审读样稿的形式有两种，一是对作者已发表的文章和著作进行阅读，以确定作者可否试写样稿；二是对作者试写的样稿进行审读，通过样稿审读，对书稿总体质量进行把关，避免书稿偏离事先的构想。第四，交稿时严格把关。作者送交的书稿，应当由责任编辑抽审一部分，检查其是否符合既定的写作体例和编辑的构想，对于不合格的书稿，总编室不能进行来稿登记，更不能进入编辑加工程序，而应通知作者修改。

（三）编辑审稿和加工环节的质量保证

编辑审稿和加工环节的主要质量保证措施包括：第一，建立编辑持证上岗制度，没有取得编辑资格证书的，不能编辑书稿。第二，强调编辑的专业分工。编辑不是全能人才，不可能精通所有的学科，不是什么书稿都可以编。编辑超过自己所学专业的书稿，成书后不合格的概率就比较大。应当限制编辑人员编辑与所学专业不相关的书稿。第三，落实现有的三审制度。初审、复审、终审都要认真审读书稿。如今有些出版单位，三审制变成了二签制，书稿处理的草率和流于形式，势必导致图书质量的不合格。第四，编辑对书稿内容质量严格把关。三审人员不仅要从编校角度和政治质量方面对书稿进行把关，还应从书稿的学术创新程度、学术含量等角度对书稿进行审查把关。第五，建立专家审稿制度。编辑可以是某一方面的专家学者，但不可能是某学科所有领域的专家。所以对于一些学术性强的书稿，应当聘请相关领域的专家审稿，对书稿的内容质量进行把关。第六，完善编辑质量考核制度。一是具体规定各审稿环节的任务和考核指标。比如，出版单位可以规定，责任编辑负责加工全部书稿。文字错误控制在万分之一（含）以内；下一审稿环节和上一审稿环节进行监督，复审发现书稿文字错误超过万分之一的，应将书稿退给责任编辑重审书稿。二是在书稿发稿前，由内部质检部门，对书稿质量进行抽检，差错超过万分之一的，不得发稿。

（四）校对环节的预防性控制

校对环节的主要质量保证措施包括：第一，落实现有的三校一读制度。第二，完善校对质量考核制度。中国出版工作者协会校对研究委员会发布的《关于加强校对工作实施〈图书质量保障体系〉的建议》规定：质量指标的确定，通常以差错率来表示，即每一校次每万字中遗留差错的多少，通称万分比。在原稿差错率不高于万分之一，各校次的质量指标按差错率计分别为，初校不高于万分之二，二校不高于万分之一，三校（包括追加的校次、核对付印、通读检查在内）不高于万分之零点五。原稿差错率高于万分之一，排版差错率高于万分之十五者，增加一个校次。这些规定，仍可参照执行。第三，建立付印前书稿质量抽检制度：内部质检部门应在每本书稿付印前对书稿清样进行抽样审读，不合格者，不能进行印制环节，退给编校环节进行进一步加工。

（五）装帧设计环节的质量保证

装帧设计环节的主要质量保证措施包括：第一，出版物的装帧设计不仅要由专业的美术编辑、技术编辑来承担，而且因为出版社的装帧设计又与文字编辑的工作密切相关，因此文字编辑也应该协助装帧工作。第二，装帧的审美性要求装帧设计要尽量发挥其美感功能。装帧设计的求美，既不是不实用的美，也不是与出版物性质、内容脱节的美；它不仅仅要求装帧设计使人感到愉悦，看起来觉得舒服，而且要求这种美感力量具有表现力，能够发挥其启示功能，与出版物的性质、内容浑然一体。因此，对出版物装帧，就要求能与出版物的性质和内容协调、统一。第三，装帧设计要求体现整体性原则。从广义上来说，出版物的装帧应从出版物的性质、内容出发，从出版物内容与形式是一个整体的认识出发来进行设计。此外，装帧设计的整体性还表现在出版社的出版物要形成整体的设计风格，这样有利于形成明显的区别，有利于读者对出版社整体品牌的认知。第四，一般应由编辑检查出版物的整体设计（包括开本、色彩、用纸、装订形式）、封面设计和美术插图是否反映出版物的内容特色，图文是否一致等，并在发稿时转室内主任、总编辑审批。

（六）印制环节的质量保证

印制环节的主要质量保证措施包括：第一，执行图书印制国家标准。关于国书印制，包括书名页、封面、版式等，国家颁布有统一的标准。按照国家标准印制图书是对出版单位和印刷企业的起码要求。第二，选择定点的印刷企业，并实行考核淘汰制度：一是选择定点的印刷企业。选择前，应当对其资格、印刷设备、人员素质、管理水平等进行详细的考察；二是定期或不定期地对所选印刷企业印刷的图书的质量进行分析比较。印制质量不高，经常出问题的，要给予提醒、警告、降低其印刷价格，甚至停止合作。第三，印制过程的监督检查。督印人员应当深入印刷企业的车间，对图书的印制过程进行监督检查，以了解图书的印制进度，及时发现印制质量问题。第四，装订前的样书检查。《图书质量保障体系》明确规定：印装厂在每种书封面和内文印刷完毕、未成批装订前，必须先装订10本样书，送出版社查验。第五，图书入库前的抽检。抽检不合格的图书，不予签字入库。

（七）检查环节的质量保证

检查环节的质量保证措施主要是要坚持图书入库前的样书检查。样书检查是图书与读者见面前，编辑出版人员对图书成品总体质量的一次重要把关。样书检查的主要内容：检查图书整体和各部分装帧设计和效果和印装质量；检查有无重大文字或技术性差错及因形式变化而导致的差错。

（八）流通过程的质量保证

流通环节的主要质量保证措施包括：第一，对仓储工作进行质量保证。主要有对入库的图书进行正确清点和验收，查看入库图书的数量是否准确；图书是否有破损，品种是否正确等。妥善做好入库图书的货位安排，确定合理的堆码方式、设置账卡、定期盘存和处理库存书等方面的工作。第二，对运输过程进行质量保证。主要有选择合适的运输工具，确保运输过程中不会对图书的外观造成损坏；确保图书及时运送到顾客手里，保证交货期。

（九）服务过程的质量保证

服务环节的主要质量保证措施包括：第一，建立一套完整的售前、售中和售后服务保证体系。在售前服务方面，要求图书销售发行人员建立与客户的长期关系，及时了解客户需求，并利用不同的媒体渠道，定期发布图书书目、新书海报等，提供图书出版最新信息。在售中服务方面，要求销售人员态度和蔼、销售环境整洁明亮，购书氛围高雅舒适，购书结算快速准确。同时还要尽量提供完整的图书上架与库存信息，方便读者选购图书。在售后服务方面，要求销售人员能定期收集读者意见，倾听读者心声，送货快捷，退货及时。第二，建立购书后的质量评价和信息反馈机制。出版社可以主动向有关宣传媒介赠送样书，邀请他们开展评论；或主动约请有关专家学者写书评；或到书店对读者进行问卷调查等。这些收集来的图书质量信息，要注意适时加以整理和分析。涉及面较宽的问题，可以由出版社的高层领导研究处理，采取预防和纠正措施，确保此类问题不再发生；涉及面较窄的问题，可以由部门领导研究，及时采取针对性措施，并建立固化的质量控制程序。

以上所述的对图书生产过程各环节的质量保证措施，可以分为三个主要方面，即图书产品策划和设计过程的质量保证；图书产品编辑和印制过程的质量保证；图书产品销售和服务过程中的质量保证。如果出版企业能有效控制这三大方面所涉及各环节的质量，就能保证所出版的图书符合质量要求，满足读者的需要。

第三节 图书质量标准与质量监管

一、图书质量管理的标准

1997 年 3 月 3 日，新闻出版署颁布了《图书质量管理规定》，对经国务院出版行政部门批准设立并领取出版许可证的图书出版单位出版的图书提出了具体的质量要求。1997 年 6 月 26 日，新闻出版署又出台了《图书质量保障体系》，要求建立和实施严格、有效、可操作的图书质量保障体系，实现图书出版从扩大规模数量为主向提高质量效益为主的转变，提高图书出版整体水平，繁荣社会主义出版事业。2004 年 12 月 9 日，新闻出版总署第四次署务会通过新的《图书质量管理规定》，并于 2005 年 3 月 1 日起施行。

新出台的《图书质量管理规定》是为了建立健全图书质量管理机制，规范图书出版秩序，促进图书出版业的繁荣和发展，保护消费者的合法权益，根据《中华人民共和国产品质量法》和国务院《出版管理条例》而制定的。该规定适用于依法设立的图书出版单位出版的图书的质量管理。对于出版时间超过 10 年且无再版或者重印的图书，不适用该规定。

图书质量包括内容、编校、设计、印制四项，分为合格、不合格两个等级。内容、编校、设计、印制四项均合格的图书，其质量属合格。内容、编校、设计、印制四项中有一项不合格的图书，其质量属不合格。

（一）图书内容质量合格与否的判定标准

符合《出版管理条例》第 25、26 条规定的图书，其内容质量属合格。不符合《出版管理条例》第 25、26 条规定的图书，其内容质量属不合格。

其中《出版管理条例》第 25 条规定，任何出版物不得含有下列内容：（1）反对宪法确定的基本原则的；（2）危害国家统一、主权和领土完整的；（3）泄露国家秘密、危害国家安全或者损害国家荣誉和利益的；（4）煽动民族仇恨、民族歧视，破坏民族团结，或者侵害民族风俗、习惯的；（5）宣扬邪教、迷信的；（6）扰乱社会秩序，破坏社会稳定的；（7）宣扬淫秽、赌博、暴力或者教唆犯罪的；（8）侮辱或者诽谤他人，侵害他人合法权益的；（9）危害社会公德或者民族优秀文化传统的；（10）有法律、行政法规和国家规定禁止的其他内容的。

《出版管理条例》第 26 条规定，以未成年人为对象的出版物不得含有诱发未成年人模仿违反社会公德的行为和违法犯罪的行为的内容，不得含有恐怖、残酷等妨害未成年人身心健康的内容。

（二）图书编校质量合格与否的判定标准

差错率不超过万分之一的图书，其编校质量属合格。差错率超过万分之一的图书，其编校质量属不合格。图书编校质量差错的判定以国家正式颁布的法律法规、国家标准和相关行业制定的行业标准为依据。图书编校质量差错率的计算按照本规定《图书质量管理规定》附件《图书编校质量差错率计算方法》执行。

（三）图书设计质量合格与否的判定标准

图书的整体设计和封面（包括封一、封二、封三、封底、勒口、护封、封套、书脊）、扉页、插图等设计均符合国家有关技术标准和规定，其设计质量属合格。

图书的整体设计和封面（包括封一、封二、封三、封底、勒口、护封、封套、书脊）、扉页、插图等设计中有一项不符合国家有关技术标准和规定的，其设计质量属不合格。

（四）图书印制质量合格与否的判定标准

符合中华人民共和国出版行业标准《印刷产品质量评价和分等导则》（CY/T2-1999）规定的图书，其印制质量属合格。不符合中华人民共和国出版行业标准《印刷产品质量评价和分等导则》（CY/T2-1999）规定的图书，其印制质量属不合格。

二、图书编校质量差错率计算方法

（一）图书编校差错率

图书编校差错率，是指一本图书的编校差错数占全书总字数的比率，用万分比表示。实际鉴定时，可以依据抽查结果对全书进行认定。如检查的总字数为 10 万，检查后发现两个差错，则其差错率为万分之零点二。

（二）图书总字数的计算方法

图书总字数的计算方法，一律以该书的版面字数为准，即总字数＝每行字数×每面行数×总面数。

1. 除环衬等空白面不计字数外，凡连续编排页码的正文、目录、辅文等，不论是否排字，均按一面满版计算字数。分栏排版的图书，各栏之间的空白也计算版面字数。

2. 书眉（或中缝）和单排的页码、边码作为行数或每行字数计入正文，一并计算字数。

3. 索引、附录等字号有变化时，分别按实际版面计算字数。

4. 用小号字排版的脚注文字超过 5 行不足 10 行的，该面按正文满版字数加 15%计算；超过 10 行的，该面按注文满版计算字数。对小号字排版的夹注文字，可采用折合行数的方法，比照脚注文字进行计算。

5. 封一、封二、封三、封底、护封、封套、扉页，除空白面不计以外，每面按正文满版字数的 50%计算；版权页、书脊、有文字的勒口，各按正文的一面满版计算。

6. 正文中的插图、表格，按正文的版面字数计算；插图占一面的，按正文满版字数的20%计算字数。

7. 以图片为主的图书，有文字说明的版面，按满版字数的50%计算；没有文字说明的版面，按满版字数的20%计算。

8. 乐谱类图书、地图类图书，按满版字数全额计算。

9. 外文图书、少数民族文字图书，拼音图书的拼音部分，以对应字号的中文满版字数加30%计算。

（三）图书编校差错的计算方法

1. 文字差错的计算标准

（1）封底、勒口、版权页、正文、目录、出版说明（或凡例）、前言（或序）、后记（或跋）、注释、索引、图表、附录、参考文献等中的一般性错字、别字、多字、漏字、倒字，每处计1个差错。前后颠倒字，可以用一个校对符号改正的，每处计1个差错。书眉（或中缝）中的差错，每处计1个差错；同样性质的差错重复出现，全书按一面差错基数加1倍计算。阿拉伯数字、罗马数字差错，无论几位数，都计1个差错。

（2）同一错字重复出现，每面计1个差错。全书最多计4个差错。每处多、漏2~5个字，计2个差错，5个字以上计4个差错。

（3）封一、扉页上的文字差错，每处计2个差错；相关文字不一致，有一项计1个差错。

（4）知识性、逻辑性、语法性差错，每处计2个差错。

（5）外文、少数民族文字、国际音标，以一个单词为单位，无论其中几处有错，计1个差错。汉语拼音不符合《汉语拼音方案》和《汉语拼音正词法基本规则》（GB/T16159-1996）规定的，以一个对应的汉字或词组为单位，计1个差错。

（6）字母大小写和正斜体、黑白体误用，不同文种字母混用的（如把英文字母N错为俄文字母И），字母与其他符号混用的（如把汉字的○错为英文字母O），每处计0.5个差错；同一差错在全书超过3处，计1.5个差错。

（7）简化字、繁体字混用，每处计 0.5 个差错；同一差错在全书超过 3 处，计 1.5 个差错。

（8）工具书的科技条目、科技类教材、学习辅导书和其他科技图书，使用计量单位不符合国家标准《量和单位》（GB3100-3102-1993）的中文名称的、使用科技术语不符合全国科学技术名词审定委员会公布的规范词的，每处计 1 个差错，同一错误全书最多计 3 个差错。

（9）阿拉伯数字与汉语数字用法不符合《出版物上数字用法的规定》（GB/T15835-1995）的，每处计 0.1 个差错。全书最多计 1 个差错。

2. 标点符号和其他符号差错的计算标准

（1）标点符号的一般错用、漏用、多用，每处计 0.1 个差错。

（2）小数点误为中圆点，或中圆点误为小数点的，以及冒号误为比号，或比号误为冒号的，每处计 0.1 个差错。专名线、着重点的错位、多、漏，每处计 0.1 个差错。

（3）破折号误为一字线、半字线，每处计 0.1 个差错。标点符号误在行首、行末的，每处计 0.1 个差错。

（4）外文复合词、外文单词按音节转行，漏排连接号的，每处计 0.1 个差错；同样差错在每面超过 3 个，计 0.3 个差错，全书最多计 1 个差错。

（5）法定计量单位符号、科学技术各学科中的科学符号、乐谱符号等差错，每处计 0.5 个差错；同样差错同一面内不重复计算，全书最多计 1.5 个差错。

（6）图序、表序、公式序等标注差错，每处计 0.1 个差错；全书超过 3 处，计 1 个差错。

3. 格式差错的计算标准

（1）影响文意、不合版式要求的另页、另面、另段、另行、接排、空行，需要空行、空格而未空的，每处计 0.1 个差错。

（2）字体错、字号错或字体、字号同时错，每处计 0.1 个差错；同一面内不重复计算，全书最多计 1 个差错。

（3）同一面上几个同级标题的位置、转行格式不统一且影响理解的，计 0.1 个差错；需要空格而未空格的，每处计 0.1 个差错。

（4）阿拉伯数字、外文缩写词转行的，外文单词未按音节转行的，每处计 0.1 个差错。

（5）图、表的位置错，每处计 1 个差错。图、表的内容与说明文字不符，每处计 2 个差错。

（6）书眉单双页位置互错，每处计 0.1 个差错，全书最多计 1 个差错。

（7）正文注码与注文注码不符，每处计 0.1 个差错。

三、图书质量的组织监管

（一）各级组织的质量责任

国家新闻出版主管部门负责全国图书质量管理工作，依照本规定《图书质量管理规定》实施图书质量检查，并向社会及时公布检查结果。各省、自治区、直辖市新闻出版行政部门负责本行政区域内的图书质量管理工作，依照本规定实施图书质量检查，并向社会及时公布检查结果。图书出版单位的主办单位和主管机关应当履行其主办、主管职能，尽其责任，协助新闻出版行政部门实施图书质量管理，对不合格图书提出处理意见。图书出版单位应当设立图书质量管理机构，制定图书质量管理制度，保证图书质量合格。

（二）图书质量监管的实施

新闻出版行政部门对图书质量实施的检查包括图书的正文、封面（包括封一、封二、封三、封底、勒口、护封、封套、书脊）、扉页、版权页、前言（或序）、后记（或跋）、目录、插图及其文字说明等。正文部分的抽查必须内容（或页码）连续且不少于 10 万字，全书字数不足 10 万字的必须检查全书。

新闻出版行政部门实施图书质量检查，须将审读记录和检查结果书面通知出版单位。出版单位如有异议，可以在接到通知后 15 日内提出申辩意见，请求复检。对复检结论仍有异议的，可以向上一级新闻出版行政部门请求裁定。

（三）图书质量监管的奖惩措施

对在图书质量检查中被认定为成绩突出的出版单位和个人，新闻出版行政部门给予表扬或者奖励。

对图书内容违反《出版管理条例》第25条、第26条规定的，根据《出版管理条例》第62条实施处罚。

对出版编校质量不合格图书的出版单位，由省级以上新闻出版行政部门予以警告，可以根据情节并处3万元以下罚款。

经检查属编校质量不合格的图书，差错率在万分之一以上万分之五以下的，出版单位必须自检查结果公布之日起30天内全部收回，改正重印后可以继续发行；差错率在万分之五以上的，出版单位必须自检查结果公布之日起30天内全部收回。

出版单位违反本规定继续发行编校质量不合格图书的，由省级以上新闻出版行政部门按照《中华人民共和国产品质量法》第50条的规定处理。

对于印制质量不合格的图书，出版单位必须及时予以收回、调换。出版单位违反本规定继续发行印制质量不合格图书的，由省级以上新闻出版行政部门按照《中华人民共和国产品质量法》第50条的规定处理。

一年内造成三种以上图书不合格或者连续两年造成图书不合格的直接责任者，由省、自治区、直辖市新闻出版行政部门注销其出版专业技术人员职业资格，三年之内不得从事出版编辑工作。

四、图书质量的社会监管

图书质量的社会监管与社会评价，是将质量管理职能从出版企业小系统延伸到社会大系统，借助社会力量的参与来实施管理。社会监督与评价图书质量的方式是多样化的，既有对单本书的，也有对多种书整体的；既有专门对书的，如国家图书奖；又有属于涉及书的，如"五个一工程奖"。不管哪种情况，我们将其纳入图书质量评价体系中，无疑是有益的。

各级出版管理部门担负着行业管理的职能，管出版社也管图书产品，对出版社的考核如年检、评级、评先等，就包括图书质量情况，选题审批也是在一定意义上的质量把关，定期或不定期的质量抽查更是如此。出版管理"图书质量一票否决"、图书质量管理"一书否决"的情况，虽然并不多见但也不是没有。主管部门的重视有利于行业内形成重质量的良好氛围，各种图书质量管理规章制度的出台则是使这个工作迈向规范化的重要举措。

出版行业协会是出版行政部门的有力补充。中国出版工作者协会、中国编辑学会、中国书刊发行业协会、中国印刷技术协会以及其他专业协会和各地相应的团体，都应根据各自的特点建立和完善行规行约，从保护会员合法权益和履行应尽义务的角度，在图书质量保障方面，做好自我约束和调研、咨询、协调、监督工作，形成网络。

传媒和知识界对图书质量也能发挥有效的监督作用。书评作为一种专门的评论工具，褒优贬劣、扬长抑短，是读者和出版人的忠实伙伴。传媒有着广泛的受众和社会影响力，是报道图书、评论图书的重要阵地。知识界是图书的源泉，也是图书最重要的一类读者群，他们是真正的"识货者"。知识界书评、推介、撰写读后感等，是行家对图书质量深层次地揭示。各类组织的评奖活动也是检验图书质量的途径和手段。从图书三大奖到各种级别不等的形形色色的图书奖，从出版业内的评奖到各专业学会的图书评奖，图书参评及获奖机会多多，图书质量接受检验的机会多多，遗憾的是有的评奖失之严谨、流于形式，没有取得应有的效果。

广大读者既是对图书质量进行社会监督的主要力量，也是出版行政部门搞好宏观调控的社会基础。读者来信是各类读者直接向出版社表达诉求的方式，其中很大一部分是对图书质量问题提出批评、质疑的，它们是出版社图书质量管理可资利用的重要信息源。此外，还有一些诸如书友会、读者俱乐部、图书研讨会、新书发布会以及社会团体组织的读书活动等，对图书质量都能起到一定的监督作用。社会监督与评价是出版社图书质量管理的有益补充，一方面它们通过行政的、舆论的影响力使出版社重视质量问题。另一方面出版社则应高度关注社会监督的作用，注意广泛收集有关信息，针对自己的不足做出调整和改进。出版行政部门要充分重视和发挥读者的监督作用，认真对待读者对图书质量问题的投诉，本着实事求是、真诚负责的态度，对质量不合格的图书，要按有关规定坚决处理。出版社有义务解决读者投诉提出的问题并予以回复，使读者满意。

本章基本概念：

1. 图书质量，就是指图书产品的一组固有特性满足读者要求的程度。这些特性具体包括图书产品的装帧设计、内容价值、印制、特色、品牌、文化品位、系列服务等方面。

2. 图书质量保证体系，是指出版企业以保证和提高图书质量为目标，为实施质量管理所需要的组织结构、程序、过程和资源。

3. 图书编校差错率，是指一本图书的编校差错数占全书总字数的比率，用万分比表示。

本章小结：

1. 图书质量包括内容、编校、设计、印制四项，这四项的质量分属于内容质量和形式质量两个方面。图书内容质量是指图书产品的思想性、科学性、艺术性、可读性、实用性及符号表达的通用性，它是图书质量的灵魂和核心。形式质量则包括图书产品开本的大小、用纸质量、印刷水平、装帧设计的艺术性及耐用度等，既能强化其内容特色，又可增加其欣赏、适用、保存的价值。

2. 图书质量保证的思想体系包括："用户第一"的思想；"预防为主"的思想，"一切用数据说话"的思想和"质量环"的思想。

3. PDCA循环是全面质量保证体系的基本运转方式和科学的工作程序，是由美国质量管理专家休哈特提出的。质量保证体系活动的全过程是按照计划（Plan）、实施（Do）、检查（Check）、处理（Act）四个阶段不停地周而复始运转。

4. 图书质量包括内容、编校、设计、印制四项，分为合格、不合格两个等级。内容、编校、设计、印制四项均合格的图书，其质量属合格。内容、编校、设计、印制四项中有一项不合格的图书，其质量属不合格。

本章思考题：

1. 有人说：质量就是指产品的适用性，你觉得对吗？为什么？

2. 如何理解图书质量保证思想体系中的"用户第一"的思想？

3. 请说明 PDCA 循环包括的主要阶段和主要步骤，你能在生活中找到运用 PDCA 循环来解决的例子吗？

4. 如何基于质量环的思想去进行图书质量控制？

5. 找一本书，请你根据图书质量标准对其进行评价。

第五章　出版企业营销管理

本章学习目标：

- 理解和掌握出版物市场的基本构成要素及其特征
- 理解和掌握出版企业营销管理的 STP 战略和 4P's 战术
- 掌握出版物开发的流程和关键要素
- 熟悉出版物定价策略的内容
- 掌握出版物发行渠道管理的基本内容
- 了解出版物促销的方法和手段

市场营销是出版企业经营与管理中最关键的环节之一。市场营销是个人和群体通过创造并同他人交换产品和价值以满足需求和欲望的一种社会管理过程。因此，"需求"是一切市场营销活动的出发点，市场营销在本质上是一种需求管理。对于企业来说，市场营销就是通过创造有价值的产品和服务并与顾客交换，以满足市场需求和实现企业自身目标的过程。

对于出版企业来说，市场营销的过程为：第一，通过市场调查，分析出版物营销环境，发现市场已有的和潜在的需求，进而对市场进行细分（Market Segmentation），从而为出版物正确地选择目标市场（Market Targeting）奠定基础；第二，分析目标顾客的特征，从而为出版物进行准确的市场定位（Market Position）；这三个环节亦称为 STP 战略，即市场细分、目标市场选择和市场定位。但是，只执行 STP 战略，市场营销的工作只做了一半，除了战略以外还要在战术上进行精心布局，即 4P's（Product 产品、Price 价格、Place 渠道和 Promotion 促销）组合的合理运用。只有在战略上藐视、战术上重视，也就是 STP 战略和 4P's 组合都得到完美执行的前提下，顾客才有可能接受、购买并忠诚于企业的产品和品牌。

第一节　出版物市场分析

一、出版物市场的构成要素及其特征

从广义上讲，出版物市场就是指涉及出版物的各项经济活动及由此产生的各种经济关系的总和。它有以下两个基本点：

第一，出版物市场是出版物价值实现的前提，是出版物生产和交换活动得以有效实现的必要条件。离开了市场，出版物生产和交换活动就无法顺利进行，出版物的价值也就无法实现。

第二，出版物的供求矛盾是出版物市场的基本矛盾。这一矛盾的"供方"由内容供应、生产、销售等要素构成；"需方"则由读者及其购买行为、购买力、购买动机等要素构成。

（一）出版物市场的构成要素

出版物市场由出版物、读者、购买力和购买动机四个基本要素构成。

1. 出版物

出版物是出版物市场的基本构成要素和物质基础。出版物对市场的发展有十分重大的影响。

第一，各类出版物的丰富与否直接决定着广大读者精神文化需求的满足程度。若没有丰富的出版物，市场将处于短缺状态，读者对于市场的需求就难以得到充分的满足。因此，为市场提供丰富的出版物是对出版业的基本要求。第二，出版物的品种结构必须与市场中的读者构成及其需求结构相适应，否则，就会影响到出版物价值的实现，从而严重影响出版单位的再生产。

2. 读者

一般而言，读者要素中，读者的数量与规模、年龄结构、教育水平等几个方面的因素对出版物市场的发展有着十分重大的影响。

读者的数量与规模在一定程度上决定着出版物市场的大小。当然，出版物的消费不同于一般物质产品的消费，它要求读者必须具备一定的文化程度，文盲和文化程度较低的人，即使数量再多，也不会对出版物市场产生根本的影响。

年龄结构是不同层次年龄人口的比例关系。粗线条地划分，它主要是指老、中、青、少四个年龄层次读者的比例关系。现阶段中国的少儿读物的选题重复、内容粗制滥造等现象严重，而出版业对老年读物的重视程度还远远不够。

教育水平是指读者受教育的程度，它直接影响着读者对出版物的消费能力。一般地讲，教育水平的高低对出版物市场有两方面的影响：第一，一个国家或地区的居民受教育的水平越高，其出版物消费的欲望就越强烈，用于出版物消费的时间就越长，对出版物的需求量也就越大。第二，读者受教育水平的高低，影响着读者对出版物类别及内容的选择。具有较高文化程度的读者，对哲学、社会科学方面的理论著作、史料典籍等多有兴趣，文化程度较低的读者则更喜爱通俗读物、传记文学等。

3. 购买力

购买力即读者对购买出版物的货币支付能力。中国的出版企业应坚持社会效益优先的原则，尽可能降低出版成本，以满足广大读者对图书的需求。

4. 购买动机

读者的购买动机支配着他们的购买行为。在出版物市场的四个基本构成要素中，购买动机是最难把握的。通常，读者的购买动机主要有以下几种类型：

求知，是以对知识的追求为目的的一种购买动机，它是读者最普遍、最常见的一种心理活动。

求名，是以追求名家名著及知名品牌出版物为特征的购买动机。一般来说，读者追求名家名著及名牌图书主要是为了更好地学习、参考、欣赏和收藏。但也不乏部分读者是为炫耀自己。

求美，是以出版物的艺术价值和鉴赏价值为追求目的的购买动机。这主要表现在对艺术类图书产品的购买之中。

求乐，是以追求精神享受的满足为目的的购买动机。它与求美心理不同，主要追求出版物的内容新奇。

求奇，是以满足好奇心为目的的一种购买动机。图书产品内容主题的特殊或有争议、出版过程中遭禁以及内部限量发行等，大多会引起读者的好奇心。

求廉，是以追求出版物的低廉价格为主要目的的购买动机。从总的情况来看，中国读者的购买力仍然比较低，出版企业以优惠价等方式进行促销对这类读者具有较大的吸引力。

以上是读者购买动机的几个主要类型，但读者在购买出版物时，其购买动机往往不是单一的，有多种心理因素的共同作用。

(二) 出版物市场需求的特征

出版物市场需求是指人们在市场上获得出版物及相关服务的、具有货币支付能力的欲望。出版物市场需求从本质上讲是一种精神文化需求，有以下几个基本特征：

1. 多样性

由于受年龄、性别、文化程度、职业、相关群体、地域及生活习惯等诸多因素的影响，读者对出版物的需求也千差万别。2019年，我国共出版新版图书22.5万种、重印图书28.1万种，但仍不能完全满足广大读者多样性的需求。

2. 层次性

出版物市场需求虽然多种多样，极为复杂，却具有明显的层次性。处于最底层的是各种启蒙读物和基础教育读物；第二层次是各种娱乐消遣读物、社会科学及科学技术通俗读物；第三层次是各学科专业的一般著作；

第四层次即最高层的是哲学、社会科学理论、自然科学技术的学术著作。出版物市场需求的这四个层次是一种典型的塔式结构。

3. 可诱导性

可诱导性是指读者需求指向上具有的一种不稳定性的特征，即读者需求方向上的一种可塑性。影响读者需求的因素有内因（如年龄、文化程度等）与外因（如政治、经济等），同时也有出版企业的各种促销因素。出版企业在其营销活动中应采取积极有效的措施去引导读者的需求，力争在出版物营销中掌握更大的主动权。

4. 伸缩性

伸缩性又称弹性，是指受市场环境因素的影响，图书市场需求会发生量的变化。通常情况下，出版发行企业的营销工作做得好，出版物适销对路、价格合理、分销及促销得力，市场需求量就会相应扩大。

5. 时代性

时代性是指随着市场环境的发展变化，出版物市场需求也会呈现相应变化的特征。时代性特征要求出版企业的市场营销活动要立足市场，及时把握市场需求变化的规律，随时调整企业的营销战略。

二、读者购买行为分析

图书出版发行企业的营销人员为了做好产品和服务的营销工作，必须分析和了解读者购买行为。分析读者购买行为，首先要了解有关读者的几个问题，即买什么，何时买，到哪里买，谁来买，怎样买。

在这一系列问题中，书业企业必须弄清的关键问题是：读者对企业所进行的各种营销刺激如何反应。图 5-1 所示的消费者购买行为模式是研究市场营销刺激与读者反应两者之间关系的一种有效方法。

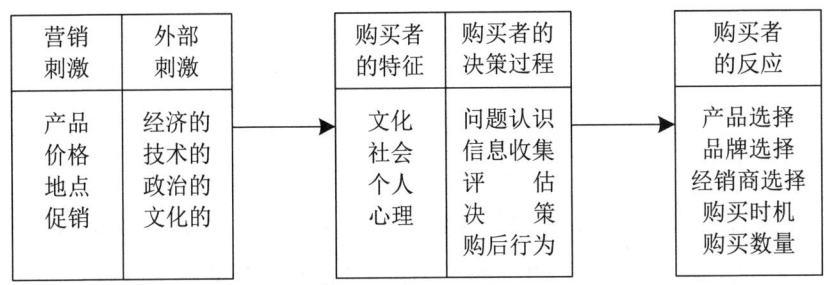

图 5-1 消费者购买行为的刺激——反应模式

由图 5-1 可知，市场营销刺激和其他刺激是通过购买者的"黑盒"而产生一系列购买者反应的。营销刺激是指出版企业可控制的 4P's 因素，即出版企业的产品、价格、分销渠道和促进销售四个方面的策略。其他刺激是指企业不可控制环境，即经济因素、政治因素、技术和文化因素等。所有这些刺激经过购买者的"黑盒"而产生一系列的可观察到的购买者反应：对出版物的选择、品牌的选择、经销商的选择、购买时间和购买数量等。营销人员的任务就是去弄清楚在刺激和反应之间的黑盒中发生了什么。这个"黑盒"由两部分组成：购买者特征；购买者决策过程。购买者本身的特点是决定其如何理解问题并对刺激做出反应的主要方面，可通过分析影响读者购买行为的因素来解释。

（一）影响购买行为的因素

1. 个人与心理因素

（1）年龄

不同年龄层次的人购买图书时，在图书种类偏好、购书心理、决策地位等方面都体现出明显的差异。而不同年龄的人在社会、家庭中的地位也不同。比如儿童，一方面他们的需求可能被家长一律满足，另一方面很多购买决策是其家长代劳的，有些"强加"的成分。

（2）性别

在图书类别的偏好方面，男性更偏向于实用性强或理论类书籍；女性则更喜欢感性、语言类或消遣类图书。另外，女性更容易受到外界的影响，而男性的自主意识更强一些。

（3）个性

个性是指一个人带有倾向性的、本质的、比较稳定的心理特征，通常包括价值观、兴趣爱好、能力、气质、性格等。个性会影响读者的需求和购书重点，会影响读者对购买图书的类型、样式的选择，会影响读者购书决策的速度和行为表现，还会影响读者在购买现场的表现。图书出版发行企业应尽量去把握各类读者的个性心理，掌握不同读者的个性特征，开展相应的营销活动。

（4）职业

读者的职业与受教育程度、收入水平有密切关系。仅就职业而言，它对读者的消费行为的影响主要体现在消费结构和购书重点方面。另外，由于图书馆对某些职业人群的便利性，在一定程度上替代了他们的购书活动。如许多学者经常利用图书馆资源从事专业研究活动。

2. 社会与文化因素

（1）参考群体

任何读者的购买行为总会主动或被动地受到周围人群的影响。那些直接或间接影响读者判断、态度、行为的社会群体，就是他的参考群体或相关群体。参考群体包括直接参考群体和间接参考群体，前者是指读者所从属的那个群体或与其有直接关系的群体，如家庭、同事、朋友、邻居等，后者是指与读者无直接关系但对其有影响的社会群体，如电影明星、社会名流、领袖人物等。

（2）角色与定位

每个人在各群体中的位置可用角色与地位来确定。角色是周围人对一个人的要求，是指一个人在各种不同场合下应起的作用。比如一位职业女性，她在公司是一位高级经理，在家则是父母的女儿、丈夫的妻子和子女的母亲。她以不同的角色去选购图书时内容是完全不同的。

每一个角色都伴随着一种地位，这种地位反映了社会对他们的总体评价。读者在购买图书时，一般会在相当程度上受其地位的影响。大部分读者都会选购与自身地位相当的图书，而不会购买低于他本人社会地位的图书，但对高于自己地位的图书并不排斥，甚至还十分乐于购买这样的图书。

（二）读者购买过程分析

读者的购买过程包括循序渐进且相对独立的五个基本阶段，即确定需要、搜集信息、评估选择、购买决策、购后感觉和行为。

1. 确定需要

确定需要是读者购买过程的起点。这种需要一般来说是由现实状况与期望水平进行对比，当现实与期望水平相差较大时，可能刺激内在因素引起需求。如觉得自己的外语水平有待提高，于是想买本外语类的图书。

另外，许多读者并不是很了解自己的潜在需要。图书出版发行企业还要选择各种信息通道挖掘读者的潜在需要，使本企业图书成为满足其潜在需要的最佳选择。

2. 搜集信息

读者寻找信息的积极性高低一般与需要的强度成正比。读者的信息来源大致可分为以下四个方面：

（1）商业来源，即读者从广告、展销会、经销商、卖场营业员、图书陈列、图书包装等途径得来的信息。

（2）个人来源，即读者从家庭、亲友、邻居或熟人那里得来的信息。

（3）公众来源，即指大众媒体、读者俱乐部及专家学者的讲座等。

（4）经验来源，即对图书产品的认识、购买和使用经验。

一般来说，读者得到的产品信息大部分来自商业来源，而影响力最大的是个人来源。图书出版发行企业在营销时应该做到：首先，通过各种渠道散发本企业图书产品的信息，加强读者对本企业信息接触的机会；其次，加强读者对本企业产品信息的记忆，如通过"企业形象识别系统（CIS）"突出品牌特征；最后，灵活利用上述读者搜集信息的各种来源影响读者，如用专家学者的权威增强信息说服力，或者建立良好的"人际口碑"。

3. 评估选择

读者对待购图书的评价主要包括以下三个方面：一是评价图书商品的

品质，包括图书的主题、风格特色、作者情况、编校质量、装帧设计等；二是评价图书商品的价格，通过分析比较同类图书品种，结合自己的认知价值以确认待购图书价格的高低；三是评价图书商品的效用，衡量图书对自己需求的满足程度。只有那些对读者来说总效用最大的图书，才有可能为读者所接受。

4. 购买决策

在正常情况下，读者通常会购买他们最喜欢的图书品牌，但在购买意图与购买之间还可能介入两个因素：一是他人态度，读者的相关群体特别是家庭或亲友的态度对读者的购买决策有很大的影响力。二是意外情况，如新出版的同类图书、读者用于图书消费的费用挪作他用等。

针对这个阶段，图书出版发行企业应设法消除从购买意图到行动间的干扰因素，如运用电话订购服务、网上售书、送货上门等增值服务和限量发行限时优惠促销等手段使读者尽快采取购买行动。

5. 购后感觉和行为

读者的购后感觉会影响他的行为。最好的广告是顾客的满意，这是商界普遍认同的。企业一旦发现读者有不满意的地方，应积极提供良好的沟通渠道，快速处理投诉等反馈信息，尽量弥补读者的损失，并设法从中找出下次可改进的营销服务的新内容。

第二节　市场细分、目标市场选择和市场定位

一、出版物市场细分

市场细分（Market Segmentation）是美国市场营销学家温德尔·史密斯（Wendell R. Smith）于 1956 年在总结西方企业市场营销实践经验的基础上提出的。所谓市场细分，是指根据消费需求的差异性，把某一产品（或服务）的整体市场划分为在需求上大体相似的若干个市场部分，形成不同的细分市场（子市场），从而有利于企业选择目标市场和制定营销策略的企业活动的总称。

（一）出版物市场细分的概念

所谓出版物市场细分，是指出版企业根据出版物市场需求的多样化和读者购买行为的差异性，把整个市场划分为若干个具有某种相同或相似特征的子市场。

对于出版物市场细分概念的理解，可以从以下几方面把握。

1. 市场细分的目的

市场细分是为了更深入地研究读者需求，更好地适应读者需求，使出版社所提供的出版物和服务更好地满足目标顾客的需要。

2. 市场细分的必要性

在现代市场中，一方面，随着社会经济的飞速发展和人们收入的不断提高，读者对出版物和服务的需求日趋多样化；另一方面，出版社的资源是有限的，不可能以自己一家的出版物满足市场上所有读者的需要。因此，出版物市场需求的"多样性"与出版社营销资源的"有限性"决定了目标市场营销概念的产生，从而使得目标市场营销决策的前提——市场细分成为必要，即必须坚持"有所为，有所不为"的战略。

3. 市场细分的依据

市场细分主要依据需求的差异性。需求差异是客观存在的，读者因其所处的地理环境、社会环境及自身的教育、心理等因素的不同，对出版物的价格、封面、服务等要求也不尽相同。任何出版企业在决定自身目标市场之前，基础性的工作就是进行读者需求差异性分析，并由此进行市场细分。

（二）市场细分变量

市场细分是建立在市场需求差异的基础上的，因此形成需求差异的各种因素均可作为市场细分变量（或细分依据）。可以用来分割读者市场的细分变量有许多，这些细分变量一般分为两大类：一类是读者特征变量（有关读者基本特征的要素），主要包括人口统计特征、地理区域特征和心理特征；另一类是读者对出版物使用、品牌等方面的反应特征（与出版物相关的行为因素）。表5-1概括了读者市场的主要细分变量。

表 5-1　读者市场的主要细分变量

变量类型	主要变量列举
地理因素	区域、城市或农村、人口密度、气候、地形地貌等
人口因素	年龄、收入、职业、教育程度、宗教、种族、国籍、社会阶层、家庭规模、家庭生命周期等
心理因素	生活方式、个性、购买动机、购买态度等
行为因素	购买时机、追求的利益、使用者状况、使用率、品牌忠诚等

（三）市场细分的有效性原则

市场细分的变量很多，出版社可以根据单一因素对市场进行细分，同时也可根据多种因素进行市场细分。使用的细分变量越多，相应的细分市场数目就越多。在营销实践中，并非所有的细分都有意义。为寻求适当的细分变量对市场进行有效细分，应把握以下几个原则。

1. 可衡量性

可衡量性是指细分市场的规模、购买力和分布可以衡量，即得出的细分市场有较清晰的边界，其市场特征是可以识别、表达或推断的。要达到可衡量的要求，一方面要合理选择细分变量，尽可能回避那些难以准确定义和度量的要素；另一方面要求市场细分方法要科学。例如，若按照心理变量进行细分时，对测算具有"依赖心理"的青年人的数量就会显得相当困难，以此为依据的细分市场就不一定有意义。

2. 可进入性

可进入性或称可接近性，指细分得出的子市场应该是出版社通过营销努力可以有效进入并为之服务的市场。一方面，有关的出版物的信息能够通过一定的媒体顺利传递给市场中的读者；另一方面，出版社在一定时期内有可能将产品通过一定的分销渠道销售给该市场。

3. 可营利性

可营利性是指细分出来的市场要有足够的市场容量，规模要大到足以盈利的程度。一个可盈利的细分市场应该是值得出版社为之设计一套营销规划方案的尽可能大的同质市场。出版社的经营目标是为顾客提供最大价值并同时获取利润，如果市场规模过小，市场容量有限，则产品的销量和盈利会受到限制，显然这样的细分是没有价值的。因此，在进行市场细分时，出版企业必须考虑细分市场中顾客的数量、购买力和购买频率等因素。

4. 差异性

进行市场细分的假定前提是不同细分市场的需求存在明显的差异，而同一细分市场的需求则是相同或相似的。如果对同一营销组合方案，各细分市场的反应是相同的，那么这样的市场细分本身就无任何意义。

（四）市场细分的步骤

市场细分主要包括六个步骤，如图5-2所示。

图5-2　市场细分过程

第一步，确定产品或市场范围。市场细分应与出版企业的任务、目标、发展战略相联系，只有在明确进入的行业、出版的内容基础上开展市场细分，才是有现实意义的。在此阶段，出版企业要对市场进行界定，明确行业的市场概况、特征等。市场范围的确定应以顾客需求为基准，而不是按照产品本身特点来确定。

第二步，确定细分方法。一般，市场细分方法分为事前细分和事后细分两大类，营销研究人员可根据产品特征、市场情况及自身经验，选择适当的市场细分方法。

第三步，选择细分变量。合理的细分变量选择是成功细分的前提。因为细分变量的选择受细分方法的制约，所以要在细分方法确定的基础上挑选合适的细分变量并确定细分变量的数量。

第四步，细分调研设计及实施。细分调研设计需要明确收集哪些信息，据此设计调查问卷。获得准确的市场信息数据是细分成功的保障。

第五步，细分分析。对细分调研收集来的数据进行处理与分析，通过相应的市场细分方法，分出各细分市场。

第六步，细分市场描述。根据调研结果对各细分市场进行客观描述，说明各细分市场的特征、规模大小、竞争状况和变化趋势等情况，为选择目标市场提供依据。

二、目标市场选择

出版企业进行市场细分的最终目的是有效选择并进入目标市场。所谓目标市场（Target Market），是指出版企业要进入的那个市场部分，即决定为之服务、具有相同需求或特征的读者群体。

任何企业应该在市场细分的基础上，通过评估各个细分市场，根据自身的营销目标和资源条件选择和确定一个或几个最有利于企业经营、最能发挥企业资源优势的细分市场作为自己的目标市场，然后根据目标市场的特点，实施企业的营销战略与策略，这就是目标市场选择。

（一）目标市场选择依据

为了准确选择目标市场，出版企业必须对各个细分市场进行全面的评估和分析，在综合比较、分析的基础上，选择出最优的目标市场。一般，对细分市场进行评估时，可以从市场规模与增长状况、细分市场的结构性特点、企业目标与资源等几大方面着手评价。

1. 市场规模与增长状况

市场规模与增长状况这项评估主要是分析细分市场是否具有适当的规模和增长潜力。细分市场的预计规模是决定该细分市场是否值得进入的主要因素，规模达不到一定程度，难以保证企业的利润水平。这里的规模是一个相对概念，是相对于企业自身的实力而言的。大型出版社可能偏好购买量巨大的细分市场，而对较小的细分市场不感兴趣；中型、小型出版社会有意避开较大规模的细分市场，选择购买量小的细分市场，因为规模大的市场对于中型、小型出版社来说，因缺乏资源和能力而无法进入，即使进入，也难以与市场中的大型出版传媒集团相抗衡。

细分市场的增长潜力也是一个重要的评估因素,规模反映了市场的静态状况,而增长潜力则反映了细分市场的动态趋势。若目标市场的增长潜力巨大,则能保证出版企业的销售和利润有良好的增长趋势,确保其经营目标的顺利实现。但同时,增长潜力巨大的市场也常是竞争者争夺的目标,会导致竞争的加剧,进而削弱出版企业获利的能力。

2. 细分市场的结构性特点

市场的结构性特点,在很大程度上影响着细分市场的吸引力,是评估细分市场的又一重要因素。一般来讲,市场的结构性特点主要反映在市场竞争、市场饱和程度、市场保护程度、市场环境风险等方面。

(1) 市场竞争

市场竞争的激烈程度,严重影响出版企业开展营销工作的难易以及获取的利润水平。如果细分市场中的竞争对手较少,竞争不是很激烈,已有的竞争对手实力较差,那么就这个细分市场而言,本出版企业具有相对优势。决定一个细分市场竞争状态或竞争强度的主要因素是出版企业密度和均衡性(现实和潜在竞争者的数量及相互实力比较)、出版物差异性、转换成本、替代产品等。

(2) 市场饱和程度

市场饱和程度反映了细分市场内所有出版社对市场的占有状况,在一个市场饱和程度低的细分市场中,出版社更容易开拓与占领市场。

(3) 市场保护程度

有些出版物或出版物的内容,是受专利、法律、国家政策等方面的保护,进入该细分市场的壁垒很高,增大了出版企业开拓市场的难度。

(4) 市场环境风险

经济变化、政治变化、技术革新等多方面的市场环境因素,都会影响细分市场的获利性,进而影响细分市场的吸引力。

3. 企业目标与资源

细分市场的评估还需要分析出版企业自身的目标和资源状况。往往某些细分市场具有一定的规模和发展潜力,并且吸引力较大,但如果与出版企业的长期目标不相适应，或出版企业不具备在该市场营销获胜所必备的能力和资源，这样的细分市场对出版企业是不合适的，应该放弃，应该坚持"有所为，有所不为"的战略选择。

（二）目标市场选择模式

在评估不同的细分市场之后，出版企业可以着手进行目标市场选择，目标市场选择的本质是不同细分市场和出版企业资源之间的匹配，即为出版企业选择一个既有发展前景又是企业资源所能支撑的细分市场作为企业的目标市场，使出版企业有能力向这一细分（目标）市场提供最优秀的出版物和服务，取得竞争优势。

通常，目标市场选择有五种基本的模式：市场集中化、市场专业化、产品专业化、选择专业化和市场全面化，如图5-3所示。

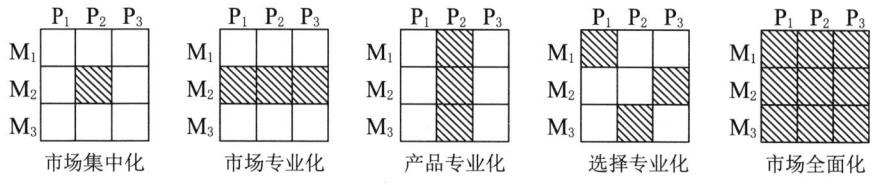

注：P_1、P_2、P_3 表示企业向市场提供的不同产品

　　M_1、M_2、M_3 表示企业所服务的不同细分市场

图5-3　目标市场选择模式

1. 市场集中化

市场集中化是指出版企业只选择一个细分市场，只生产一类产品，供应给一类顾客群，进行集中营销，也称密集单一市场。

通常情况下，出版企业选择市场集中化的模式，基于以下考虑：出版社具备在此细分市场获胜的基本条件；出版社资金能力有限，只能在一个细分市场中经营；该细分市场中可能没有竞争对手；这个细分市场有可能成为出版社继续发展的起点。

该模式通过集中市场营销，可比较深入地了解该市场的需求，提供专业化的出版物与服务，在市场中树立特别的声誉，赢得较高的形象与商誉。此外，通过出版、销售和促销的专业化分工，也可以获得相当的经济效益。这种目标市场选择模式，比较适合中型、小型出版社，对它们来说，与其把有限的资源与能力投向不同的细分市场"广种薄收"，还不如集中于一个最有利的细分市场"精耕细作"以获高产。但是，市场集中化有着较高的市场风险，一旦出现阅读倾向或消费观念的变化，出版企业将面临销售下降的风险，甚至导致经营失败。毕竟市场过于狭小，长久以往，出版企业很难获得大规模发展。所以，这是一种好的进入市场的方式，但不是一种长期的发展模式。

2. 市场专业化

市场专业化是指出版企业专门为满足某一类顾客群体的需要，专门生产这类消费者需要的各类出版物。

这种方式的好处是出版企业专门为某一顾客群服务，可以充分、准确地理解这类读者的需求和行为，从而更有效地为这些读者服务，在这一读者群中建立相当的信誉和知名度。此外，市场专业化由于经营的出版物类型众多，能有效地分散经营风险。但由于集中于某一类读者，当这类读者由于某种原因需求下降时，出版企业也会收益下降，其带来的风险是不确定的。因此，出版企业很难回避这种由于市场波动而带来的风险。

3. 产品专业化

产品专业化是指出版企业集中出版一类出版物，并向各类读者销售这类出版物。

产品专业化模式的优点是出版企业专注于某一种或某一类出版物的出版，有利于形成规模上的优势，在该专业化产品领域树立形象。其局限性是当该出版领域随着社会的发展而不再是读者们所关注的热点时，销售量有大幅度下降的危险。当然，社会的发展趋势是缓慢而有规律的，只要能够时刻抓住本出版领域的动向，营销风险较市场集中化模式的风险要小得多。

4. 选择专业化

选择专业化是指出版企业选取若干个具有良好盈利潜力和结构吸引

力，且符合出版企业目标和资源的细分市场作为目标市场。

出版企业选择若干个细分市场，其中每个细分市场都有吸引力并符合出版企业的要求。各个细分市场之间较少或基本不存在联系，然而每个细分市场都有可能盈利。这种模式的优点是可以有效分散经营风险，即使某个细分市场盈利不佳，出版企业仍可在其他细分市场中获取盈利。采用这种模式的企业，应具有较强的资源和营销实力，一般不适合小型出版社。

5. 市场全面化

市场全面化是指出版企业出版各式各样的出版物以满足各类读者的需要。这种模式能够增强出版企业经营的弹性，减少经营风险，充分发挥出版企业的潜力。但这要求出版企业有充分的资源，只有实力雄厚、产品研发能力强的大型出版传媒集团才可采用这种目标市场选择模式。

(三) 目标市场选择步骤

在市场细分之后，需要进行目标市场选择决策。一般，目标市场选择分为四个步骤，如图5-4所示。

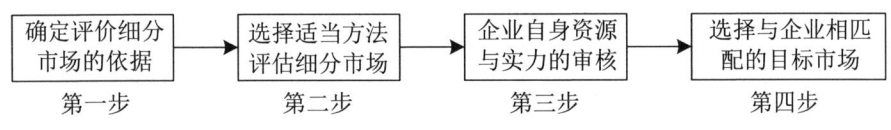

图5-4 目标市场选择步骤

第一步，确定评价细分市场的依据。市场细分之后，出版企业得到数个细分市场，究竟哪个或哪几个细分市场适合企业？在企业做出具体目标市场选择之前，首先要确定评价标准，也就是目标市场选择的依据。对此，可使用前文提供的具体标准，也可以根据出版企业实际情况，制定相应的参照标准。此外，还要注意，在评价依据确定之后，还要确定各个评价依据的相对重要性，也就是指标权重。因为，各个标准对于出版企业评价细分市场的影响作用是有差异的，需要反映在对应的权重上。

第二步，选择适当方法评估细分市场。根据细分市场评估标准，对各个细分市场进行评价，看哪些细分市场表现出来的综合吸引力大，哪些细分市场看好等。出版企业根据具体情况，选择适当的评价方法，从简单的专家评分法，到现代综合评判方法，都可以用于细分市场的评价中。常用的现代综合评判法有层次分析法、模糊综合评判法、灰色综合评价法等。

第三步，企业自身资源与实力的审核。目标市场的选择，应根据出版社的实际能力来决定，因此在对细分市场做出客观评价之后还要审核出版社自身的实力状况。主要从财力、物力、人力、技术等方面，综合考察企业的整体能力，在能力范围内选择恰当的目标市场，才是有效的目标市场决策。

第四步，选择与企业相匹配的目标市场。在对各个细分市场进行客观评估之后，结合出版企业自身实力审核结果，选择与出版企业资源、实力相匹配的细分市场作为目标市场。

在实际应用过程中，出版企业可以将自身实力评价因素加入对细分市场吸引力评价标准中，评价得出的结果就是相对于本出版企业而言的细分市场吸引力状况，此时即可按照评价结果直接进行选择，将评估得出的最好细分市场作为目标市场。

三、出版企业市场定位

(一) 出版企业市场定位的概念

在对出版物市场进行了科学、准确的市场细分和目标市场选择的基础上，接下来要开展的营销活动就是市场定位。"定位（Positioning）"这个理念是由美国营销专家艾·里斯（AL Ries）和杰克·特劳特（Jack Trout）提炼出来的。在"定位"理念之前，像 USP（Unique Selling Proposition，独特的销售主张）、差异化等相似的观点已经出现，但是"定位"之所以能够产生这么大的影响，关键在于它有两个方面的特点：其一认为"定位"针对的不是市场空间，而是顾客的心理空间；其二认为"定位"与传播密切相关。因此出版企业市场定位可以概括为：出版企业根据自身特点和自身形象的特性加以设计，针对读者心理加以传播，使之在读者心理上占据一个与竞争者相区别的位置。

（二）市场定位的战略与方式

市场定位战略包括特色定位战略、利益定位战略、用途定位战略、用户定位战略、竞争者定位战略、质量—价格定位战略等。

1. 特色定位战略。出版社可以根据自己的特色来进行定位，如它的规模、历史。例如，商务印书馆是中国出版业的一块金字招牌，历史悠久，名家云集，文化底蕴丰厚，百余年来为中国出版作出了重要的贡献，享誉中外。商务印书馆可以以"跨越三个世纪的出版社"以及"我国第一家现代意义上的出版社"作为它的特色定位。作为出版界的百年老店，不仅意味着出版社在质量、信誉方面有着很强的竞争优势，也意味着出版企业不断创新，以适应各种复杂环境的变化。

2. 利益定位战略。把企业定位为某一特定利益上的领先者。例如，高等教育出版社定位于"先进教育理念的倡导者，先进教学模式的探索者，先进教学内容的传播者，先进学习资源的服务者"。这一定位凸显了其为读者提供先进教育理念、模式、内容以及先进学习资源方面的利益。

3. 用途定位战略。中国轻工业出版社把其自身的角色定位从"轻工行业的信息服务商"，调整为"立足轻工，专注生活"，秉承"为行业科技与教育发展服务""为了生活更美好"的办社宗旨，取得了快速的发展。其旗下的《瑞丽》系列期刊群则通过坚守"实用的时尚"这一用途定位，帮助读者设计美丽，设计生活，迅速成长为中国出版界知名品牌。

4. 用户定位战略。中信出版社就将其服务的目标客户定位为服务银行、证券、旅游等高端主流人群，并为他们提供需要的图书和出版物。21世纪出版社立志于做"中国青少年出版的领导品牌"，这一定位就清楚地指出了其服务的主要目标客户群体。

5. 竞争者定位战略。也就是针对竞争者的状况进行定位。例如，外语教学与研究出版社（以下简称外研社）宣传是"外语图书市场上真正意义的产业领导者"。这一定位有力地树立了其在语言类图书市场上的竞争地位。这一定位也帮助其取得了巨大的成就：在外语图书的各个细分市场上，外研社都位居前列，日语、德语、法语、俄语、韩语、西语等小语种图书市场占有率居第一；在外语类图书零售市场上，外研社的市场占有率排名全国第一。

6. 质量—价格定位战略。其实是一种价值定位战略，也就是在一定的价格下是最好的质量，或者同样的质量而价格最低。例如，金盾出版社主要是为农村读者服务，出版了大量"优质低价"的图书满足农村市场，在农民读者中树立了较强的品牌声望。

第三节　出版物的产品与价格策略

一、出版物整体产品概念

营销学认为，出版物是通过交换能够满足读者精神需求和利益的有形物体及无形服务的总和，它通常包括核心层、形式层和延伸层等三大部分。

第一层次是出版物的核心层，包括出版物的内容、学科专业类别、主题、风格特色、内容深度、效用等方面。这是指出版物提供给读者的实际效用或利益，是读者需求的中心内容。

第二层次是出版物的形式层，即出版物的具体物质形态，以图书为例，包括图书的载体类别、出版者与发行者的品牌、用纸、封面、插图、开本、装订等。好的形式会给读者带来心理上的满足。一种出版物如果只有好的内容，没有精美雅致、赏心悦目的形式往往也很难打动读者。

第三层次是出版物的延伸层，是出版物的各种附加利益的总和，是整体出版物提供给读者的一系列附加服务，包括售前、售中、售后的各种服务以及相关的储运服务和销售网点的布局等。在出版发达的国家，出版企业普遍比较重视对出版物延伸层的开发。

二、出版物策划与开发

以上所讲是出版物的一般性概念，下面以图书为例，探讨在图书产品开发中不同的营销规划，见表5-2。

（一）图书产品的选题开发

表 5-2　不同类别图书的营销策划

类　别	产　品	定　价	渠　道	推　广
大众出版物	内容+包装	弹性大	零售渠道为主要渠道	畅销书靠拉；非畅销书靠推媒体组合+渠道组合
教育出版物	内容+审批	弹性小	专门渠道区域市场（高等教育多为国际市场）	系统营销市场＋政府公关
专业出版物	内容品质制胜	弹性小	零售渠道；直接渠道	目标营销直接渠道

中国国内图书市场经过多年的激烈竞争和迅速发展，逐渐呈现出两大重要趋势。一方面，细分市场在近几年迅速成为出版竞争的主要阵地，图书市场趋向集约化；另一方面，大量出版企业陷入低层次重复出版的恶性竞争，产品同质化越来越严重。在这种市场背景下，出版企业进行选题开发时最重要的原则就是保持对读者需求的敏感和结合本企业的优势。

1. 保持对读者需求的敏感

从营销角度出发，考察图书选题好坏的标准只有一个，就是读者需不需要。在这个充满变化的时代，读者的需求也在不断变化。只有保持眼睛对读者需求的高敏感度，才能不断开发出成功的选题。而那些忽视读者需求、单凭自己想象或简单模仿而生产出来的图书，在市场上就举步维艰。

2. 结合本企业的优势

围绕企业本身的传统优势，扬长避短地进行选题开发。对于那些历史悠久的出版社，由于有长期积累的经验及在书业界已享有较高的声誉，它们就可以在传统优势的立足点上开发选题。对于那些拥有行业优势的出版社，也可利用自己所属行业这一"地利"上的优势开发图书选题。行业优势是出版社选题开发中可利用的一种相对稳定的资源，它对于出版社图书选题开发的意义尤为重大。如在时政类图书选题方面，新闻媒体主管的传媒类出版社所具有的优势在于由新闻媒体延伸下来的对时事局格外关注和敏感的传统。对于那些业已形成某些特色的出版社，更应该在这些特色上"精耕细作"，开发新产品。如金盾出版社凭借在"农技书"上的选题特色，已在农村图书市场上形成了独一无二的垄断优势。

因此，图书出版企业在图书选题开发时应在提倡创新的基础上，强调有创意的跟进。成功的跟进并不是光跟进形式、内容，而是跟进成功案例的操作理念。富有创意的跟进能有效地激发出新的市场预期，拓宽原先的选题策划思路。

（二）图书包装设计

这里的图书包装是个广义的概念，包含了图书开本、封面设计、版式、插图/材料、印刷工艺和装订形式等元素。这些元素的最佳组合，可以充分体现图书的主题、格调、内涵、品位和价值。图书包装与图书装帧不是一回事，后者包含于前者之中，是前者的核心。它们的区别：装帧是艺术创造行为，讲究的是艺术化；而包装则是商业行为，亦是市场行为，注重调动读者的购买需求。

图书市场上的包装营销早已大行其道，好的图书包装不仅可以迅速传递图书信息，还可以满足读者的心理需求和审美情趣。图书包装本身就是一种对图书的隐性的宣传。

1. 图书包装的总体策略

（1）类似包装策略。即一个出版企业所生产的各种不同的图书产品，在包装上采用相同的图案、色彩或其他共同的特征，使读者容易发现是同一家出版企业的图书。类似包装策略也可仅用于同一系列或同一品牌图书的包装上。采用这一策略可以节省包装设计费用，增加出版企业的声势或扩大品牌的影响力，有利于推广新产品。

（2）差异包装策略。是指出版企业的图书产品都有自己独特的包装，在设计上采用不同的风格、色调和材料。这一策略能避免由于某一种产品营销失败而影响其他产品的声誉，但会相应增加包装设计及促销的费用。例如，美国 Para Publishing 公司出版的印模图书——《飞碟玩家手册》

(Frisbee Player's Handbook）首先为图书选用了非常规的圆形，然后又把圆形图书放进一只飞碟中，玩具与图书浑然一体，极大地促进了图书在玩具与体育用品店的销售；圣马丁出版社把《巧克力之吻》（Chocolate Kisses）一书的外观设计得像一盒巧克力，Target 书店非常欣赏这种呈现形式，真的就把这本书摆在真正的巧克力旁销售。

（3）相关包装策略。即将同一系列或内容相关的几本图书纳入同一外包装（如纸盒、塑料盒、塑料纸薄膜等）。这既便于读者使用，也有利于扩大销路。如果从图书包装的广义定义，相关包装策略还可以指原本不太相关的图书内容编在同一本书中。典型的应用例子就是"选集本"，即将不同作者作品选编在同一本书里。

2. 封面设计

在图书包装中，封面的地位应是居于首位的。封面的作用，不仅在于告知读者这是一本文学作品或学术专著等信息，还在于它对于图书的宣传促销和提升图书价值有着重要的意义。封面往往被放置于图书广告、书目及书评的醒目位置，设计精美的封面是图书收藏家判断图书好坏的一个标准。

（1）封面色彩的魅力。根据《华尔街日报》的调查统计，书店的读者注视封面的平均时间只有8秒。那么在如此短暂的时间里，什么样的刺激才能使读者拿起书翻看其中的内容呢？最有效的办法就是用色彩传递信息，吸引读者的注意。反差强烈的色彩搭配能使图书产品在书架上鹤立鸡群，如橙色与黑色、黄色与黑色等。

（2）封面制作的创意。封面材质的选择也可以使图书产品与众不同。比如用类似钢印的凹凸版面的印刷效果和绒面纸、半透明的硫酸纸等，或者选用光滑的丝织品、表现力较强的木质材料等，让封面更有层次感，在灯光下产生截然不同的反射效果，富有创意。

（3）封面布局的艺术。书名作为封面上最主要的内容，应置于封面最显眼的位置，要突出醒目，让人一目了然。当然，书名的字体大小与位置要和整个封面布局相协调，封面的字体要与图书风格一致。

3. 封底等的广告作用

既然封面已经像广告牌一样简单醒目，封底就有必要承载更多、更详细的信息。根据美国图书产业研究集团（the Book Industry Study Group）的调查，大众普遍认为封底的信息比封面的信息更重要。具体来说，封底可包含以下信息：图书的内容介绍、作者介绍、书评家及其他专家对书的正面评价等，在语句上要简短有力。

另外，在图书的腰封、书脊、扉页、书签等包装设计上也可以下些工夫，以取得更出众的销售效果。

三、出版物定价方法和策略

（一）出版物定价方法

影响出版物价格的因素主要有三个，即成本、竞争者价格和市场需求。通过这三个因素中的一个或几个来选择定价方法，就有希望确定一个特定的价格。

1. 成本导向法

成本导向法就是出版企业在生产成本的基础上，再加一定的预期利润而制定的价格。目前出版企业从成本出发的定价方法主要有以下几种：

（1）印张定价法。出版企业先由编辑考虑一些因素，如整个出版物字数和排版情况来估定每印张的单位定价，然后计算出价格，并同发行企业协商该出版物的定价。

（2）利润倒扣法。先确定出版物的预期利润额，加上总的会计成本和销售折扣形成预期销售收入。即出版物定价=预期销售收入/印刷册数。这种定价方法由会计人员、发行人员和编辑人员共同完成定价评估。

（3）利润率估价法。根据出版企业已有的平均利润率或所要求完成的基本利润率来估计出版物定价。出版物定价=出版物总定价/印刷册数。

（4）综合定价法。这是在综合考虑各种因素的情况下较为精确的一种定价方法。即出版物定价=（印刷成本+出版企业合理利润）÷印数÷（1-平均销售折扣率-支付作者版税率）。

2. 竞争导向定价法

这是考虑到市场竞争的需要，既要打入市场，又要获得利润，关键是要把握准定价的分寸。竞争导向定价法主要有两种形式：

（1）随行就市定价法。根据市场同类产品的平均价格水平来确定自己的产品价格。这种方法主要适用于那些内容和效用完全相同的出版物，如不同出版社的《红楼梦》《三国演义》等，一般就采用这样的定价方法。

（2）价格领导定价法。从定价角度看，控制着出版物市场较大份额的少数出版集团往往是出版物市场的价格领袖，掌握定价的主动权，其价格水平对整个图书市场产生很大影响。

3. 需求导向定价法

这是顺应出版物市场需要的一种定价方法。这种定价方法主要有三种形式：

（1）认知价值定价法。把价格建立在对出版物品的认知价值基础上，是因为有这样一种观点，即作为定价的关键不是卖方的成本而是买方对价值的认知。因此要充分利用各种营销组合变量在读者心目中形成的认知价值。认知价值的定价方法与出版物定位思想能很好地适应起来。

（2）价值定价法。用低价提供高质量的出版物，让渡给顾客最大的价值。实施价值定价法能够让读者买到物美价廉的出版物，但这种定价方法也具有一定的风险，关键是要尽可能地压缩成本。

（3）区别需求定价法。也称为差别定价法，是根据需求条件的不同，对同一出版物确定不同的价格。基于大多数出版物在出版过程中的零售价格已确定这一特殊原因，差别定价法在出版物营销中的应用受到了一定限制。

（二）出版物定价策略

1. 确定图书定价水准

（1）撇脂定价策略。又称撇油定价策略，是新品种上市之初，在没有同类出版物竞争的情况下，采取的一种高定价策略。运用撇脂定价策略定价须慎重：一是出版物要确有竞争优势；二是对出版物市场要有充分的了解，尤其是出版物的需求价格弹性；三是发行速度要快，防止竞争对手跟进。

（2）渗透定价策略。在通常情况下，绝大多数类型的出版物都适用于这一策略，特别是市场容量大、同类品种多、市场竞争激烈、需求价格弹性高的出版物。在现阶段读者购买力相对较低的情况下，运用此策略相信会收到更好的效果。

（3）满意定价策略。是介于撇脂和渗透定价策略之间的一种折中定价策略，一般是按照出版系统平均价格水平来确定自己出版物的定价。虽然这种定价策略较为理想，但也并不尽善尽美。其不足突出表现在主张被动地去适应市场，而不是利用价格手段去积极参与市场竞争。

2. 心理价格策略

（1）尾数定价策略。也称奇数定价策略、非整数定价策略，即在给某些出版物（如期刊）定价时，有意确定一个保留尾数价格。消费者心理研究表明：绝大多数消费者普遍感觉到尾数定价比整数定价要便宜、精确一些。需要说明的是，这种策略主要适用于那些低价、需求弹性大的应时出版物，对于那些高档次、高价位、高质量的出版物不宜采用。另外，在国民收入较高或读者熟悉市场的情况下，这种策略的作用不大，而且会给发行和销售增加许多麻烦。

（2）整数定价策略。整数定价通常以"0"为尾数。尾数的定价，通常被认为是客观的、真实的、合理的，而整数定价则被认为是主观的、随意性的、不真实的。我国的出版物一般采用整数定价策略。

（3）声望定价策略。声望定价即所谓的"名牌高价"。对内外质量上均高于市场同类出版物或市场上尚无竞争者的出版物，或可以作为礼品的出版物，定高价是可能而且必要的。因为高定价会满足一部分读者的虚荣心，激起他们的购买欲望。但声望定价策略的运用一定要慎重，除了少数以珍藏为目的的出版物外，其他不宜采用。

3. 对比定价策略

对比定价策略比较适用于装帧形式不同的同一种出版物。例如，如果一种图书的精装本市场更大一些，那么可以在多印精装本的同时，印制少量的平装本，并且将二者的定价差距尽量缩小，使读者有购买精装本比较划算的感觉。

4. 谐音口彩定价策略

即利用消费者讨口彩、图吉利的心理来给出版物定价的策略。从营销角度看，只要读者乐于接受，谐音口彩定价策略是有利于出版物销售的。

（三）出版物发行折扣策略

折扣策略是出版企业灵活运用折扣手段、鼓励出版物分销的技巧。可以说发行折扣策略是影响出版利润最关键的环节并日益受到重视。

1. 数量折扣

数量折扣体现的是量大从优。数量折扣可以分为累计数量折扣和非累计数量折扣两种。累计数量折扣有利于稳定客户，鼓励中间商建立长期的分销、批销关系。不过稳定出版物的发行折扣并不容易，要确定一个合理的数量目标、标准、等级和折扣比例，常常需要结合出版企业的类型、特点、销售目标、成本水平、资金利润率、市场容量、竞争状况等多种因素。

2. 品种折扣

即根据不同种类的出版物在销售中的难易程度来确定所给折扣的高低。有的出版物如教材、专业书、科技书、工具书等目标市场明确，市场需求稳定，发行成本稳定，风险小，所以折扣较小；而大众出版物由于其目标市场定位较宽，市场需求弹性较大，因此成本较高、风险较大，折扣也较大。

3. 现金折扣

用现金或支票支付的订单，因为减少了坏账风险，所以在原来的折扣基础上再给予一定的折扣。通常来讲，现金折扣应高于同期银行贷款利率，这样中间商才宁愿贷款来提前付款，发挥现金折扣的激励作用。

4. 季节折扣

季节折扣是出版企业对淡季购买出版物的顾客所给予的一种减价优惠。美国的很多书店在每年的 6 月至 9 月间都要推出夏日畅销书大行动。

实施季节折扣有利于减少企业库存、加速出版物流转、迅速收回资金、避免因季节需求变化因素带来的市场风险。

5. 功能折扣

功能折扣又称为贸易折扣，是根据中间商在出版物分销过程中所承担的功能、责任和风险，对不同的中间商给予不同的折扣。功能折扣的实行，主要有两个目的：一是对发行中间商经营有关出版物的成本和费用进行补偿，并让中间商有合理的赢利；二是鼓励中间商大批量订货、扩大销售、多争取顾客，并与本企业建立长期、稳定、良好的合作关系。

6. 业绩折扣

对长期发生业务往来的批发商和零售商的经营业绩进行综合评价，然后根据其经营业绩的不同，以确定对其给予一定的折扣。在业绩评估中，营业表现突出的，如开拓市场能力强、退货率低、按期结算货款等的中间商，就可以获得比较优惠的折扣。

第四节　出版物发行渠道管理

出版物往往需要经过一系列的中间机构，如批发商、零售店或点，方能传递到广大读者手中。同样，每一个读者所需要的出版物往往也是来自多家出版社。如果把出版企业视作起点，把读者视作终点，在他们之间就有无数条供出版物流通的渠道。正是通过这些渠道，出版物才能顺利地传递到广大读者手中。可见，这些联系出版企业与广大读者的出版物分销渠道，无论是对于出版企业，还是对于广大读者都具有十分重要的意义。而在出版物分销渠道中，出版企业作为起点，在对渠道的选择和管理中起着举足轻重的作用，发行渠道管理的好与坏就成为制约出版物商品能否转化为货币的重要因素。

一、出版物发行渠道概述

（一）出版物发行渠道

所谓出版物发行渠道，又称出版物分销渠道，指出版物从出版企业向读者转移的过程中所经过的与出版物发行有关的一切组织和个人连接起来而形成的通道，以及在这些通道上所必然发生的出版物商品所有权转移的经济过程。

在出版物沿着分销渠道向消费领域运动的过程中，每发生一次所有权的转移，都可以引起其运行线路上的暂时停顿。这些停滞点或中间站就构成了出版物分销过程中的一个个中间环节。这种通过商品买卖行为而导致商品所有权随之更迭的中间环节，我们称为出版物分销环节。分销渠道便是由一个个分销环节串联组合而成的。由于分销环节多少不一、组合方式不同，就形成了不同的出版物分销渠道模式。

（二）出版物分销渠道的模式和渠道宽度决策

1. 出版物分销渠道的模式

目前，我国出版物发行采用的分销渠道模式如图5-5所示。

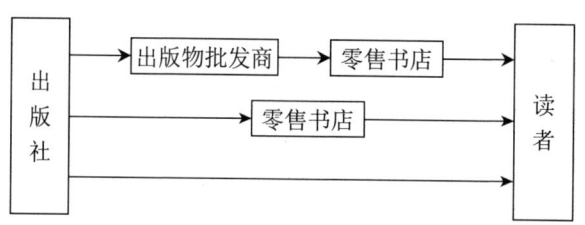

图5-5　我国出版物分销渠道模式

据图5-5所示，我国出版物分销渠道模式主要有以下三种：

（1）出版社→出版物批发商→零售书店→读者，是出版物发行的主要渠道。这是出版社将出版物通过专业的批发公司向零售店批发，再由零售店向读者销售的渠道。在此种分销渠道模式中，起主导作用的是批发商，所以我们将其简称为批发商渠道。国外出版业发达国家，比如德国和瑞士，大多采用此种渠道模式组织出版物的分销。我国的出版物分销主渠道，也是采用相同的模式。全国各出版社所出出版物，都交由当地的新华书店发货店发行，发货店向销货店批发。

出版物批发商是出版物出版、发行分工和出版物商品化发展的产物，它存在的条件和必要性是：①出版物出版的集中化与读者需求的分散化之间的矛盾；②节约出版物出版、发行资源；③发行的专业化有利于出版物市场的开发；④减少了出版物交易次数，提高了出版物发行速度，加速了资金周转。

出版物市场越发达，出版物品种越丰富，出版物发行量越大，出版物批发商的必要性和作用就越大。在知识经济中，出版物批发商起着越来越重要的作用。

总之，从世界各国出版物发行的总体情况来看，采用批发商渠道发行出版物的国家与出版企业最多，通过此渠道流通的出版物总量也最大。所以，这是中外出版物流通中当之无愧的主渠道。

（2）出版社→零售书店→读者，是出版物发行的补充渠道。这是以出版社自办批发为基本特征的发行渠道。出版社通过自己的批发机构直接将书批销给零售书店，再通过零售书店向读者销售。在此种流通渠道模式中，起主导作用的是零售商，所以我们将其简称为零售商渠道。

法国、美国的一些大中型出版社以及北欧国家的一批出版社都采用此种渠道模式。法国的弗拉马里翁出版社、塞伊出版社、马松出版公司，都是自行储备、自行向零售书店批销的。美国的3万多家零售书店，大部分是从出版社直接进货，目前美国出版物市场上有1/3以上的出版物是通过"出版社→零售书店→读者"这一渠道模式发行的。

我国的少数出版社，也采用此种渠道模式组织出版物流通。如中国铁道出版社、上海辞书出版社、金盾出版社等，都是采用的以直接向零售书店批销为主的流通方式。此种渠道模式的采用需要具备一定的条件，如要求出版社具有较大的经营规模和较强的经济实力，要求出版社具有较好的仓储发运能力与相应的备货条件，出版社与零售书店之间的信息沟通要快捷方便，等等。任何一个国家的出版社，要同时具备这些自办批发的条件都不是一件容易的事情。所以，迄今为止，中外书业中以这种渠道模式为主组织出版物流通的出版社并不多，这种模式仍只是一种起补充作用的发行渠道。

（3）出版社→读者，是必不可少的直销渠道。在中、外出版业都已步入社会化大生产阶段的今天，由出版社直接向读者销售产品的渠道仍然"必不可少"，主要是因为：一是该渠道能向公众提供一个全面展示出版社全产品的通道，为读者提供一个了解某一出版社出版物全貌的机会；二是能与读者直接进行市场信息沟通，有效避免信息失真现象的发生；三是能较好地满足零散的、特殊的读者需求；四是能联系、培养一大批某一出版社的忠实读者，有利于出版社知名度的提高；五是能发挥零售环节开拓市场的先锋作用，促进其他发行业务的发展。因此，中、外出版业界都不乏采用此种渠道模式者，尤其是国外，出版企业采用此种渠道模式组织出版物流通的情况非常普遍。

一些礼品书、大型工具书、豪华本出版物，可能较多地需要直接销售，或以较短的渠道推广；而对于大众化的出版物，则需要间接推销，或长而宽的渠道推广。在同一个出版社中，往往存在着不同的渠道模式，要科学合理地设计这些渠道之间的组合，以最低的渠道成本发行出版物。

2. 出版物分销渠道宽度决策

出版物分销渠道宽度决策，即确定渠道中同一层次上出版物批发商或零售书店的数目。零售书店或出版物批发商的数目多则为宽渠道，宽渠道的发行能力一般比较大。宽渠道可以在一个较短的时间内迅速地把出版物大量地推向市场。零售书店或出版物批发商的数目少，则为窄渠道，窄渠道的发行能力一般比较小，但是窄渠道可以有针对性地把出版物送达目标读者。渠道宽窄的决策是渠道决策的重要内容。

一般来讲，中间商的数目是渠道宽窄的决定性因素，因为在同一个渠道层次上，中间商的发行能力一般相差不大。因而，渠道宽度决策主要是对出版物发行商数目的决策。在确定每一层次所需发行商数目时，有三种策略可供选择。

（1）出版物密集分销

所谓出版物密集分销，是指在渠道同一层次上尽可能地通过更多的发行中间商分销出版物。密集分销的特点是可以迅速扩大市场覆盖面或快速进入和开辟一个新市场，使更广泛的读者能随时随地买到出版物。

密集分销的重点是选择那些发行能力强、零售网点分布广、发行速度快的发行商，通过他们的合作和推广，把出版物迅速地铺向市场，引起轰动，制造声势。

（2）出版物选择性分销

所谓出版物选择性分销，是指某一地区在渠道同一层次上，通过几个精心挑选的、最合适的中间商分销出版物。选择性分销的特点是，可以集中地在某一地区展开密集分销，把出版物迅速地密集地覆盖整个地区，造成该地区的轰动效应，进而向其他地区扩散。

选择性分销把营销资源集中地用在一个地区，可以在很短的时间内造成出版物在该地区的热销，成为该地区的畅销品种。其他地区的发行商会闻风而动，主动地要求进货，这样也就减少了其他地区推广出版物的费用。

（3）出版物独家分销

所谓出版物独家分销，是指在某一地区仅通过一家中间商分销出版物。通常双方协商签订独家经销或代理合同，规定发行商不得同时经营第三方特别是竞争对手的出版物。独家分销的特点是充分发挥发行商的积极性，便于控制市场，保证出版物有效地进入市场。

对于专业出版物，实行独家分销有一定的优势，可以极大地避免发行商因经营多家出版社的出版物而难以重点发行某一个出版社的出版物。一般来讲，独家分销主要应用于批发环节。

（三）我国出版物分销渠道的发展趋势

建立一个既符合我国国情又符合出版物商品分销客观规律要求的多元化、网络化的分销渠道体系的基本方向有两个：一是要开辟更多新的出版物分销渠道；二是要对现有出版物分销渠道的结构进行改造。通过调整，形成如图5-6所示的出版物分销渠道结构。

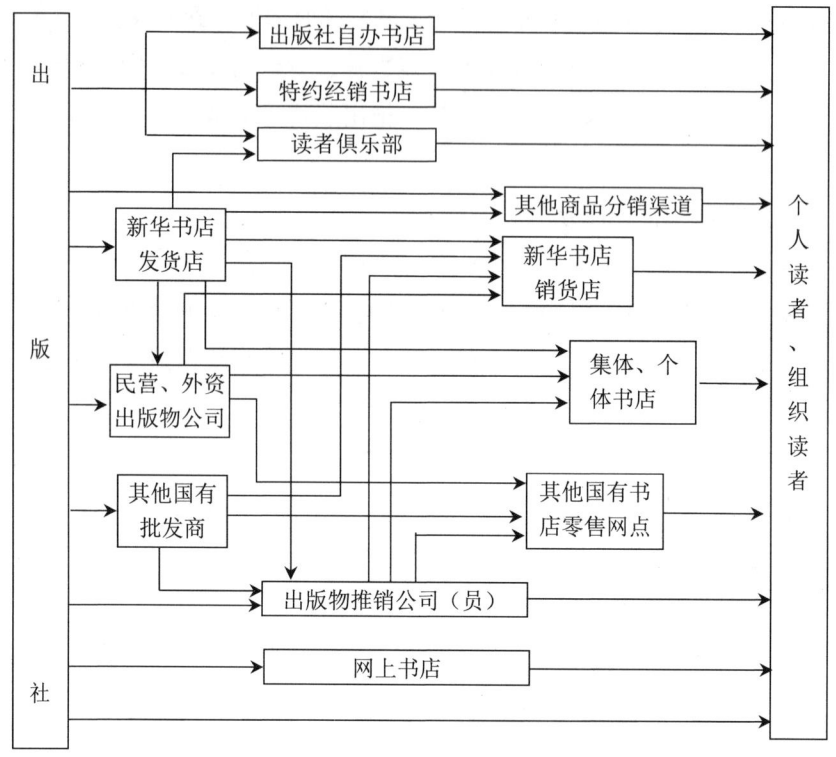

图 5-6　我国未来出版物分销渠道的发展趋势

图5-6所列的未来出版物分销渠道体系，与现行出版物分销渠道的不同之处主要表现在增加了一些新的分销渠道模式。

1. 增设以民营和外资出版物公司为主要环节的分销渠道

中华人民共和国新闻出版总署颁发，于2003年9月1日起施行的《出版物市场管理规定》中，规定了出版物总发行的条件，只要符合相应条件，则任何所有制形式的企业都可申请出版物总发行权，这就意味着我国出版物批发市场已向民营和外资企业开放。

这一政策的出台，为以民营和外资出版物公司为中心环节的分销渠道模式的发展提供了保证。这些已获总发行权的民营和外资出版物公司直接从出版社进货，然后批发给各类国有零售书店或集体个体出版社，再由这些零售商向读者销售。以此构成的民营和外资出版物公司分销渠道，将在我国未来出版物市场分销格局中占据非常重要的地位。

2. 通过出版物推销公司（员）组织出版物分销

与国外出版物分销渠道中的推销公司一样，出版物推销公司可以为许多家出版社或批发商批销出版物。既可以为本地出版社推销，也可以为外地出版商推销；既可以向国有出版社的零售点推销，也可以向集体、个体出版社推销，还可以直接向读者，尤其是向图书馆之类的团体读者推销。出版物推销公司（员）只是在出版物市场的供求双方之间起牵线搭桥的作用，出版社或批发店按销售业绩付给一定的手续费。除专门的出版物推销公司之外，出版社或批发商也可自设若干名推销员或聘请社外人员专门推销出版物。

3. 组建图书俱乐部协助推销出版物

通过图书俱乐部推销出版物在国外十分普遍。组建图书俱乐部，对于培养读者的良好读书风气，加强出版界与社会的联系，以及对于占领与开拓出版物市场，扩大本版书的流通量等，都有着非常重要的意义。所以，在国际书业界图书俱乐部十分盛行的今天，我国出版界也应积极提倡发展出版物俱乐部。图书俱乐部可以由一家出版社或一家国有书店单独组建；也可以由众多的出版发行单位联合组建；还可以由出版发行单位与党政机关及企事业单位联名发起成立。在全国的图书俱乐部有了较大的发展后，就可通过图书俱乐部大量推销出版物，甚至可以像国外一样专门推出价格低廉的俱乐部版本。

4. 通过其他商品分销渠道发行出版物

除已经建立的国有商业零售书店、供销社售书点之外，还可从上至下开辟其他商品分销参与出版物的分销。如出版社→文化用品公司→文化用品商店→读者；出版社→连锁超市→读者；出版社→邮政局→读者；等等。通过其他商品流通系统发行出版物，在我国书业界已开始引起重视。

5. 开辟网上售书渠道

网上书店是利用计算机信息网络对读者传播出版信息和提供销售服务的新型流通组织，它具有规模不限、经营无限、信息畅通等特点，具有出版信息传递迅速、能有效地吸引读者、几乎不需要备货、降低出版物流通成本等优势，网络销售已成为出版物销售的一个重要发展趋势，网上书店已经成为各类出版物高效的分销渠道。

第五节　出版物促销策略

一、出版物促销的组成

出版企业确立了自身的市场定位后，将进行出版物的设计、生产、包装和出版品牌的构建和塑造。接下来的营销重点就将转向怎样向目标顾客群体进行出版物和出版品牌的市场推广。

市场推广也称促销，是出版物市场营销的重要组成部分，其主要工具包括广告、公共关系、销售促进、人员推销、口碑传播等几个方面。市场推广对于出版企业来说是非常关键的环节之一，因为只有通过一个整体的、合理的市场推广策略，目标顾客群体才可能接触到出版物和出版品牌的信息，从而产生购买的意愿，并形成对出版品牌的基本认知和态度。否则即使出版物质量再好，目标顾客群体无法接触到相关信息，或是出版物的推广策略不够成功，无法真正引起顾客的购买欲望，这都将使得出版物的销售遇到巨大的障碍，出版者之前做出的一切努力都将大打折扣。对于出版企业的品牌定位来说，营销传播是个关键性步骤。如果营销传播无法取得理想的效果，那么出版物的品牌定位也就难以建立。由此可见，市场推广策略的制定和实行对于出版市场营销来说举足轻重。

二、出版物的整合营销传播

对于出版企业的市场推广策略来说，整合营销传播是一个非常重要的指导理念。整合营销传播（Integrated Marketing Communication，IMC）由美国营销专家唐·舒尔茨提出。这一营销理念的提出背景是在新的市场环境下，一方面媒体急剧增加，媒体广告成本上升然而广告传播效果却日趋下降；另一方面社会结构的变化使得消费者出现"分众化"趋势，其需求差异化也越来越明显。在此情况下，唐·舒尔茨提出整合营销传播的理念，最主要的目的就在于增加营销传播的市场效果。在市场推广方面，整合营销传播认为应该从目标顾客群体的需求出发，在统一的营销主题下，各种市场推广工具（广告、公关、促销、人员推销等）有机配合，向目标市场传递"一个声音，一种形象"，从而达到增加传播效果和与目标顾客群体构建良好关系的目的。对于出版企业的市场推广来说，整合营销传播可以发挥重要的作用。

（一）分析目标顾客需求特征

出版企业必须从对目标顾客需求特征的分析开始，这样此后的市场推广活动才能够有的放矢。整合营销传播是以顾客数据库作为基础的，对于目标顾客群体的分析就以此作为起点。

（二）确定整个市场推广活动的主题

在分析了目标顾客群体的需求特征的基础上，出版企业应确定整个市场推广活动的主题。这个主题必须具有战略性，能够涵盖和包容不同的市场推广方式；这个主题必须具有稳定性，能够通过各种传播途径清晰传递并被准确理解；这个主题必须具有差异性，能够使出版企业自身的市场推广活动与竞争者的市场推广活动鲜明地区别开；这个主题必须具有目的性，这样才能够对它的效果进行衡量。

（三）建立传播目标和销售目标

在整体的市场推广主题确定以后，出版企业应建立传播目标和销售目标。传播目标指的是出版企业希望通过市场推广活动达到怎样的传播效果，包括告知、提醒、劝服等；而销售目标指出版企业希望通过市场推广活动达到怎样的一个销售数量或者市场占有率。

（四）决定市场推广组合

在确定了两方面的目标之后，出版企业应决定市场推广组合。这是真正体现出版者"整合能力"的地方。出版者必须调查了解目标顾客与自身出版物和出版品牌可能产生联系的各个"接触点"，对不同"接触点"的特性加以分析，从而决定应该在"何时"（when）、"何地"（where）、"以何种方式"（how）与目标顾客进行信息接触，进而得出沟通诉求"是什么"（what）。

这几个方面的内容实际上就构成了市场推广的传播策略。在传播策略确定之后，接下来就要进行市场推广工具的组合，即广告推广、公关推广、人员推销、促销推广、口碑传播等各个推广工具之间如何有机协调和配合，做到向目标市场传递"一个声音，一种形象"的效果。与此同时，在出版物市场推广中，除了做到各个推广工具的结合，还要做到"线上线下"的结合。所谓"线上线下"的结合，指的是互联网空间和非互联网空间的结合。这一点对于出版企业来说非常重要。网络出版已经成为越来越重要的出版方式，网络营销也成为越来越重要的营销模式，但这并不意味着就可以忽略传统媒体的营销推广。只有"线上线下"市场推广有机结合，形成一个立体的推广攻势，出版物的市场推广才能获得最大的效果。

1. 广告

在几个主要的市场推广工具中，广告推广最常见，同时一般而言也是效果最直接的一种推广方式。对于出版物"线上"的网络广告推广，如出版社建立属于自己的网站来进行广告宣传，或选择在其他的商业门户网站或专业网站上进行广告宣传；还可以通过微信、微博、短视频直播等各种网络传播途径进行广告推广。"线下"的广告推广主要方式是报纸、广播、电视和杂志四类媒体商的广告宣传。同时伴随着户外媒体和移动媒体的发展，出版物的广告宣传获得了更多的传播途径。

2. 公共关系

公关推广方面，一方面公关推广不是一个能够马上带来市场回报的推广方式，它的重心放在沟通和关系的建立上；另一方面与广告推广相比，公关推广由于其商业性和目的性相对而言不那么直接和明显，因此更容易影响顾客。所以公关推广也是出版市场推广中非常重要的手段。公关推广包括举办新闻发布会、开展或者赞助各项活动、参与社会公益活动、建立读者俱乐部等。这些活动通过"线上线下"的互动报道和传播，可以获得更大的影响力。

3. 销售促进

销售促进是出版市场推广里面短期效果最为明显的一种推广方式，包括打折、抽奖、赠送等，它能够在短时间内刺激市场购买，增加自身知名度，但从长期来看，促销推广的效果难以持久。出版企业可以利用促销推广增加成熟出版物的销售量、开发新的出版物的市场、刺激滞销出版物的购买。

4. 人员推销

人员推销是一种比较有效的推广模式，但是问题在于它的成本较高，因此更加适合组织市场。例如，针对图书馆或者企业的数据库，由销售人员直接进行市场推广效果就会比较好。因为人员推销能够体现专业性，也易于与客户之间形成长期的合作关系。

5. 口碑传播

除了这四个主要的市场推广工具之外，还有一种非常重要的市场推广模式，即口碑传播。良好的口碑传播往往比广告推广、公关推广更为有效，因为口碑传播属于一种人际传播，顾客对它的接受程度和信任程度都相对较高。对于出版物和出版社品牌来说，如果能够获得积极的口碑传播，在市场推广方面将获得理想的效果。口碑传播与上面提到的四种市场推广工具密不可分，因为它们是口碑传播最为直接的信息源，但是能否在口碑传播方面取得成功，最终还是要看顾客定位、产品定位和品牌定位是否正确，能否获得目标顾客的认同和共鸣。

这几种主要的市场推广工具在整体传播策略的框架内，由统一的营销主题贯穿各个方面，通过"线上线下"的推广结合，构建起一种立体的市场推广组合，向目标顾客传递"一个声音，一种形象"，从而达到良好的传播效果，与顾客之间形成一种有效的互动关系。这就是出版市场推广中的关键性部分，直接决定出版市场推广的传播目标和销售目标能否实现。

目前出版企业使用的主要促销方法和手段有以下几种：

（1）向代理商、中间商及终端商提供图书出版、广告、宣传资料，如出版信息、书评书讯、招贴画等，让他们了解图书，以便用不同方式更好地向读者进行推荐。

（2）与各地媒体建立联系。可以在当地媒体刊载出版信息、书评书讯、作者访谈、新书发布会等的新闻消息，也可以在副刊进行连载。连载对于图书销售的推动作用越来越受到重视。

（3）要求代理商对某些图书进行一定的宣传和促销活动。

（4）组织、安排签名售书和媒体促销活动。

（5）为提升出版企业形象，可以在经销商销售店堂的显著位置悬挂、张贴、摆放与出版企业以及图书相关的 POP（Point of Purchase Advertising）广告牌、灯箱广告、幻灯片、墙报等。

（6）要求经销商为图书提供专柜或有利的店堂位置。重点图书可以码堆放在入口处，或者摆放在新书、畅销书推荐柜台等比较醒目的地方。一般图书可以相对集中地摆放在某个地方。

（7）布局线上新型促销方式，充分利用直播互动性强、折扣低、与读者近距离接触等优点，在淘宝、京东图书、当当、抖音等平台直播卖书。

（五）促销的控制、反馈和效果衡量

在市场推广组合策略确定以后，出版者将进行市场推广的战术运用，即具体的信息选择、媒体选择、时间选择、空间选择、预算计划等。在这个过程中，出版企业应该运用各种可行的推广手段和推广工具。而市场推广策略具体实行后，营销推广还有两个非常重要的环节：其一是控制和反馈；其二是效果的衡量。在市场推广过程中，控制是非常重要的环节，因为市场推广的实践与计划之间总是存在各种差距，这就要求出版企业通过各种信息反馈系统分析偏差产生的原因并制定相应的纠偏策略，以保证市场推广按照预期目标方向开展。而效果衡量指的是传播目标和销售目标达到的程度。通过信息的反馈，出版者不仅可以对市场推广进行控制，对市场推广效果做出衡量，同时还能获得顾客反应和市场反应，为下一轮市场推广的开展奠定基础。

以上就是出版市场推广策略的主要步骤。而我们需要认识到的是：首先，出版市场推广所遵循的营销传播是以数据库营销为基础的。没有一个强大的顾客数据库和信息系统的支持，营销传播的效果是很难达到的。其次，营销传播是以关系营销为目的的，即与顾客之间构建一种长期、稳定、互利的关系网络。因此，出版物市场推广的直接目标是传播目标和销售目标，而它实质上是一种顾客关系的构建，通过各种推广工具的营销传播，顾客与出版物和出版社品牌之间形成了各种互动关系。最后，因为市场推广的最终目的在于顾客关系的构建，因此它是一个长期的、循环的过程。市场推广不是一次就可以完成，不仅仅是一种单一的战术运用。恰恰相反，作为出版物市场营销中的关键性内容，市场推广应该上升到一个整体的高度，它必须具有战略性视野，这决定了它是一个长期的、持久的过程。同时由于市场的不断变化，市场推广也必须做出各种相应的变化。

本章知识小结：

● 市场营销是个人和群体通过创造并同他人交换产品和价值以满足需求和欲望的一种社会管理过程。出版企业的营销管理应该以 STP 的战略设计为主线，即市场细分（Market Segmentation）、目标市场选择（Market Targeting）和市场定位（Market Position）为营销战略设计的三部曲，然后运用 4P's 战术进行执行，即产品策略（Product）、定价策略（Price）、渠道策略（Place）和促销策略（Promotion）。

● 出版物市场就是指涉及出版物的各项经济活动及由此产生的各种经济关系的总和。出版物市场由出版物、读者、购买力和购买动机四个基本要素构成。出版物市场具有以下几个基本特征：多样性、层次性、可诱导性、伸缩性、时代性。

● 读者的购买过程包括循序渐进且相对独立的五个基本阶段，即确定需要、搜集信息、评估选择、购买决策、买后感觉和行为。读者的购买行为还受到个人、心理、文化与社会等因素的影响。

● 出版物市场细分，是指出版企业根据出版物市场需求的多样化和读者购买行为的差异性，把整个市场划分为若干个具有某种相同或相似特征的子市场。可以用来分割读者市场的细分变量有许多，这些细分变量一般分为两大类：一类是读者特征变量，主要包括人口统计特征、地理区域特征和心理特征；另一类是读者对出版物使用、品牌等方面的反应特征。市场细分应把握以下几个原则：可衡量性、可进入性、可营利性、差异性。

● 出版企业进行市场细分的最终目的是有效选择并进入目标市场。所谓目标市场（Target Market），是指出版企业要进入的那个市场部分，即决定为之服务、具有相同需求或特征的读者群体。选择目标市场的时候可以从细分市场的规模与增长潜力、细分市场的结构性特点、企业目标和资源等几大方面着手评价。目标市场选择有五种基本的模式：市场集中化、市场专业化、产品专业化、选择专业化和市场全面化。

● 出版企业市场定位（Positioning）是指出版企业根据自身特点和自身形象的特性加以设计，针对读者心理加以传播，使之在读者心理上占据一个与竞争者相区别的位置。市场定位战略包括特色定位战略、利益定位战略、用途定位战略、用户定位战略、竞争者定位战略、质量—价格定位战略等。

● 营销学认为，出版物是通过交换能够满足读者精神需求和利益的有形物体及无形服务的总和，它通常包括核心层、形式层和延伸层等三大部分，所以出版物的策划应该是全方位的策划：产品、定价、渠道和促销。

● 影响出版物价格的因素主要有三个，即成本、竞争者价格和市场需求。出版物定价策略包括：撇脂定价策略、渗透定价策略、满意定价策略等。

● 出版物发行渠道，又称出版物分销渠道，指出版物从出版企业向读者转移的过程中所经过的与出版物发行有关的一切组织和个人连接起来而形成的通道，以及在这些通道上所必然发生的出版物商品所有权转移的经济过程。我国出版物分销渠道模式中，主要有三种：（1）出版社→出版物批发商→零售书店→读者，是出版物发行的主要渠道；（2）出版社→零售书店→读者，是出版物发行的补充渠道；（3）出版社→读者，是必不可少的直销渠道。出版物分销渠道宽度决策有三种策略可供选择：密集分销、选择性分销、独家分销。

● 市场推广也称促销，是出版物市场营销的重要组成部分，其主要工具包括广告、公共关系、销售促进、人员推销、口碑传播等几个方面。

[**思考题**]

1. 出版物市场与其他产品市场有何不同，这些不同怎样影响出版物营销活动？

2. 应用 STP 的基本理论，以一本书为例，分析如何进行市场细分、目标市场选择和市场定位。

3. 什么是图书产品的整体概念？

4. 如何根据出版物的不同特点进行定价？

5. 根据你自己的购书经验，你觉得我国出版物发行渠道的未来发展趋势是什么？

第六章　出版企业财务管理

本章学习目标：

- 理解和掌握出版企业财务管理的概念及内容
- 理解和掌握资本成本的概念与计算方法
- 了解几种主要的筹资方式和投资方式
- 理解和掌握 NPV 和 IRR 的计算方法
- 理解和掌握出版物的成本核算方法
- 理解和掌握出版企业的三个财务报表
- 了解出版企业财务分析的主要指标

随着社会主义市场经济体制的基本建立和不断完善，我国新闻出版业已经突破计划经济模式，逐渐走向了市场经济轨道，党中央在新的形势下，对我国的新闻出版工作提出了更高的要求，党对我国新时期的出版工作提出了"加强管理、优化结构、提高质量"的十二字方针，而首要的是加强管理，其中加强财务管理是关键。因此，如何在市场经济体制下加强出版企业的财务管理工作已成为现代出版企业经营管理的一项重要内容。

第一节　出版企业财务管理概述

一、出版企业财务管理的概念

出版企业的财务管理是出版企业组织财务活动，处理财务关系的一项管理活动。资金是出版企业进行生产运作与经营的一种必要生产要素，出版企业在其经营过程，一方面表现为纸张等原材料以及出版物内容的采购、加工与销售的实物流动；另一方面表现为价值形态的资金流入与流出。以现金收支为主的资金收支活动构成了出版企业的财务活动。具体来说，出版企业的财务活动包括由筹资引起的财务活动、由投资引起的财务活动、由经营引起的财务活动和由分配引起的财务活动。出版企业在从事出版物出版与经营的过程中，与外界发生各种各样的资金往来关系，这就形成了出版企业的财务关系。出版企业的财务关系包括它同其所有者之间的财务关系、同其债权人之间的财务关系、同其被投资单位之间的财务关系、同其债务人之间的财务关系、出版企业与职工的财务关系、出版企业内部各单位的财务关系等。出版企业财务管理就是组织好财务活动、处理好财务关系，为出版企业生存发展提供资金支持的一种综合性的管理活动。

二、出版企业财务管理的目标

财务管理是现代出版企业经营管理过程中的一个重要方面，财务管理的目标应该服从和服务于出版企业的目标。出版企业财务管理的目标就是财务管理活动所期望达到的结果，可分为整体目标、分部目标和具体目标。整体目标是指整个出版企业财务管理所要达到的目标。整体目标决定着分部目标和具体目标，决定着整个财务管理过程的发展方向，是出版企业财务活动的出发点和归宿。分部目标是在整体目标制约下，某一部分财务活动所要达到的目标，如筹资管理的目标、投资管理的目标等。具体目标是在整体目标和分部目标的制约下，从事某项具体财务活动所要达到的目标。出版企业财务管理的整体目标随着企业所处的环境而改变，也随着人们对企业管理理论研究的深入而不断深化。一般认为，出版企业财务管理应以价值最大化为目标。价值最大化是指通过出版企业财务上的合理经营，采用最优的财务政策，充分考虑资金的时间价值和风险报酬的关系，在保证出版企业长期稳定基础上使总价值达到最大。它反映了企业潜在的或预期的获利能力。企业市场价值最大化是现代西方的企业理论和财务金融学界公认的企业目标。

以出版企业价值最大化作为财务管理的目标，具有以下优点：第一，出版企业价值最大化目标考虑了取得报酬的时间，并用时间价值的原理进行了计量；第二，出版企业价值最大化目标考虑了风险与报酬的关系，反映了对出版企业资产保值增值的要求；第三，价值最大化能克服出版企业在追求利润上的短期行为；第四，有利于社会资源的合理配置，实现社会效益最大化。

三、财务管理的内容和基本方法

出版企业财务管理就是管理财务活动和财务关系。出版企业的财务活动包括筹资活动、投资活动、经营引起的财务活动以及利润分配活动。在资金的运动过程中形成出版企业与外界组织或内部单位及个人之间的财务关系。财务管理的内容按照财务活动的过程分为筹资管理活动、投资管理活动、营运资金管理活动和利润分配管理活动四个主要的方面。财务管理的基本方法有财务预测方法、财务决策方法、财务计划方法、财务控制方法、财务分析方法。财务预测是财务人员根据历史资料，结合现实条件，运用特定的方法对出版企业的财务活动和财务成果所做出的科学预计与测算。财务预测是进行财务决策、编制财务计划、组织财务活动的基础。财务决策是指财务人员从财务目标出发，从多个可行的备选方案中选择最优方案的过程。财务计划是在一定的计划期内，以货币形式反映生产经营活动所需的资金及其来源、财务收入与支出、财务成果及其分配的计划。财务控制是指在财务管理过程中，基于一定的信息，利用一定的手段，对出版企业的财务活动施加影响或调节，以便实现计划所规定的财务目标。财务分析是根据有关信息资料，运用特定方法，对出版企业财务活动过程及其结果进行分析和评价的一项工作。

第二节　出版企业的筹资与投资管理

一、出版企业筹资方式

随着中国出版业深层次改革的推进，一些试点出版集团及走内涵式发展道路的大社、名社纷纷进行了多种筹资模式的探索。根据资金来源的不同，融资方式可分为内源筹资和外源筹资。内源筹资包括利用留存利润、沉淀资金及内部融资等方式。外源筹资又可分为国内筹资和国外筹资。对出版业而言，国内资金又分为行业内资金和行业外资金。本节就几种有代表性的筹资模式进行分析。

（一）内部融资

内部融资是指企业为满足生产经营的需要，向其职工（包括管理者）募集资金的行为。它一般表现为两种方式，一是向职工借款；二是员工持股。

出版企业内部融资多采用员工持股方式，以出版单位的经营者和员工为融资来源。出版企业员工持股的资金来源主要有三个渠道：（1）员工现金出资；（2）出版企业集团按员工的工龄、岗位、贡献等因素将历年积累形成的工资节余和公益金节余分配给员工；（3）经股东会、董事会同意的其他形式的资金来源，包括出版企业集团以员工股份抵押为员工提供借款，以及由出版企业集团担保向银行贷款。

以员工持股方式融资的典型代表是法律出版社。2002 年，法律出版社将校排、印装、封面设计、新办公楼的物业管理等业务剥离出来组建了股份有限公司北京平准天地文化发展中心（以下简称平准天地），其中出版社拥有平准天地 30% 的股份，70% 的股份由职工持有。实施员工持股，员工收入不再是传统的工资加奖金，而是工资加股权，这将员工利益与出版单位的经营状况和经营业绩联系起来，增强了员工的主人翁意识和责任感。另外，法律出版社还对下属的中国法律图书发行有限公司进行了股份制改造，将49%的股份售予公司中层以上管理人员（法律出版社和平准天地两家法人股占51%，其中平准天地占15%），以便加强管理层的责任心。中国轻工业出版社也进行了员工持股融资模式的实践，取得了较好的效果。

（二）业内融资

业内融资是以其他新闻出版单位为融资对象进行的强强合作和优势互补，由于不存在国家政策障碍，因此成为我国出版企业融通资金的一种重要方式。根据形式不同，主要有以下几种：

1. 项目合资式融资

项目合资式融资方式多见于大型丛书、套书、画册等大部头著作的出版。由于这类书的启动费用、制作成本都非常大，一家出版社往往无力独自承担，因此常采用几家出版社共同合作的方式，共同进行开发、制作和销售。比如，江苏教育出版社与华东师范大学出版社共同参与教材出版招标和中小学教材出版改革；2000年，35家科技出版社联合出版《青年科学普及文库》；多家美术出版社联合出版《中国历代服饰》画册等。2007年，中信出版社和知音传媒集团强强联手，致力打造中国原创漫画出版基地，联合出版了中国台湾漫画大师敖幼祥的原创漫画作品《酷头哈妹》。

2. 互相参股式融资

或兼并，或重组，或业务扩展的需要，相互融资，实现资源的共享。如四川新华文轩连锁股份有限公司的成立，就是多家出版单位出资入股参与四川新华发行集团改制的结果。四川出版集团、四川少年儿童出版社和辽宁出版集团都是四川新华文轩连锁股份有限公司的股东，曾分别持有3.5%、1.0%和0.95%的股份。此外是发行债券。发行债券的方式主要包括发行中期票据、企业债券等。

3. 机构合作式融资

机构合作式融资一般表现为合作双方共同投资成立实体，从事出版发行经营等活动。如中国青年出版社向二十一世纪出版社融资，双方协商一致，共同组建北京东方幼狮文化传播有限公司；2014年1月，重庆出版集团以资本为纽带，联合博尔国际文化传媒（北京）有限公司、北京时代天华文化传播有限公司，进行了重组，通过发挥混合经济的优势，扩大了经营规模。

（三）业外融资

市场经济条件下，出版企业较高的利润空间对行业外的资金形成了强烈吸引力，因此业外融资成为一种可行和有效的方式。具体有以下几种：

1. 吸收行业外国有企业资金

2014 年，安徽出版集团与安徽省投资集团确立合作关系，双方共享项目和资源，联合开展融资、投资、租赁和理财业务，开创了国有企业借力、抱团发展的新模式；2017 年，青岛银行与青岛出版集团签署战略合作协议，将利用自身的金融资源优先为出版集团提供全方位的金融服务，在融资、结算、投行、信息技术支持等领域，开拓精品图书出版、高端人文艺术创作、全民阅读体系等业务。

2. 引进民营企业资金

出版企业也可以引进其他民营企业资金。2015 年，安徽新华传媒股份有限公司就已经通过跨界融资合作，与以色列施拉特科技有限公司和天津博大英华文化发展有限公司合作设立中以数字教育产业基金，旨在创新数字教育技术，推动数字教育业务的升级和发展。根据国家政策的要求，为保证出版单位对编辑权和出版物内容的绝对控制力，行业外资金进入新闻出版业，原国有出版单位必须控股，而且行业外资金不得干预编辑、出版业务。因此，出版企业向民营资本和个人资本融资时，必须遵守原新闻出版总署有关融资的相关规定，以免"触雷"。

3. 以优质内容为资产的众筹融资

众筹图书曾是业界人士热议的新兴图书出版发行方式。从融资角度看，众筹被赋予了金融属性，成为一种新型的融资模式。目前，众筹主要通过互联网进行联络，较有代表性的众筹平台有众筹网、京东众筹、赞赏、亿书客等。其中，京东众筹平台自上线以来共呈现了 200 多个成功的图书众筹项目，成功率达到 90% 以上，涉及社科类、经济类、文艺类等多个领域。较成功的案例，如"周鸿祎·约你私密午餐会"筹资 161.26 万元，4055 人参与。

（四）引进外资及港澳台资金

这种方式主要是指中国的出版企业通过借助外国的资本进行融资，从而助力出版企业的发展。如南京师范大学出版社与中国台湾信谊控股股份有限公司合资成立江苏宁谊文化实业有限公司；上海外语教育出版社与麦克米伦出版社合资出版"中学英语阅读系列"；人民邮电出版社与荷兰爱思唯尔出版集团合资出版了深受儿童喜爱的《米菲绘本系列》图书；二十一世纪出版社集团与英国麦克米伦出版集团历经 3 年谈判，共同投资成立了麦克米伦世纪咨询服务有限公司。

（五）债券融资

发行债券的方式主要包括发行中期票据、企业债券等。凤凰出版传媒集团 2009 年首次发行当年第一期中期票据，发行期限 3 年，发行总额 10 亿元，票面年利率 4.65%；河北出版传媒集团和中原出版传媒投资控股集团也在银行间债券市场发行了中期票据；由交通银行作为安徽出版集团主承销商，发行了总额为 6 亿元的中期票据，用于新媒体开发、出版相关资源拓展等；重庆出版集团公司发行了总额为 4 亿元的债券，用于数字传媒出版平台项目，这是出版行业的第一只企业债券。

（六）上市融资

2003 年 12 月，国务院办公厅颁布了《文化体制改革试点中支持文化产业发展的规定（试行）》和《文化体制改革试点中经营性文化事业单位转制为企业的规定（试行）》两个文件，提出经营性新闻出版单位转制为企业的在条件具备后也可以上市融资。这为新闻出版企业上市融资打开了政策通道。2007 年 12 月 21 日，辽宁出版传媒股份有限公司严格按照资本市场的标准和规则规范运作，精心实施，将多家出版社整体上市，成为第一个正确解决了关联交易和同业竞争问题的出版企业；2016 年 2 月 15 日，南方出版传媒股份有限公司在上海证券交易所完成 IPO 上市，募集资金 10.37 亿元，用于品牌教育图书出版、数字化印刷系统等项目；2015 年 12

月，中信出版集团登录"新三板"（全国中小企业股份转让系统），实现了国有出版企业在"新三板"上市零的突破，也拉开了该集团在"互联网+"时代的再一次转型序幕；2016 年 8 月 8 日，新华文轩出版传媒股份有限公司在上海证券交易所上市交易，是首家 A+H 两地上市的出版传媒企业，募集资金 7.03 亿元，将用于中华文化复兴出版工程等项目。

出版企业上市可以采取以下几种模式：

1. 整体上市。如中国出版集团有限公司整合了其下辖的商务印书馆、人民文学出版社、中华书局等 12 家股份制出版企业，于 2017 年进行了整体上市，成为融资的主渠道。

2. 业务分拆上市，就是将出版单位的优质经营性资产剥离出来，运作成为上市公司。由于国家政策禁止任何非国有资本进入编辑环节，那么，实际上，出版单位能剥离出来进入上市公司的资产只能是经营性资产。

3. 买壳上市。出版社通过收购和参加拍卖的方式，购入或拍到某上市公司的国有股或法人股，成为上市公司的大股东，再将原上市公司资产与出版社资产进行重组和置换，达到出版社上市的目的。2002 年 5 月，原上市公司海南诚成企业集团有限公司（以下简称诚成文化）发布公告：公司大股东海南诚成企业集团将持有的 2350 万法人股转让给湖南出版集团有限公司，转让后，湖南出版集团持有诚成文化 11.3% 的股权，成为第一大股东。虽然其后来又将所持股份全部转让，没有实现真正意义上的上市融资，但这也是一种有益的探索。

4. 直接上二级市场收购。对有些股权较分散、总股本较小的上市公司，出版社可直接拿巨资到二级市场、B 股甚至 H 股市场收购，这样资金需求量更大些。一旦控股，即对该公司进行重组，达到上市目的。

5. 出版社控股某家非出版行业公司，最有可能的是高新技术行业公司，通过将这类公司运作上市，再收购出版社出版资产，达到上市目的。

二、出版企业筹资成本

（一）资本成本概念

资本成本是指筹集和使用资本而付出的代价。出版企业向银行借款要支付利息，发行股票筹资要向投资者支付股利等，这些都构成了资金使用者的成本。从提供资金一方来看，资本的成本反映了资金供给者提供资金所要求的报酬。从资本成本的绝对量上看，资本成本由两部分构成，一部分是用资费用，另一部分是筹资费用。用资费用是指企业在生产经营和对外投资活动中因使用资本而承担的费用。例如，向债权人支付的利息，向股东分配的股利等。筹资费用是指在筹集资本活动中为获得资本而付出的费用。例如，向银行支付的借款手续费，因发行股票、债券而支付的发行费用等。资本成本的高低，通常用资本成本率来表示。资本成本率是指使用资本的费用与有效筹资额之间的比率，通常用百分比表示。

（二）个别资本成本率的计算

个别资本成本率是企业使用资本的费用与有效筹资额的比率。基本的计算公式如下：

$$K=\frac{D}{P-F}$$

其中

K-个别资本成本率

D-用资费用额

P-筹资额

F-筹资费用额

例1：某出版社从银行借款1000万元，手续费0.1%，年利率5%，借款期5年，每年结算一次利息，期末还本。企业所得税率为33%。试计算长期借款资本成本率。

根据企业所得税法的规定，企业长期借款的利息支出可以在所得税前扣除。企业长期借款的成本率可以用以下公式进行测算：

$$K_l=\frac{I_l\ (1-T)}{L\ (1-f_l)}$$

K_l-长期借款资本成本率

I_l-长期借款年利息额

T–企业所得税税率

L–长期借款筹资额

f_l–长期借款筹资费用率

依上述公式可得：$K_l = \dfrac{1000 \times 5\% \times （1-33\%）}{1000 \times （1-0.1\%）} = 3.35\%$

（三）综合资本成本率计算

综合资本成本率是综合企业各种资本筹集方式的资本成本率及其在总的资本中所占比例而计算的资本成本率，反映企业所有长期资本成本的高低。在取得个别资本成本率和相应的比例后，可以利用以下公式计算：

$K_w = K_l W_l + K_b W_b + K_p W_p + K_c W_c + K_r W_r$

W_r–留存收益资本比例

K_r–留存收益资本成本率

W_c–普通股资本比例

K_c–普通股资本成本率

W_p–优先股资本比例

K_p–优先股资本成本率

W_b–长期债券资本比例

K_b–长期债券资本成本率

W_l–长期借款资本比例

K_l–长期借款资本成本率

K_w–综合资本成本率

例2：某出版社现有长期资本总额 10 000 万元，其中长期借款 2000 万元，长期债券 3500 万元，优先股 1000 万元，普通股 3000 万元，留存收益 500 万元；各种长期资本的成本率分别为 4%、6%、10%、14%、13%。该公司的综合资本成本率是多少？

先计算各种资本所占比例，再代入公式，很容易得到：

$K_w = 4\% \times 20\% + 6\% \times 35\% + 10\% \times 10\% + 14\% \times 30\% + 13\% \times 5\% = 8.75\%$

三、出版企业筹资与资本结构决策

资本结构是指出版企业各种资本的价值构成及其比例关系。广义的资本结构是指出版企业全部资本价值的构成及其比例关系。它不仅包括长期资本，还包括短期资本。狭义的资本结构是指出版企业各种长期资本的价值构成及其比例关系，尤其是指长期的债权资本和股权资本的比例关系。出版企业采取不同的筹资方式，会影响到资本的结构和综合的资本成本率，进一步影响到出版企业的财务风险及价值。资本结构决策就是确定最佳的资本结构，也就是在一定的财务风险下，使得预期的综合资本成本率最低、出版企业价值最大的资本结构。

出版企业确定最佳的资本结构，常用的方法有资本成本比较法、每股利润分析法和公司价值比较法。下面以资金成本比较法为例说明出版企业筹资和资本结构的决策方法。

例3：某出版社需要增加资本金5000万元，可行的筹资方案组合以及相应的资金成本率如表6-1，试确定最佳的筹资方案和资本结构。

表 6-1　A 出版社初始筹资组合方案（单位：万元）

筹资方式	方案 1	资本成本率	方案 2	资本成本率	方案 3	资本成本率
长期借款	500	5%	1000	7%	800	6%
长期债券	1000	6%	1500	8%	1200	7%
优先股	1500	10%	1000	10%	1500	10%
普通股	2000	12%	1500	12%	1500	12%
合计	5000	—	5000	—	5000	—

第一步，计算各方案的筹资额比例和综合资本成本率：

方案 1 的综合资本成本率

$$K_w = 5\% \times 10\% + 6\% \times 20\% + 10\% \times 30\% + 12\% \times 40\% = 9.5\%$$

方案 2 的综合资本成本率

$$K_w = 7\% \times 20\% + 8\% \times 30\% + 10\% \times 20\% + 12\% \times 30\% = 9.4\%$$

方案 3 的综合资本成本率

$$K_w = 6\% \times 16\% + 7\% \times 24\% + 10\% \times 30\% + 12\% \times 30\% = 9.24\%$$

第二步，比较三个方案的综合资本成本率，经比较方案 3 最低，因此选择方案 3，最佳的资本结构就是长期借款 16%，长期债券 24%，普通股 30%，优先股 30%。

四、出版企业投资方式

出版企业可以根据自身的发展战略、市场情况、资金实力与规模，选择不同的投资项目，一般来说可以有以下三种选择方式，即产业链内部投资；相关产业多元化投资；不相关产业投资。

（一）产业链内部投资

在出版产业内部，出版企业可以根据自身的发展战略需要，选取出版产业链上中下端产业进行投资，进行内涵式拓展。主要有以下几种形式：成立外部合资出版实体；投资开发大型出版项目；参股造纸厂；投资发行渠道建设以及投资数字出版。

1. 成立出版实体

为实现中国出版"走出去"的战略需要，实现出版本土化，并与当地市场对接。2015 年 8 月，我国专业的少儿社也开始了海外并购的首次尝试，浙江少年儿童出版社全资收购了澳大利亚新前沿出版社，其将新前沿出版社作为一个海外全资子公司，并通过新前沿出版社多年来积累的出版资源、品牌价值、销售渠道等，实现出版业务的国内外联动。2015 年 8 月，接力出版社和埃及智慧宫文化投资（出版）公司正式签约创办埃及分社，这是国内少儿出版社首次走出国门建立实体分支机构。

2. 重大出版项目投资

2018 年，中国出版集团启动了 18 个重大项目，拟投资总额近 8 亿元。启动的 18 个项目中，既有传统出版业态的"中小社板块建设计划"，如东方出版中心"经营管理图书"项目，又有面向未来多业态的融合出版项目；既有立足于国内市场的产品线布局，如中国图书进出口（集团）总公司的"易阅通+按需印刷+全产业链融合发展"项目，又有面向世界的国际化选项。

3. 参股造纸厂或供应链前端企业

出版企业可通过参股的形式投资于供应链前端企业，这种投资大多是基于出版社与造纸厂构建战略合作伙伴关系。如中国大百科全书出版社参股"福建南纸"；2008年全国发行业首家跨省域整体重组企业——海南凤凰新华发行有限公司成立，该公司由凤凰传媒旗下的江苏省新华发行集团与海南省新华书店集团公司共同组建；2006年，浙江出版联合集团投资8.92亿元左右建设浙江义务教育教材综合出版生产基地。

4. 投资建设发行渠道

我国图书发行业的图书销售渠道的细分尚未形成，一些专业图书销售渠道缺乏，这为图书发行业的投资提供了机会。因此，出版企业投资产业链下游的情况比较普遍。

通过与人民日报报业集团和合资的大华传媒集团合作，中国轻工业出版社用《瑞丽》的发行权和无形资产入股，成为首批被国家批准的合资期刊专业发行公司之一——北京大华弘景期刊发行有限公司的大股东，进入期刊分销领域。中国建筑工业出版社投资打造连锁书店——建工书店，已经在全国形成了一定的规模和影响力。2006年9月26日，位于北京市西城区百万庄大街的北京百万庄图书大厦（以下简称百万庄图书大厦）正式对外营业。百万庄图书大厦由机械工业出版社（以下简称机工社）投资1亿多元建设，是国内首家由出版社投资成立的大型书店。这是机工社基于充实产业链、促进出版社整体发展的战略思路下的一个重大举措。

5. 投资数字出版

在传统纸质媒体市场份额的下滑、新媒体渐成气候的背景下，投资数字出版，包括数字版权研发、电子出版、游戏出版、手机出版、网络出版等，是传统出版在颠覆性的技术环境下放眼未来的必然选择。中国出版集团成立中国出版集团数字传媒有限公司，与北大方正集团进行战略合作，正是出于积极应对数字出版发展趋势的考虑。2008 年，由中南出版传媒集团股份有限公司联合华为技术有限公司合资设立天闻数媒科技（北京）有限公司。2015 年，江苏凤凰传媒集团有限公司以大股东注入学科网，出资 3896.59 万元现金，占股 51.80%，布局在线教育。在这一领域里，教育信息化与教育培训是出版集团较为偏爱的。

（二）相关产业多元化投资

随着出版企业规模、实力以及资本运作意识的增强，已经有一些出版企业进入了文化及信息产业的相关领域，如信息服务领域和电影制作领域。虽然这些产业与出版产业并不完全相同，但这些产业与出版业之间有很大的相关性，都属于内容产业的范围，出版企业通过战略资本运作，实现相关产业多元化投资。2004 年 9 月，高等教育出版社将其经营性业务与资产进行重组设立北京畅想传媒投资集团有限公司。其主要涉足教育传媒、文化及咨询传播项目的投资、投资管理、信息咨询等业务领域。2014 年，天舟文化股份有限公司（以下简称天舟文化）投资 4000 万元入股江苏麦可在线教育科技有限公司。麦可在线是一家专注幼儿教育需求，致力于移动互联网教育产品的开发、运营、推广的互联网公司。2016 年，天舟文化意图斥资 2.8 亿元并购杭州派娱科技有限公司（以下简称派娱科技）。派娱科技不同于此前并购的主营游戏开发的公司，它是一家主营动漫二次元游戏发行、运营及 IP 资源泛娱乐化的公司。

近年来，业界不断传来出版企业投资介入影视业的消息。这不是一个单纯的投资行为，而是深度立体地开发出版企业资源，形成文化产业链，打造新经济增长点的重要举措。如北京时代华语国际传媒股份有限公司和长江文艺出版社联手湖南广播电视台出版电视节目图书《爸爸去哪儿》。2014 年年初，时代出版传媒股份有限公司成立了一家跨行业、跨地区、跨所有制的"三跨"公司——安徽时代雅视影视文化传媒有限公司。

（三）不相关产业投资

投资不相关产业的实质就是进行多元化投资。通过把企业的资源分散到不同的行业和产品经营中，可以降低企业对某一行业或业务领域的过分依赖，从而在一定程度上降低企业的经营风险，也在一定程度上保证企业经营利润的稳定性。从 20 世纪 60 年代开始，多元化投资策略逐渐为西方发达国家的出版集团广泛使用，如贝塔斯曼集团和维亚康姆集团，都曾成功地运用多元化投资战略进行扩张。目前，我国出版业内已有一些企业通过资本运作的方式顺利进入其他行业或经营领域，如安徽出版集团就通过控股安徽省医药（集团）股份有限公司，正式介入医药行业。但是，这种投向不相关产业的资金在公司募集资金总额中所占的比重不宜过大。

五、出版企业投资决策

在出版企业评估项目投资方案时，需要了解投资项目的折现现金流量，以便选择最优的投资方案。常用的折现现金流量指标有净现值（NPV）、内部收益率（IRR）等。

（一）净现值

净现值就是在考虑资金时间价值的基础上，将固定资产使用年限内的净现金流量折现到当前时刻的资金价值。它综合地反映了投资项目在整个寿命期内的盈利能力。净现值越大，固定资产投资的效果越好。计算公式如下：

$$NPV = \sum_{t=0}^{n} NFC_t \ (1+i_0)^{-t}$$

NPV -净现值

i_0 -基准折现率

n -项目寿命期

NFC_t -第 t 年的净现金流

（二）内部收益率

内部收益率是使投资项目净现值等于零时的折现率。内部报酬率反映了投资项目的真实报酬，是进行项目投资决策的一个主要评价指标。内部收益率的计算公式如下：

$$NPV = \sum_{t=0}^{n} NFC_t \ (1+IRR)^{-t} = 0$$

NPV-净现值

IRR-内部收益率

n-项目寿命期

NFC$_t$-第 *t* 年的净现金流

内部收益率是根据以上净现值等于零的方程求解得到的，一般采用插值法近似计算。当折现率已知时，如果净现值大于零，则内部收益率大于基准折现率，如果净现值小于零，则内部收益率小于基准折现率。

计算得到项目的净现值和内部收益率指标，再结合具体的决策结构，就可以进行方案的评价和决策。如果是决定一个投资方案是否可行，只需要计算该方案的净现值或内部收益率指标。如果在一定的基准折现率下计算的净现值大于零，或者计算的内部收益率大于基准折现率，则方案可行，反之，方案不可行。如果是在几个方案中选择出可行方案，而方案之间没有相互影响，则可以像一个方案的评价一样，分别计算各个方案的净现值或内部收益率，净现值大于零、内部收益率大于基准折现率的方案可行，净现值小于零、内部收益率小于基准折现率的方案不可行。

例 4：两个独立的投资方案 A、B，A 方案第一年年初投资 200 万元，在今后 10 年内每年获得净收益 45 万元，B 方案第一年年初投资 200 万元，在今后 10 年内每年获得净收益 30 万元，它们的现金流如表 6-2 所示。试作出是否进行投资的决策。基准折现率为 15%。

表 6-2　独立方案 A、B 的现金流　（单位：万元）

方案 ＼ 年度	0	1-10
A	-200	45
B	-200	30

按照净现值计算公式，计算得 *NPV$_A$* 为 25.8 万元，*NPV$_B$* 为 -49.4 万元

按照内部收益率计算公式，*IRR$_A$* 为 18.3%，*IRR$_B$* 为 8.1%。A 的净现值大于零，内部收益率大于基准折现率，所以 A 方案可行，B 的净现值小

于零，内部收益率小于基准折现率，所以 B 方案不可行。

例5：有两个互斥的投资方案，A 方案投资 200 万元，10 年内每年获得净收益 39 万元，B 方案投资 100 万元，10 年内每年获得净收益 20 万元，试做出决策。基准折现率为 10%。

表6-3　互斥方案 A、B 的现金流（单位：万元）

方案＼年度	0	1～10
A	−200	39
B	−100	20

分别计算 A、B 方案的净现值如下：

NPV_A 为 39.7 万元，NPV_B 为 22.9 万元，$NPV_A > NPV_B > 0$，A、B 为互斥方案，只能从中选择一个最佳方案，所以选择 A 方案。

第三节　出版物的成本核算

一、出版物成本构成

（一）出版物成本的概念

出版物成本是指出版物在生产和销售过程中所耗费的生产资料价值和必要劳动价值的货币表现，是出版单位在进行编辑、复制和发行图书的活动中支付的费用。下面以图书为例，对出版物成本进行核算。

（二）图书成本的总体构成

图书的总成本包括：

1. 直接成本。直接成本包括稿酬及校订费、租型费用、原材料及辅助材料费用、制版费用、印装（制作）费用、出版损失、其他直接费用等。

2. 间接成本。间接成本主要包括编录经费。

3. 期间费用。期间费用主要有管理费用、财务费用、销售费用等。

（三）直接成本

直接成本指直接反映某一图书品种生产过程的各项支出，即可以直接计入该图书品种的生产成本。包括：

1. 稿酬及校订费。

（1）稿酬指支付给著者、译者、校订者的报酬。其中支付给著者或译者的稿费一般有三种：基本稿酬加印数稿酬；版税制（图书常用）；一次性稿酬（翻译费及期刊稿酬常用）。

（2）校订费：用于各种文字翻译核审的校订费用。

2. 租型费用。是指向其他出版单位租赁型版（胶片）来印制、发行图书而支付给出租单位的使用费。

3. 原材料及辅助材料费用。图书生产过程中实际消耗的原材料及辅助用料的费用。如纸质图书的正文、封面、扉页、环衬用纸费用，装帧用料、光盘、外购半成品、包装材料等费用，以及它们的运输、装卸、整理等费用。

4. 制版费用。指图书生产过程中从发稿之后到批量复制或在网络上正式推出之前这个阶段的生产费用。如为排版、出片、打样等支付的费用，为制作工作母带（盘）、翻录母盘和压模盘而支付的费用，等等。

5. 印装（制作）费用。指图书生产过程中从批量复制开始到上市销售之前这个阶段的加工费用。包括印刷费、封面印后加工（覆膜、局部 UV、过油）费、装订费、光盘制作费、外包装物费及包装费等。

6. 出版损失。指图书在尚未完工之前因出现废品而造成的报废净损失。如因变更图书原稿内容而发生重制、重排、重新印刷、换页或重装的工料费，也包括图书内容上的质量问题而报废所造成的损失。

7. 其他直接费用。除上述各项费用以外的其他直接成本。如明确为某一图书品种支付的选题策划费、审稿费、编选费、资料费、绘图费、装帧设计费、编辑加工费等；另外还有选题开发、研究费用和专题会议费用，音像制品或电子书的实验费用等。

由于上述费用不是每种图书都必然发生的，所以在会计核算时，会将上述费用归结到其他直接成本费用科目中。

（四）间接成本

间接成本指某些虽与图书的生产有关，但难以明确计入某一品种而只能按一定方法分摊的各项间接生产费用，又称为编录经费。如编辑部门的工资、办公费、编录用品费等，以及不能进入单一图书品种成本的审稿费、编选费、绘图费、装帧设计费、编辑加工费等。

（五）期间费用

期间费用是指一定时期内所发生的不能直接归属于某个特定产品的成本而必须从当期收入中扣除的费用。

1. 管理费用。行政管理部门为组织和管理生产经营活动而发生的各种费用。如行政管理部门人员的工资和工资性支出、办公费，由出版单位统一负担的职工福利费、劳动保护费、固定资产折旧、财产保险费、工会经费、职工教育经费、咨询费、审计费、技术开发费、坏账损失、诉讼费、税金、业务招待费等。

2. 财务费用。为筹集生产经营所需资金而发生的费用。包括利息支出、汇兑损失、调剂外汇手续费及金融机构手续费。

3. 销售费用（营业费用）。在图书发行过程中为各种活动支付的费用，如发行部门人员的工资、工资性支出、办公费，发行部门的会议费、业务招待费、差旅费、固定资产折旧费、宣传推广费、展览费，包装费、运杂费、仓储费和呆滞损失等。

二、图书直接成本项目分析及计算

（一）稿酬

分为基本稿酬加印数稿酬、版税、一次性付酬等。一般图书的稿酬为版税，版税率一般为销售码洋的 6%～15%；除著作权人与出版者另有约定外，期刊刊载作品只采用一次性付酬方式；付译者的翻译费一般为一次性付酬。

（二）纸张费用

纸张费用计算步骤：

第一步：单册印张数＝单册面数÷开数

第二步：正文实际用纸令数

＝印张数 × 印数 ÷ 1000 × （1+印装加放率）

＝印张数 × 千册数 × （1+印装加放率）

封面、环衬等实际用纸令数

＝印数 ÷ （封面展开开数 × 500） × （1+加放率）

第三步：求用纸令重。

第四步：求用纸吨数。

第五步：获得各类纸张价格。

第六步：计算纸张费用。

纸张费用＝吨价 × 吨数

也可以算出每种纸每吨的令数，用吨价转换为令价，再用令价乘以令数。

每吨令数＝1000 ÷ 令重，令价＝吨价 ÷ 每吨令数

纸张费用＝令价 × 令数

例：一本 32 开的书，（幅面净尺寸为 140mm×203mm），正文 368 面，前言 2 面，目录 2 面，附录 10 面，后记 1 面（背白），印数为 5000 册。

1. 该书正文用 850mm×1168mm 的 $60g/m^2$ 的国产胶版纸单色印刷，加放率为 3%，求正文实际用纸令数与吨数。若这种纸吨价为 5900 元，求其费用。

2. 该书前后环衬各一页，主书名页与附书名页各一页，采用 $90\ g/m^2$、850mm×1168mm 的国产胶版纸印刷，加放率为 3%，若这种纸吨价为 6900 元，求其纸张费用。

3. 该书的封面采用 $250\ g/m^2$、规格为 850mm×1168mm 的铜版纸四色印刷，该书的书脊宽度为 15mm，前后勒口各为 80mm，加放率为 6%，纸张吨价为 7200 元/吨。求其封面纸张的用量与费用。

4. 求该书的纸张总费用。

答：第一问：正文纸张费用计算

（1）单册印张数＝单册面数÷开数＝12（印张）

（2）实际用纸令数 ＝ 印张数 × 千册印数 ×（1+3%）＝ 61.8（令）

（3）令重 ＝ 规格 × 克重 × 500 ÷ 1000＝29.784（千克/令）

（4）吨数 ＝ 令重 × 令数 ÷ 1000≈1.8 406（吨）

（5）费用 ＝ 5900 × 1.8 406＝10 859.54（元）

另一种算法：

这种纸的每吨令数＝1000 ÷ 29.784≈33.575（令/吨）

令价＝5900 ÷ 33.575

　　　≈175.73（元/令）

费用＝175.73 × 61.8＝10 860.114（元）

第二问：环衬与书名页费用计算

环衬与书名页共为 8 面，其用纸令数为：8 ÷ 32 × 5 × 1.03＝1.287 5（令）

该纸令重为：0.85 × 1.168 × 90 × 500 ÷ 1000＝44.676（千克/令）

该纸吨数为：44.676 × 1.2 875 ÷ 1000≈0.05 752（吨）

费用＝0.05 752 × 6900≈396.89（元）

第三问：封面用纸计算

封面的尺寸为：长边　140 × 2+15+80 × 2＝455（mm），高仍为203mm. 若用全张纸裁切，1168 ÷ 461≈2（mm）850 ÷ 209≈4（mm）故封面开数为 8 开。

封面纸令数＝5000 ÷ 8 ÷ 500 × 1.06＝1.325（令）

令重＝ 0.85 × 1.168 × 250 × 500 ÷ 1000＝124.1（千克/令）

吨数＝124.1 × 1.325 ÷ 1000 ＝0.164 432 5（吨）

费用＝0.164 432 5 × 7200＝1 183.914（元）

第四问：本种书三种纸张总费用为：

10 859.84+396.89+1 183.91＝12 440.644（元）

有的图书封面（软精装的封皮）、腰封、环衬、主书名页、插图、正文、藏书票等各用不同种类的纸，这时需要计算每一种纸的用量及费用。

（三）设计费用

需要根据工价标准计算封面设计费、内文设计费、图片费、手绘美术作品等的费用。

（四）图文排版、出片费

需要根据工价标准计算文字版制作出片费、图片扫描费、单色及双色图文排版制作、出片及打样费以及四色图文版面排版制作、出片及打样费。

（五）印刷费

需要根据工价标准计算拼、晒、上版费；单色印刷费；彩色印刷费等。

其中：单色印刷费＝对开千印单价/1000 × 印张数 × 印数 × 2

　　　　　　　＝对开千印单价 × 印张数 × 千册印数 × 2

　　　　　　　＝对开千印单价 × 印张数 × 印数 ÷ 500

　　　　　　　＝对开千印单价 ×（理论）纸令数 × 2

彩色印刷费＝对开千印单价 × 总色令数

在实际图书彩色印刷生产中，要仔细算其总色令数，考虑是单面还是双面印刷，是几色印刷，其中纸张令数不足 5 对开千印按 5 对开千印计。

（六）印后加工费

需要根据工价标准计算覆膜、起凸、烫金、上光、折页、配页、上皮、订本、锁线、切成品、送书、打包等的费用。

第四节　出版企业经营状况的财务评价

一、财务报表

出版企业的财务报表主要包括资产负债表、利润表和现金流量表。

（一）资产负债表

资产负债表反映出版社在会计期末的资产、负债和所有者权益的基本情况，一般在月末和年末编制。资产负债表按照会计等式编制，一般有账户式和报告式两种形式。我国的资产负债表采用账户式，分为左右两方，左边是资产，右边是负债和所有者权益，资产总额等于负债加所有者权益总额。资产负债表的结构如表6-4所示。

表6-4　某出版社资产负债表（2016年12月31日）　　（单位：万元）

资产	年初数	年末数	负债及所有者权益	年初数	年末数
流动资产：			流动负债：		
现金			短期借款		
银行存款			应付票据		
应收票据			应付账款		
应收账款			预收账款		
减：坏账准备			应付工资		
应收账款净额			应付福利费		
预付账款			应交税金		
其他应收款			其他应交款		
存货			其他应付款		
待摊费用			预提费用		
其他流动资产			其他流动负债		
流动资产合计			流动负债合计		
长期投资：			长期负债：		
长期投资			长期借款		
固定资产：			长期应付款		
固定资产原值			其他长期负债		
减：累计折旧			长期负债合计		
固定资产净值			负债合计		
固定资产清理			所有者权益：		
固定资产合计			实收资本（股本）		
无形资产：			资本公积		
递延资产：			盈余公积		
其他资产：			未分配利润		
			所有者权益合计		
资产总计			负债及所有者权益合计		

（二）利润表

利润表也称损益表，是反映出版企业在一定期间生产经营成果的财务报表。通过利润表可以了解出版企业的收入来源、成本费用以及利润的构成等基本情况。利润表每月编报，同时计算累计数。利润表的基本格式如

表6-5所示：

表6-5　某出版社利润表（2016年度）　　（单位：万元）

项目	本月数	本年累计数
一、主营业务收入 　　减：折扣与折让 　　主营业务收入净额 　　减：主营业务成本 　　　　主营业务税金与附加		
二、主营业务利润 　　加：其他业务利润 　　减：销售费用 　　　　管理费用 　　　　财务费用		
三、营业利润 　　加：投资收益 　　　　补贴收入 　　　　营业外收入 　　减：营业外支出		
四、利润总额 　　减：所得税		
五、净利润		

出版企业的收入主要包括主营业务收入、其他业务利润、投资收益和营业外收入。出版单位以提供广告服务、专有出版权使用再许可版权使用费（含租型）、版权贸易为主营业务的，其广告收入、专有出版权再许可版权使用费收入（含租型收入）、版权贸易收入，在"主营业务收入"科目中核算，否则，在"其他业务收入"科目中核算。出版企业的成本费用等支出项目主要包括主营业务成本、主营业务税金与附加、销售费用、管理费用、财务费用、营业外支出等。

（三）现金流量表

现金流量表反映出版企业一定会计期间内现金和现金等价物流入和流出的信息，便于报表使用者了解和评价出版企业获取现金和现金等价物的能力，并据以预测出版企业外来现金流量。现金流量表按照出版企业生产经营活动、投资活动、筹资活动等产生的现金流入和现金流出及其变动进行计算填列。现金流量表中的现金是指出版企业的库存现金以及可以随时用于支付的存款，包括库存现金、银行存款和其他货币资金。现金等价物是指出版企业持有的期限短、流动性强、易于转换为已知金额现金、价值变动风险很小的短期投资。现金流量是某一段时期内出版企业现金流入和流出的数量，主要包括生产经营活动产生的现金流量、投资活动产生的现金流量和筹资活动产生的现金流量三类。具体的结构如表6-6所示：

表6-6　某出版社现金流量表（2016年度）　　（单位：万元）

项目	金额
一、生产经营活动产生的现金流量	
销售商品、提供劳务收到的现金	
收到的租金	
收到的增值税销项税额和退回的增值税	
收到的除增值税以外的其他税费返还	
收到的其他与经营活动有关的现金	
现金流入小计	
购买商品、接受劳务支付的现金	
经营租赁所支付的现金	
支付给职工及为职工支付的现金	
支付的增值税款	
支付的所得税款	
支付的除增值税所得税以外的其他税费	
支付的其他与经营活动有关的现金	
现金流出小计	
经营活动产生的现金流量净额	
二、投资活动产生的现金流量	
收回投资所收到的现金	
分得股利或利润所收到的现金	
取得债券利息收入所收到的现金	
处置固定资产、无形资产和其他长期资产收回的现金净额	
收到的其他与投资活动有关的现金	
现金流入小计	
构建固定资产、无形资产和其他长期资产所支付的现金	

续表

项目	金额
权益性投资所支付的现金 　　支付的其他与投资活动有关的现金 　　现金流出小计 　　投资活动产生的现金流量净额 三、筹资活动产生的现金流量 　　吸收权益性投资所收到的现金 　　发行债券所收到的现金 　　借款所收到的现金 　　收到的与其他筹资活动有关的现金 　　现金流入小计 　　偿还债务所支付的现金 　　发生筹资费用所支付的现金 　　分配股利或利润所支付的现金 　　偿付利息所支付的现金 　　融资租赁所支付的现金 　　减少注册资本所支付的现金 　　支付的其他与筹资活动有关的现金 　　现金流出小计 　　筹资活动产生的现金流量净额 四、汇率变动对现金的影响 五、现金及现金等价物的净增加额	

二、出版企业经营状况的财务分析

财务分析是以企业的财务报告等会计资料为基础，对企业的财务状况和经营成果进行分析和评价的一种方法。企业的内部管理者和企业外部的利益相关者需要了解企业的财务状况和经营成果，以便作出决策。财务分析的目的主要包括评价企业的偿债能力、评价企业的营运能力、评价企业的获利能力、评价企业的持续发展能力等。财务分析的基础是各种财务报告和日常会计核算资料。下面根据 A 社提供的 2015 年~2017 年财务报表，从偿债能力、管理效率和盈利能力三个方面逐一对 A 社经营状况进行总体分析。

（一）偿债能力

偿债能力反映出版企业所控制的各种经济资源与应偿还的债务之间的

比例关系。出版企业所能控制的经济资源有两个来源：一是所有者权益，即出版企业的实收资本；二是需要用现有资产偿付的未来的经济负担，即债务。在财务管理中指出：企业生存的威胁来自两个方面：一个是长期亏损，这是企业管理和获利能力不足导致出版企业失去继续经营下去的原动力；另一个是不能偿还到期债务，这是导致企业终止的直接原因。衡量偿债能力的指标有资产负债率、流动比率、速动比率。

1. 资产负债率。该指标表明出版企业资产总额中，由债权人提供资金所占的比重，以及资产对债权人权益的保障程度。反映出版企业的资本比重，是债权人投资的安全保障系数。资产负债率属于出版企业资金信用指标之一，一般控制在 0.5 左右为合适，其公式如下：

$$资产负债率 = \frac{负债总额}{资产总额} \times 100\%$$

这一比率越小，表明出版企业的长期偿债能力越强。如果此项比率较大，从出版企业所有者来说，利用较少的投资，产生较多的企业经营资金，不仅能够多出书、快出书，而且在经营状况良好的情况下，还可以利用财务杠杆作用，得到较多的经营利润。但是如果这一比率过大，而出版企业的经营状况不佳时，自有资产不能保证及时偿还债务，财务杠杆就会发挥负面作用，加剧财务状况恶化，不仅对债权人不利，而且会伤及资本所有者的利益。

A 社 2015 年~2017 年资产负债率见表 6-7。A 社 3 年间资产负债率均保持在 50% 以下。对债权人来说，以 A 社的资产作为还贷的抵押，贷款风险小。

表 6-7　A 社 2015 年~2017 年资产负债率　（单位：万元）

	2015 年	2016 年	2017 年
负债总额（万元）	8255	7523	14 816
资产总额（万元）	23 576	24 132	32 610
资产负债率	35.01%	31.17%	45.43%

2. 流动比率。该指标表示企业每一元流动负债能够有多少流动资产作为偿还的保证，它反映出版企业短期内清偿债务的能力，属于资信指标之一。公式如下：

$$流动比率 = \frac{流动资产}{流动负债}$$

流动资产主要包括现金、短期投资、应收及预付款项、存货、待摊费用和 1 年内到期的长期债券投资；流动负债主要包括短期借款、应付及预收款、各种应交款、1 年内即将到期的负债等。一般情况下，流动比率越高，说明企业短期偿债能力越强，企业因无法偿还到期的短期流动负债而产生的财务风险越小，同时也说明企业财务状况稳定可靠，除了具有日常生产经营所需要的流动资金以外，仍有足够的财力偿付短期债务。通常认为，通常认为流动比率控制在 2:1 左右比较适宜。A 社 2015 年~2017 年的流动比率见表 6-8。

表 6-8　A 社 2015 年~2017 年的流动比率　　（单位：万元）

	2015 年	2016 年	2017 年
流动资产（万元）	16 214	16 770	26 141
流动负债（万元）	8255	7523	14 816
流动比率	1.96	2.23	1.76

表 6-8 显示 A 社 2016 年的流动比率为 2.23，高于 A 社以往比值，虽然说明短期偿债能力强，但是因其高于 A 社历史平均水平，说明可能存在资产利用效率不高的问题，需要对应收账款和存货的周转速度进行进一步的分析。

当企业为清偿债务需要把流动资产变卖时，运用流动比率考虑问题时要注意流动资产的变现能力，出版企业应该在分析资产偿债能力时，进一步对现金流量，应收账款周转率，存货质量等其他因素综合考察。

3. 速动比率。速动比率表示速动资产与流动负债的关系。速动资产是把流动资产中变现能力较弱的存货，以及属于负资产的待摊费用扣除以后的资产，主要包括现金、短期投资、应收票据、应收账款等。速动资产具有高度变现性，故可以用来补充说明流动比率。其公式如下：

$$速动比率 = \frac{速动资产}{流动负债} = \frac{流动资产 - 存货 - 待摊费用}{流动负债}$$

由于速动资产剔除了变现能力较差且不稳定的存货、待摊费用、待处理流动资产损益等资产，所以速动比率较流动比率能够相对准确、可靠地评价企业资产的流动性及偿债能力。传统经验认为，速动比率为 1 是安全边界，很显然这是一个保守的估计。在出版企业回款及时、运转正常时，速动比率小于 1 也是可行的。

如果出版企业货币资金大量留滞在银行，不能尽快地投入新产品的生产中，无疑是对资源的浪费，会变相增大企业成本。而过低又会使出版企业陷入被动，阻碍出版企业的发展。所以，速动比率高于或低于经验值时是否合理，在出版业中，不同企业以及同一企业不同时期的评价标准也不完全相同，不能简单地用统一的标准来评判。

表 6-9　A 社 2015 年~2017 年速动比率表　　（单位：万元）

	2015 年	2016 年	2017 年
速动资产（万元）	8800	7489	14 798
流动负债（万元）	8255	7523	14 816
速动比率	1.07	1.00	1.00

A 社 2015 年~2017 年速动比率见表 6-9。A 社的速动比率始终保持在 1 左右，说明有充足的资金来源，能够补偿将到期的债务。而且从资产负债表资金结构分析中可知货币资金占流动资产的比例一直保持在 50% 左右，这是 A 社具有还债能力的有力保障。

除以上三个指标外，用于评价偿债能力的指标还包括现金比率（现金类资产与流动负债的比率）、现金流量比率（经营活动现金净流量与流动负债的比率)、股东权益比率 [股东权益 (所有者) 总额与资产总额的比率] 和权益乘数 (资产总额和股东权益总额的比率) 等, 在此不做详细分析和计算。

(二) 管理效率

出版企业所需的资金也和一般的工业企业一样, 在一定生产规模和供销的条件下, 主要取决于资产的周转速度, 资产周转越快, 所占用的资金越少。加速资金周转, 可以实现在生产和销售任务不变的情况下减少流动资产占用量; 可以使出版企业以原有的资产, 生产和销售更多的图书。分析管理效率指标是从发展的角度对现代出版企业经营管理的剖析。资产的周转速度反映资产营运能力的强弱, 一般来说, 周转速度越快, 说明出版企业对各项资产的使用效率越高, 资产营运能力越强, 相应地获取利润的能力和机会越多。

管理效率主要从以下三个方面分析: 总资产周转率、固定资产周转率和流动资产周转状况。其中流动资产周转状况包括流动资产周转率、存货周转率、应收账款周转率等。

1. 总资产周转率。总资产周转率反映出版企业运用全部资产的效率, 显示运用所有资产获得收入的能力。资产管理的任何一个环节都会影响此指标的高低。如果这个比率比较高, 说明出版企业资产运用得好, 获得的收入就越高。如果这个比率比较低, 说明出版企业利用全部资产进行经营的效率较差, 进而会影响企业的盈利能力。

$$总资产周转率 = \frac{销售收入净额}{平均资产总额}$$

$$平均资产总额 = \frac{期初资产总额 + 期末资产总额}{2}$$

A 社 2015 年~2017 年总资产周转率见表 6-10。从表中可见, 总资产周转率逐渐缓慢上升, 说明 A 社正在加强对资产的管理。而 2017 年的总资产周转率在收入增加了 61.34% 的情况下, 只是比 2016 年增加了

34.78%，并未随着收入的增加而大幅度增加，说明 A 社的资产管理效率还有继续提高的潜力。

表 6-10　A 社 2015 年~2017 年总资产周转率　（单位：万元）

	2015 年	2016 年	2017 年
销售收入（万元）	16 060	16 435	26 517
平均资产总额（万元）	24 189	23 854	28 371
总资产周转率	0.66	0.69	0.93

2. 固定资产周转率。此指标表示一定数量的固定资产能够带来多少销售收入。固定资产摊余价值是构成长期资产的重要组成部分。计算固定资产周转率是对企业资产管理情况的进一步分析。此指标高，说明企业固定资产利用充分，固定资产结构合理，固定资产投资得当，充分发挥了固定资产的效率。在分析此项指标时，还要考虑，固定资产提取折旧致使资产净值不断地减少的因素，以及更新或重置固定资产时，固定资产净值突然增加，从而对这一比率造成的负面影响。A 社 2015 年~2017 年的固定资产周转率见表 6-11。

$$固定资产周转率 = \frac{销售收入净额}{固定资产平均净值}$$

$$固定资产平均净值 = \frac{固定资产期初净值+固定资产期末净值}{2}$$

表 6-11　某社 2015 年~2017 年固定资产周转率表　（单位：万元）

	2015 年	2016 年	2017 年
销售收入（万元）	16 060	16 435	26 517
固定资产平均净值（万元）	3006	2533	2068
固定资产周转率	5.34	6.49	12.82

3. 流动资产周转率。流动资产周转率也叫流动资产周转次数，反映企业流动资产的运营效率。在一定时期内，流动资产周转次数越多，表明以

相同的流动资产在一定时期内可以获得更多的销售收入，说明在一定的销售情况下，流动资产的利用率越高，需要占用流动资产越少，流动资产的管理有效并且合理。A 社 2015 年~2017 年的流动资产周转率见表 6-12。

$$流动资产周转率=\frac{销售收入净额}{平均流动资产余额}$$

$$平均流动资产余额=\frac{流动资产期初余额+流动资产期末余额}{2}$$

表 6-12 A 社 2015 年~2017 年流动资产周转率表　（单位：万元）

	2015 年	2016 年	2017 年
销售收入（万元）	16 060	16 435	26 517
平均流动资产净值（万元）	16 490	16 492	21 456
固定资产周转率	0.97	1.00	1.24

4. 存货周转率。存货周转率也叫存货周转次数，它是一定时期内，存货资产周转次数。反映销售能力和流动资产流动性的一个指标，也是衡量企业生产经营各环节中存货运营状况的一个效率指标。其公式如下：

$$存货周转率=\frac{销售成本}{平均存货}$$

$$平均存货=\frac{期初存货余额+期末存货余额}{2}$$

出版企业存货包括纸张、装帧材料、低值易耗品、包装物、在产品和产成品等，为保证出版企业生产经营活动不断地连续进行，需要沉淀部分资本作为基本生产资料和库存产品。库存商品的计价可采用定价法（或计划成本法，下同）或实际成本法。存货周转速度的快慢，不仅反映出版企业采购、入库、生产、销售各环节管理工作状况的好坏，而且对企业的偿债能力及获利能力产生决定性的影响。一般来讲，存货周转率越高越好。存货周转率越高，表明存货变现的速度越快，周转额越大，占用的资金越少。因此，通过对存货周转率进行分析，有利于找出存货管理中存在的问题，尽可能地降低资金占用水平。存货是流动资产的重要组成部分，其质量和流动性对企业流动比率的高低具有举足轻重的影响，进而还会影响企业的偿债能力和获利能力。A 社的存货周转率，见表 6-13。

表 6-13　A 社 2015 年~2017 年的存货周转率　（单位：万元）

	2015 年	2016 年	2017 年
销售成本（万元）	10 671	10 097	18 691
平均存货（万元）	6030	8310	10 254
存货周转率	1.77	1.22	1.82

表 6-13 反映 A 社的存货始终在增长。A 社每年不到 2 次的周转速度，要想保持市场份额，不断提高收入，获取更大的利润，就需要生产大量的图书，维持销售业绩。然而图书市场是消费者需求变化最快的市场之一，图书的销售周期一般也就是两至三年，市场风险非常大。而且由于买方市场的形成，出版企业不得不实行赊销包退的销售方式，使图书经销商有相当一部分风险实际已经转嫁到出版企业的身上。大量图书的出版，却没有带动销售业绩的相应提高，这是现在很多出版企业面临的问题。库存增大的另一个原因是：长期积压的图书得不到及时清理。书刊是一种时效性较强的商品，随着时间的延长，很多书刊会降低使用价值，最终送到纸厂化浆。所以原新闻出版署成立后，在制定《出版社会计制度》时，在期刊和图书的成本核算方面，增加了对库存书刊按年计算跌价损失即计算书刊提成差价的内容。其中规定：前五年出版的书刊产品按年末库存总定价提取50%的提成差价。所以加强库存管理，推迟或减少资金占用，加快资金回笼是出版业的当务之急。

5. 应收账款周转率。应收账款周转率即货款回笼的次数，表示书刊实际销售收入与赊销之间的关系。反映了企业应收账款变现速度的快慢及回款效率的高低，属于效率指标之一。

其公式如下：

$$应收账款周转率 = \frac{赊销收入净额}{应收账款平均余额}$$

$$应收账款平均余额 = \frac{期初应收账款 + 期末应收账款}{2}$$

应收账款周转率高表明：收账迅速，账龄较短；资产流动性强，短期偿债能力强；可以减少收账费用和坏账损失，从而相对增加出版企业流动资产的投资收益。同时借助应收账款周转期与出版企业制订的信用期限进行比较，还可以评价进货单位的信用程度，以及出版企业原定的回款期限及信用条件是否适当。

出版企业收款能力的分析通常是依据本单位的历史资料或同行业的同一性质的资料来进行的。目前，图书营销商往往是先销货后付款，而且经销商数量庞大，地域分布比较分散，成分复杂，出版企业无力也不可能一一检查图书营销商的信用，因此，一般出版社应收账款较多，坏账发生率很高。A 社 2015 年~2017 年应收账款周转率见表 6-14。

表 6-14　A 社 2015 年~2017 年应收账款周转率

	2015 年	2016 年	2017 年
赊销收入净额（万元）	16 060	16 435	26 517
平均应收款（万元）	1294	1474	1494
应收账款周转率	12.41	11.15	17.75

（三）盈利能力

利润是进行资金管理和成本管理之后取得的成果，它是出版企业补偿生产耗费，保证再生产进程不断周而复始地进行的前提。它是出版物的销售收入扣除销售成本、销售费用、管理费用、财务费用和税金后的余额。评价企业获利能力的财务比率主要有销售净利率、成本费用净利率、资产报酬率、股东权益报酬率等。

1. 销售净利率。净利润是出版企业经营活动和投资活动所产生的利润总和，它是收入总和扣除成本、费用、税金之后，最终给企业带来的纯利润。销售净利率是企业净利润与销售收入净额的比率。销售净利率越高，说明企业通过销售赚取净利润的能力越强。A 社 2015 年~2017 年销售净利率见表 6-15。

$$销售净利率 = \frac{净利润}{销售收入净额} \times 100\%$$

表 6-15　A 社 2015 年~2017 年销售净利率

	2015 年	2016 年	2017 年
销售收入（万元）	16 060	16 435	26 517
净利润（万元）	1658	2181	2913
销售净利率（%）	10.32	13.27	10.99

2. 成本费用净利率。成本费用净利率是企业净利润与成本费用总额的比率。成本费用是企业为了取得利润而付出的代价，包括销售成本、销售费用、销售税金、管理费用、财务费用和所得税等。A 社 2015 年~2017 年成本费用净利率见表6-16。

$$成本费用净利率 = \frac{净利润}{成本费用总额} \times 100\%$$

表 6-16　A 社 2015 年~2017 年成本费用净利率

	2015 年	2016 年	2017 年
成本费用总额（万元）	14 506	13 560	20 517
净利润（万元）	1658	2181	2913
成本费用净利率（%）	11.43	16.08	14.20

3. 资产报酬率。资产报酬率，也称资产收益率、资产利润率或投资报酬率，是出版企业在一定时期的净利润与资产平均总额的比率。它反映出版企业对资产综合利用效果，是衡量出版企业利用债务和所有者权益总额所取得利润的重要指标。该指标越高，表明资产利用越好，整个企业的活

力越强，经营管理水平越高。A 社 2015 年~2017 年资产报酬率见表 6-17。

$$资产报酬率 = \frac{净利润}{资产平均总额} \times 100\%$$

$$资产平均总额 = \frac{期初资产总额 + 期末资产总额}{2}$$

表 6-17　A 社 2015 年~2017 年资产报酬率

	2015 年	2016 年	2017 年
净利润（万元）	1658	2181	2913
资产平均总额（万元）	24 189	23 854	28 371
资产报酬率（%）	6.85	9.14	10.27

4. 股东权益报酬率。股东权益报酬率也称净资产报酬率、净值报酬率或所有者权益报酬率，它反映每元经营资本获取收益的大小，反映经营资本的占用与取得生产经营成果之间的比例关系，属出版企业效益指标之一。它是一定时期企业的净利润与股东权益总额的比率。股东权益报酬率反映了企业股东获取投资报酬的高低。A 社 2015 年~2017 年股东权益报酬率见表 6-18。

$$股东权益报酬率 = \frac{净利润}{股东权益平均总额} \times 100\%$$

$$股东权益平均总额 = \frac{期初股东权益 + 期末股东权益}{2}$$

表 6-18　A 社 2015 年~2017 年股东权益报酬率

	2015 年	2016 年	2017 年
净利润（万元）	1658	2181	2913
股东权益总额（万元）	11 762	11 762	11 762
股东权益报酬率（%）	14.10	18.54	24.77

以上以 A 社为实例，分别对 A 社偿债能力、管理效率、盈利能力进行了评价。由此可以看出，针对不同的需求，可以使用相应的单项指标对出版企业的财务状况进行分析研究。但是出版企业各项资产的使用情况和各项财务状况是相互作用、相互影响的，它们对出版企业经营状况的影响错综复杂。为了全面反映出版企业的财务状况和经营业绩，并预测未来发展趋势，还需要进行出版企业财务状况的变动趋势分析，出版企业财务状况的变动趋势分析主要是通过比较企业连续几个会计期间的财务报表或财务比率，来了解企业财务状况变化的趋势，并以此来预测企业未来财务状况，判断企业的发展前景。如可以通过连续分析 A 社从 2015 年 ~ 2017 年三个会计期间的财务比率情况，发现其中的变化趋势，及时采取措施，使出版社的财务状况更加健康。

本章知识小结：

● 出版企业的财务管理是出版企业组织财务活动，处理财务关系的一项管理活动。出版企业的财务活动包括由筹资引起的财务活动、由投资引起的财务活动、由经营引起的财务活动和由利润分配引起的财务活动。出版企业的财务关系包括它同其所有者之间的财务关系、同其债权人之间的财务关系、同其被投资单位之间的财务关系、同其债务人之间的财务关系、出版企业与职工的财务关系、出版企业内部各单位的财务关系等。

● 出版企业应以价值最大化作为财务管理的目标。以价值最大化是指通过出版企业财务上的合理经营，采用最优的财务政策，充分考虑资金的时间价值和风险报酬的关系，在保证出版企业长期稳定基础上使总价值达到最大。

● 出版企业的融资方式可分为内源筹资和外源筹资。内源筹资包括利用留存利润、沉淀资金及内部融资等方式。外源筹资又可分为国内筹资和国外筹资。对出版业而言，国内资金又分为行业内资金和行业外资金。业内融资包括项目合资式融资、互相参股式融资、机构合作式融资等方式。

业外融资包括吸收行业外国有企业资金、引进民营企业资金等方式。此外，出版企业还可以进行上市融资。

●资本成本是指筹集和使用资本而付出的代价。个别资本成本率是企业使用资本的费用与有效筹资额的比率。综合资本成本率是综合企业各种资本筹集方式的资本成本率及其在总的资本中所占比例而计算的资本成本率，反映企业所有长期资本成本的高低。出版企业采取不同的筹资方式，会影响到资本的结构和综合的资本成本率，进一步影响到出版企业的财务风险及价值。资本结构决策就是确定最佳的资本结构，也就是在一定的财务风险下，使得预期的综合资本成本率最低、出版企业价值最大的资本结构。

●出版企业的几种主要的投资方式包括相关产业多元化投资、产业链内部投资、不相关产业投资等。其中产业链内部投资又包括成立出版实体、重大出版项目投资、参股造纸厂或供应链前端企业、投资建设发行渠道以及投资数字出版等。

●净现值就是在考虑资金时间价值的基础上，将固定资产使用年限内的净现金流量折现到当前时刻的资金价值。它综合地反映了投资项目在整个寿命期内的盈利能力。净现值越大，固定资产投资的效果越好。内部收益率是使投资项目净现值等于零时的折现率。

●出版物成本是指出版物在生产和销售过程中所耗费的生产资料价值和必要劳动价值的货币表现，是出版单位在进行编辑、复制和发行图书的活动中支付的费用。图书的总成本包括直接成本、间接成本、期间费用。

●出版企业的财务报表主要包括资产负债表、利润表和现金流量表。资产负债表反映出版企业在会计期末的资产、负债和所有者权益的基本情况；利润表反映出版企业在一定期间的生产经营成果；现金流量表反映出版企业一定会计期间内现金和现金等价物流入和流出的信息。

●财务分析的目的主要包括评价企业的偿债能力、评价企业的营运能力、评价企业的获利能力、评价企业的持续发展能力等。

[**思考题**]

1. 假设你是一个有一小笔积蓄但有两个孩子正在上大学的家庭主妇，你将如何理财？

2. 如果今天某人向你借 1000 元，并许诺明年的这个时刻归还你 1050 元，从经济性考虑，你会不会借出这笔钱？为什么？

3. 你大学 4 年总共花费 60 000 元，假设你的知识只能用 5 年，每年你的年薪为 15 000 元，请问，你在学费上的投资是否划算？利率按 5% 计算。

4. 请找一本书，并对其进行简单的成本核算。

5. 出版企业如何开展预算管理？

6. 请找到某上市公司的财务报表，并根据财务报表中披露的数字计算该公司的主要财务指标。

第七章 出版企业人力资源管理

本章学习目标：

- 理解和掌握出版企业人力资源管理的概念及内容
- 理解和掌握工作分析的概念及开展工作分析的基本程序
- 了解人力资源规划的内容和程序
- 理解和掌握招聘与培训的基本程序
- 掌握出版企业绩效考核的几种基本方法
- 了解全面薪酬的含义及内容
- 理解和掌握几种主要的出版企业薪酬制度

在人类已经步入知识经济的时代背景下，原材料、资金等生产要素已经下降到相对次要的地位，而作为知识文化和科学技术载体的人力资源在经济发展中的基础性、决定性和战略性作用越来越突出。人才是新闻出版核心竞争力，这是由新闻出版行业的特殊性质决定的，因为出版行业是积累文化、创新知识、传播信息、记录历史的行业，每个环节都需要精神创造。对知识劳动相对集中的出版企业来说，能否在当前国内国际竞争日益激烈的环境中生存和发展，关键就在于它是否拥有一支高素质、结构合理、凝聚力强的人才队伍，是否注重出版企业人力资源的开发和管理，是否能够充分利用和发挥出版企业人力资源的优势和潜力。出版企业要按照人才资源开发与管理理论，建立一套吸引人才、留住人才的机制，培养和造就一支业务素质高，团队意识强，富于进取精神，有市场竞争力的队伍；合理有效地配置人力资源，充分调动员工的积极性、主动性和创造性，实现人力资源配置的最优和效用的最大化，从而实现出版企业利益的最大化。

第一节　出版企业人力资源管理概述

一、人力资源的概念及出版企业人力资源的特点

一般认为，所谓人力资源，是指能够推动整个经济和社会发展的劳动者的能力，包括能够进行智力劳动和体力劳动的能力。从这一概念出发，出版企业的每一位在岗员工都属于出版企业的人力资源。他们的劳动推动了出版企业发展和整个社会出版事业的进步。

由于承担着为全社会提供知识源的重任，出版企业中从事知识加工的员工比例较高，属于典型的知识型组织。与其他行业相比，出版企业在人力资源方面具有以下特点：

1. 员工重视精神层面需求。相比于一般的物质需求的满足，出版企业中许多人才更加强调精神层面需求的满足。他们有强烈的自尊心，同时也关注是否能在社会交往中获得别人的尊重。对于他们来说，精神激励的效果要比物质激励的效果更加显著。

2. 员工追求自我价值实现。我国的出版人才非常看重展现自己的平台，追求自我价值的实现。他们大都渴望在能够展现自己才能的平台上，通过自己的勤奋工作、锐意创新实现自我价值。

3. 员工注重自我管理。追求自主性出版人才往往倾向于工作的自我引导、工作远景的自我规划，渴望拥有一个灵活的组织和自主的工作环境。

一般来说，出版企业人力资源管理的配置包括四种层次：

（一）领导

建立一个懂政治、业务精、会经营管理的领导决策层，对出版企业至关重要。中国加入世界贸易组织（WTO）后，更要求出版社的领导要具有丰富的经验和高超的管理水平，以应对不断变化的市场竞争。出版社的社

领导，尤其是一把手，不仅要求具有敏锐地看出一本好书稿的能力——它或者具有深远的文化价值，或者具有良好的经济效益，而且要求他能驾驭出版物市场，使一本好书能最终达到市场份额的最大化。从某种角度而言，出版社之间的竞争，其实就是出版社核心领导层之间智慧和能力的较量。

（二）编辑

编辑是出版社的骨干。一般来说，出版社的编辑数量占到出版社员工总数的50%左右。每一本书，从选题设想、计划的提出，到市场调研、论证，从作者的组织到书稿的编辑、付印甚至进入市场，进行宣传，都需要每一个编辑自始至终地全程参与。编辑不应当仅仅是一个文字加工者，更应当是集策划、编辑、宣传与推广等众多角色于一身的多知识结构的复合型人才。特别是要求编辑有较敏锐的市场感觉，能够捕捉到重要的市场信息，以此为基础策划选题，并迅速组织作者编写书稿，以最快的速度推向市场。

（三）市场营销人员

现阶段各出版社对市场营销越来越重视，抽调部分编辑或者从其他行业引进专业人才，成立市场部、策划部、新闻公关部、信息部等部门，或者独立运作，或者和发行部门合作，使出版社成为具有市场特征的社会开放型经营单位。营销人员一方面参与选题论证，进行图书推广；另一方面营销部门把销售的信息和图书市场信息反馈到编辑部门，供编辑部门论证选题时参考，进行可行性研究。市场营销人员越来越多地从选题的立项起，就全程介入运作，使图书能得到市场的认可。

（四）职能管理部门人员

职能管理部门是出版社的重要支撑力量。财务管理人员的工作质量和能力水平是做好出版社财务管理工作的关键因素；人力资源管理部门的员工的专业水平和知识能力将决定出版社员工的积极性和主人翁精神，从而对出版社发展战略的实施产生影响；出版印制部的员工对降低出版印制成本，保证出版物印制质量起着重要作用；行政部门以及后勤部门的员工也需要有很强的协调和沟通能力，从而保证出版社的有序高效运作。

二、出版企业人力资源管理

出版企业人力资源管理，是指出版企业对其所需要的人力资源的取得、开发、保持和利用等方面所进行的计划、组织、指挥、协调和控制的活动。它是研究并解决出版企业中人与人关系的调整、人与事的配合，以充分开发人力资源，挖掘人的潜力，调动人的生产劳动积极性，提高工作效率，实现出版企业长远目标的理论、方法、工具和技术的总称。出版企业人力资源管理包括对人力资源进行质量与数量的管理两方面。对人力资源进行数量的管理，就是根据人力和物力及其变化，对人力进行恰当的培训、组织和协调，使二者经常保持最佳比例和有机的配合，从而使人和物都充分发挥出最佳效果。对人力资源质量的管理，是指采用科学的方法，对人的思想、心理和行为进行有效的管理（包括对个体和群体的思想、心理、行为的协调、控制与管理），充分发挥人的主观能动性，以达到组织的目标。

总之，出版企业人力资源管理最重要的工作就是在适当的时间，把适当的人选（最经济的人力）安排在适当的工作岗位上，充分发挥人的主观能动性，使人尽其才，事得其人，人事相宜。

三、出版企业人力资源管理的主要内容

从出版企业人力资源管理的定义出发，出版企业人力资源管理的主要内容应该包括以下几个方面：

1. 工作分析。是指通过一定的方法对出版社现有岗位的信息进行收集和分析，进而对工作的职责、工作条件、工作环境以及任职者资格作出明确的规定，编写工作描述和工作说明的管理活动。工作分析是出版社人力资源活动的平台，是出版社人力资源管理的基础性工作。

2. 人力资源规划。出版社必须根据组织发展的情况，预测在未来较长一段时间对员工种类、数量和质量的需求，据此编制人力资源供给计划，通过内部培养和外部招聘的方式来进行人力资源供给，以满足出版社的人

力资源需要，确保发展战略的顺利实施。

3. 人员招聘。是指出版社选择合适的渠道和方法，吸引足够数量的人员加入，并选择和录用最适合组织和岗位要求的人员的过程。

4. 培训。是指出版社有计划地帮助员工提高与工作有关的综合能力而采取的努力。培训的目的不仅是要帮助员工学习完成工作所必需的技能、知识和行为，并把它们合理地运用到工作实践中，而且更要通过培训将出版社的价值观念和文化传递给员工。

5. 员工职业生涯管理。是指出版社和员工共同探讨员工的职业成长计划并帮助其发展职业生涯的一系列活动。它可以满足个人成长的需要，也实现个人与组织的协调发展。

6. 绩效评价。是指衡量和评价员工在确定时期内的工作活动和工作成果的过程。它包括制定评价指标、实施评价、评价后处理等方面的工作。

7. 薪酬管理。是指针对不同的工作制定合理公平的工资、奖金以及福利计划，以满足员工生存和发展的需要。也可以认为它是组织对员工的贡献的回报。

8. 劳动关系管理。包括与员工签订劳动合同，处理员工与公司或员工之间可能出现的纠纷，规范员工的权利和义务，建立员工投诉制度，根据相关的法律法规处理员工管理的问题等。

人力资源管理不是简单的活动的集合，而是相互联系的整体。比如，组织设计和岗位研究是人力资源管理的基础，其他的很多职能活动，如薪酬管理、绩效考核、人力资源规划、招聘选拔和培训等都需要参考岗位信息，绩效考核的结果又是薪酬管理、培训和选拔的依据，因此，必须将人力资源的各项职能活动作为一个整体看待，这样才能真正发挥人力资源管理的功能，提高管理效率。

第二节　工作分析与设计

出版企业要想有效地进行人力资源的开发与管理，一个重要的前提就是要了解组织中各种工作的特点以及能够胜任相应工作的人员的特点。这就是工作分析的主要内容。虽然工作分析是出版社人力资源管理活动的基础性工作。人力资源管理的很多职能活动，都需要由工作分析为之提供准确的信息。但从出版企业人力资源管理的实践来看，绝大多数的出版社并没有规范地去开展工作分析的活动。虽然很多出版社对每一个岗位都明确了岗位职责，但这只是定义了工作分析中的一个方面，还需要做进一步的工作。

一、工作分析的概念

工作分析是确定完成各项工作所需的技能、责任和知识的系统过程。它提供了关于工作本身的内容、要求以及相关的信息。通过工作分析，我们可以确定某一工作的任务和性质是什么，哪些类型的人适合从事这项工作。所有的这些信息，都可以通过工作分析的结果——职务说明书来进行描述。职位说明书一般包括两方面的内容：工作说明和工作规范。工作说明是关于工作任务和职责信息的文本说明。工作规范则包含了一个人完成某项工作所必需的基本素质和条件。

工作分析主要用于解决工作中以下六个方面的重要问题：（1）员工完成什么样的体力和脑力劳动（What）；（2）由谁来完成上述劳动（Who）；（3）工作将在什么时间内完成（When）；（4）工作将在哪里完成（Where）；（5）员工如何完成此项工作（How）；（6）为什么要完成此项工作（Why）。以上六个问题涉及了一项工作的职责、内容、工作方式、环境及要求五大方面的内容。工作分析也就是在调查研究的基础上，理顺一项工作在这五个方面的内在关系。所以，工作分析的过程，从某种意义上来说，也是一个工作流程分析与岗位设置分析的过程。工作分析如图7-1所示。

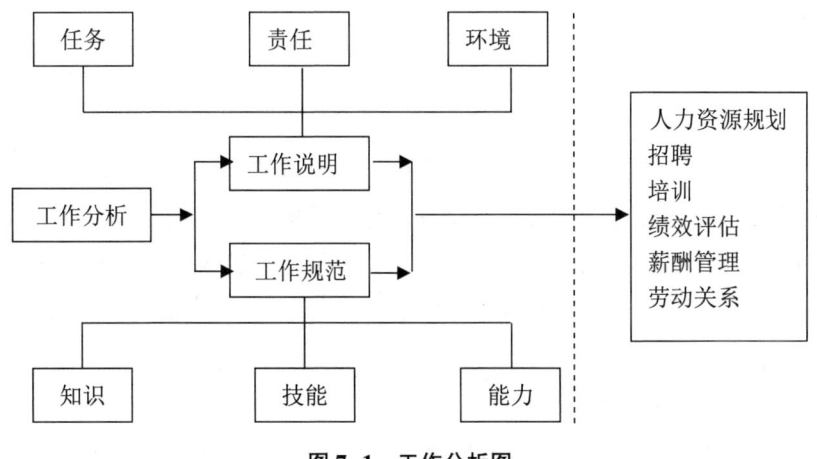

图 7-1　工作分析图

二、工作分析的实施过程

工作分析一般由以下五个步骤组成。

（一）成立工作分析的工作组

工作分析的工作组一般包括数名人力资源专家和多名工作人员，它是进行工作分析的组织保证。工作组首先需要对工作人员进行工作分析技术的培训，制定工作计划，明确工作分析的范围和主要任务。同时，配合组织做好员工的思想工作，说明分析的目的和意义，建立友好的合作关系，使员工对工作分析有良好的心理准备。

另外，工作组还需要确定工作分析的目标和设计职位调查方案。在一开始就确定工作分析所获得信息的使用目的。信息的用途直接决定了需要收集哪些类型的信息，以及使用哪些方法来收集这些信息。在此基础上，对信息调查方案进行设计，不同的组织有其特定的具体情况，可以采用不同的调查方案和方法。当然，如果能够把工作分析的任务和程序分解为若干个工作单元和环节，将更利于工作分析的完成。

（二）收集与工作相关的背景信息

工作分析一般应该得到的资料包括劳动组织和生产组织的状况、出版社组织机构和管理系统图、各部门工作流程图、各个岗位办事细则、岗位经济责任制度等。

很多组织都会有自己的"定岗、定编、定员"的具体规章制度，这些背景信息将会对下一步的调查和分析过程产生重要的影响。其中一个最重要的作用在于，它能帮助工作分析人员进行有效的清岗工作，即对组织当前所有部门的岗位进行清理。在背景信息的帮助下，通过与该组织的人事部门的工作人员进行讨论，分析人员能够清楚地了解组织各个部门的岗位以及各岗位上的人数和大致的工作职责，并可以用一个标准的职位名称来规范各岗位。

（三）收集工作分析的信息

职位调查是调查收集和工作相关的资料，为正确地进行编写职位说明书提供依据。这个阶段的任务是根据调查方案，对组织的各个职位进行全方面的了解，收集有关工作活动、职责、工作特征、环境和任职要求等方面的信息。信息收集一般可灵活运用访谈、问卷、实地观察等方法得到有关职位的各种数据和资料。职位调查是工作分析中十分必要的准备工作，它的真实程度以及准确性，直接关系到工作分析的质量。

（四）整理和分析所得到的工作信息

工作分析并不是简单机械地积累工作的信息，而是要对各职位的特征和要求做出全面的说明，在深入分析和认真总结的基础上，创造性地揭示出各职位的主要内容和关键因素。整理和分析过程应该包括以下三个措施：

1. 整理访谈结果和调查问卷，剔除无效的访谈信息和调查问卷，并按照编写职位说明书的要求对各个职位的工作信息进行分类。

2. 把初步整理的信息让在职人员以及他们的直接主管进行核对，以减少可能出现的偏差，同时也有助于获得员工对工作分析结果的理解和接受。

3. 修改并最终确定所收集的工作信息，保证其准确性和全面性，作为编写职位说明书的基础。

（五）编写职位说明书

职位说明书在企业管理中的作用非常重要，不但可以帮助任职人员了解其工作，明确其责任范围，还可为管理者的决策提供参考。一般而言，职位说明书由工作说明和工作规范两部分组成。工作说明是对有关工作职责、工作内容、工作条件以及工作环境等工作自身特征等方面所进行的书面描述。而工作规范则描述了工作对人的知识、能力、品格、教育背景和工作经历等方面的要求。职位说明书一般包括以下几项内容：

1. 职位基本信息。职位基本信息也称为工作标识。包括职位名称、所在部门、直接上级、定员、部门编码、职位编码等。

2. 工作目标与职责。重点描述从事该职位的工作所要完成或达到的工作目标，以及该职位的主要职责权限等，标准词汇应是负责、确保、保证等。

3. 工作内容。这是最主要的内容。此栏应详细描述该职位所从事的具体的工作，应全面、详尽地写出完成工作目标所要做的每一项工作，包括每项工作的综述、活动过程、工作联系和工作权限。同时，在这一项中还可以同时描述每项工作的环境和工作条件，以及在不同阶段所用到的不同的工具和设备。

4. 工作的时间特征。此项反映该职位通常表现的工作时间特征，例如，图书发行及营销人员需要经常出差；一般管理人员则正常上下班等。

5. 工作完成结果及建议考核标准。此项反映该职位完成的工作标准，以及如何根据工作完成情况进行考核，具体内容通常与该组织的考核制度结合起来。

6. 教育背景和工作经历。教育背景反映从事该职位应具有的最低学历要求。在确定教育背景时应主要考虑新加入员工的最低学历要求，而不考虑当前该岗位在职员工的学历。工作经历则反映从事该职位所具有的最起码的工作经验要求，一般包括两方面：一是专业经历要求，即相关的知识经验背景；二是可能需要本组织内部的工作经历要求，尤其针对组织中的一些中高层管理职位。

7. 专业技能、证书和其他能力。此项反映从事该职位应具有的基本技能和能力。某些职位对专业技能要求较高，没有此项专业技能就无法开展工作，如财务主管，如果没有财务、金融等相关基础知识以及国家的相关基本法律知识，就根本无法开展此项工作。而另一些职位则可能对某些能力要求较高，如市场部主管这一职位，则要求具有较强的公关能力、沟通能力等。

职位说明书的编写并不是一劳永逸的工作。实际工作中组织内经常出现职位增加、撤销的情况，更普遍的情形是某项工作的职责和内容也会出现变动。每一次工作信息的变化都应该及时记录在案，并迅速反映到职位说明书的调整中。在这种情况下，一般由职位所在部门的负责人向人力资源部提出申请，并填写标准的职位说明书修改表，由人力资源部进行信息收集并对职位说明书做出相应的修改。

第三节　人力资源规划

人力资源规划处于整个研究人力资源管理活动的统筹阶段，它为下一步的人力资源管理制定了目标、原则和方法。研究人力资源的实质是决定组织的发展方向，并在此基础上确定组织需要什么样的人力资源来实现最高管理层确定的目标。所以，制定人力资源规划是人力资源管理部门的一项非常重要和有意义的工作。

一、人力资源规划的定义和功能

人力资源规划是指组织分析自己在环境变化中的人力资源的供需状况，制定必要的政策和措施，以确保其在需要的时候和需要的岗位上获得各种需要的人才（包括质和量两个方面），以使组织和个体得到长期的利益。这个定义主要有三个层次的含义：

1. 环境的变化是人力资源规划的动因。出版企业内部环境与外部环境的变化，导致出版企业对人力资源供需发生动态变化。这样就要求用一种长远的眼光来制定出版企业各个阶段可能出现的人力资源的供需变化，以期采取有效的应对措施。

2. 制定必要的人力资源政策和措施是出版社人力资源规划的主要工

作。对人力资源供求的预测也是人力资源规划的工作，但它是为制定人力资源政策和措施服务的，只有制定正确、清晰、有效的人力资源政策和措施，才能确保出版社对人力资源需求的如期实现。预测是分析问题和条件的过程，制定政策和措施才是解决问题的关键。

3. 使组织和个人都得到长期的利益是出版社人力资源规划的最终目标。这是指组织在充分发挥组织中每个人的积极性和创造性、提高组织效率、实现组织目标的同时，还需要创造良好的条件，以满足个体在物质、精神和职业发展方面的需求，帮助他们实现个人目标。

二、人力资源规划的主要内容

人力资源规划主要包括如下几方面内容：

1. 总体规划。总体规划包括在计划期内人力资源开发的总目标、总政策、实施步骤和总预算的安排。

2. 人员配备计划。人员配备计划表示长期处于不同职务、部门或工作类型的人员的分布状况。组织中的各个部门、职位所需要的人员都有一个合适的规模，人员配备计划就是要确定这个合适的规模以及与之对应的人员结构。

3. 人员补充计划。由于组织规模的扩大，或者人员的退休与离职等，组织中经常会出现新的或空缺的职位，制订人员补充计划可以保证在出现职位空缺时能及时地获得所需数量和质量的人员。

4. 人员使用计划。人员使用计划主要是对出版企业内部员工的晋升与轮换做出安排。晋升计划就是根据企业的人员分布状况和层次结构，拟定人员的提升政策。轮换计划是为实现工作内容的丰富化、保持和提高员工的创新热情和能力、培养员工多方面的素质而拟订的大范围地对员工的工作岗位进行定期变换的计划。

5. 人员培训开发计划。组织通过培训开发，一方面可以使组织成员更好地适应所从事的工作，另一方面也为组织未来发展所需要的职位准备后备人才。出版企业可以对有发展前途的人员分别制定培训规划，根据可能产生的职位空缺和职位空缺可能产生的时间分阶段有目的地开展培训和开发工作。

6. 员工职业发展计划。组织为了不断提高其成员的满意度，并使他们与组织的发展和需要统一起来，需要制定协调有关员工个人的成长和发展与出版企业的需求和发展相结合的计划。其主要内容是组织对员工个人在使用、培养等方面的特殊安排。出版企业还可以结合员工的个体特点，与员工一起进行员工职业生涯设计。

7. 薪酬福利计划。此项计划的内容包括绩效标准及其衡量方法、薪酬结构、工资总额、工资关系、福利项目以及绩效与薪酬的对应关系等。除了以上内容外，人力资源的规划还包括劳动关系计划、人力资源预算等内容。

三、制定人力资源规划的程序

人力资源规划的过程大体可分为以下几个步骤。

1. 调查收集和整理相关信息。在人力资源规划开始的时候，首先要了解出版企业的经营战略目标、职务说明书、出版企业现有的人员的数量和质量情况、员工的培训和教育情况等。

2. 预测组织的人力资源的供给与需求。主要是根据组织的战略规划和组织的内外条件选择预测技术，然后对人力需求结构和数量进行预测。了解出版企业对各类人力资源的需求情况，以及可以满足上述需求的内部和外部的人力资源的供给情况，并对其进行分析。

3. 制定人员供求平衡规划政策。根据供求关系以及人员净需求量，制定出相应的规划政策，以确保组织发展的各时点上人员供求的一致。人力资源供求平衡是人力资源规划活动的落脚点和归宿。人力资源的供需预测是为这一活动服务的。

4. 对人力资源规划工作进行控制和评价。人力资源规划的基础是人力资源预测，但预测与现实毕竟是有差异的，因此，制定出来的人力资源规划在执行过程中必须加以调整和控制，使之与实际的情况相适应。因此，执行反馈是人力资源规划工作的重要环节，也是对整个规划工作的执行控制过程。

5. 评估人力资源规划。评估人力资源规划是人力资源规划过程中的最后一步。人力资源规划不是一成不变的。它是一个动态的开放系统，对其过程及结果必须进行监督、评估，并重视信息反馈，不断调整，使其更切合实际，更好地促进出版企业目标的实现。人力资源规划的程序如图7-2所示。

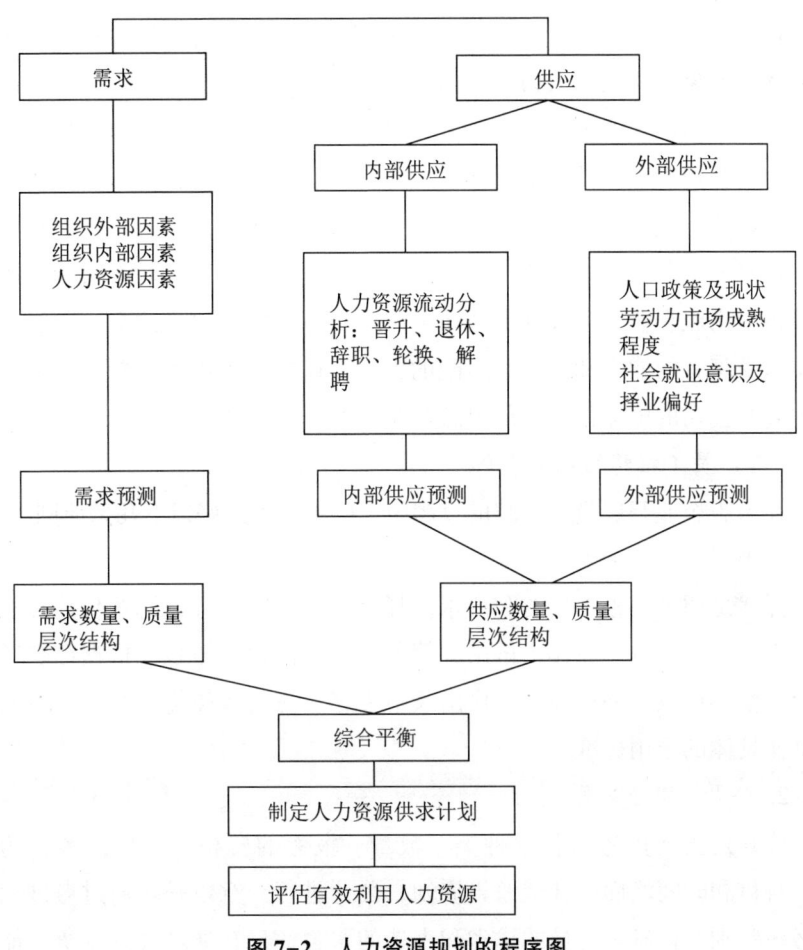

图7-2　人力资源规划的程序图

第四节 员工招聘与培训

一、员工招聘

(一) 员工招聘的概念

所谓员工招聘，就是通过各种信息途径吸引应聘者，并从中选拔、录用企业所需人员的过程。"与其训练小狗爬树，不如找一只松鼠"，英国的这句谚语形象地说明了人力资源招聘的重要性。

从数量与质量两方面，获取出版企业在各个发展阶段所需要的人员，是人力资源招聘工作的主要目标。此外，出版企业人力资源部的招聘代表与应聘者的直接接触的过程，以及在招聘过程中进行的宣传工作，也可以树立良好的企业形象。同时，通过在招聘过程中对应聘者的准确评价和有效选拔，出版企业可以找到那些认可出版企业的核心价值观念，并且受聘岗位与受聘者的能力和兴趣相匹配的人员，这样就可以减少新加入者在短期内离开公司的可能性，降低出版企业的人力资源风险。

(二) 员工招聘的基本原则

在出版企业开展员工招聘的过程中，应主要把握好以下几条原则。

1. 择优、全面原则

择优是招聘的根本目的和要求。择优就是广揽人才，选贤任能，从应聘者中选出优秀者。在作出试用决策前要全面测评和考核，根据综合考核成绩，精心比较，谨慎筛选，作出录用决定。为确保择优性原则，应制定明确而具体的录用标准。

2. 公开、竞争原则

公开是指把招考单位、种类、数量、报考的资格、条件，考试的方法、科目和时间均面向社会通告周知，公开进行。竞争是指通过考试竞争和考核鉴别，以确定人员的优劣和人选的取舍。只有通过公开竞争才能使人才脱颖而出，吸引真正的人才，才能起到激励作用。

3. 宁缺毋滥原则

招聘决策一定要树立"宁缺毋滥"的观念。这就是说，一个岗位宁可暂时空缺，也不要让不适合的人占据。这就要求我们作决策时，要有一个提前量，而且广开贤路。

4. 能级原则

人的能量有大小，本领有高低，工作有难易，要求有区别，所以招聘工作不一定要最优秀的，而应量才录用，做到人尽其才，用其所长，这样才能持久高效地发挥人力资源的作用。

5. 全面考核原则

全面考核原则指对报考人员从品德、知识、能力、智力、心理、过去工作的经验和业绩进行全面考试、考核和考查。决策者必须对应聘者各方面的素质条件进行综合性的分析和考虑，从总体上对应聘者的适合性做出判断。

(三) 员工招聘的程序

员工招聘的过程一般包括以下步骤。

1. 确定人员的需求。根据出版企业的人力资源规划、岗位说明书等确定出版企业人力资源需求，包括数量、素质要求以及需求时间。

2. 确定招聘渠道。确定出版企业是从内部选拔，还是从外部招聘所需人员。

3. 实施征召活动。根据不同的招聘渠道实施征召活动的具体方案，将以各种方式与出版企业招聘人员进行接触的人确定为工作候选人。

4. 初步筛选候选人。根据所获得的候选人的资料对候选人进行初步筛选，剔除明显不能满足出版企业需要的应聘者，留下来的候选人进入下一轮的测评甄选。

5. 测评甄选。采用笔试、面试、心理测试等方式对候选人进行严格测试，以确定最终录用人选。

6. 录用。出版企业与被录用者就工作条件、工作报酬等劳动关系进行谈判，签订劳动合同。

7. 招聘评价。对本次招聘活动进行总结，并从成本收益的角度进行评价。

（四）出版企业员工招聘的途径

人员招聘的途径不外乎两种：内部招聘和外部招聘。出版社可以根据出版社的战略、经营环境和岗位的重要程度以及招聘职位的紧急程度来确定具体的招聘途径。招聘途径的选择与出版社的传统也有关，有的出版社一直都是从内部选拔高层管理人员，而国外的很多大型出版社或出版集团则倾向于从外部选聘总裁。内部招聘与外部招聘各有利弊。两种途径的候选人来源和方法及其优缺点分析见表7-1。

表7-1　内部招聘与外部招聘优缺点分析表

	内部招聘	外部招聘
来源	内部公开招募 内部提拔 岗位轮换 横向调动 返聘	推荐 自荐 职业介绍机构 各类学校和人才培养机构
招聘方法	发布内部招聘广告 查阅档案材料 员工推荐 管理层指定	发布招聘广告 借助中介机构 校园招募 参见人才交流会 网上招聘
优点	了解 全面，准确性高 可鼓舞企业员工士气，激励员工进取 应聘者可更快地适应工作 选择费用低	人员来源广，选择范围大，有利于招到一流人才 新雇员能带来新思路和新方法 可以平缓内部竞争者的矛盾
缺点	来源局限于企业内部，选择面窄 容易造成"裙带关系" 可能会引起内部竞争者之间的矛盾	不了解企业情况，进入角色慢 易出现选拔失误 内部员工的士气受到打击

二、员工培训

员工是出版企业各资源要素中最重要、最活跃的因素，出版企业的生存与发展，归根到底取决于其员工的素质。员工素质的提高，需要员工在工作中的钻研和探索，更重要的是需要出版社有计划、有组织的培训。

（一）员工培训的含义

出版企业员工培训，是指出版企业为了实现组织自身和员工个人的发展目标，有计划地对全体员工进行培养和训练，使之提高与工作相关的知识、技艺、能力以及态度等素质，以适应并胜任职位工作。这一定义有以下几层含义：

1. 培训的最终目的是实现组织和员工的个人发展目标。组织的发展目标具有多重性，对于出版社来说，包括提高生产效率、提高经营效益、增强市场竞争力等。员工的个人发展目标包括满足个人志趣、增长知识、提高技能、晋升职务、实现自我价值等。

2. 培训的直接目的是提高员工素质，使之适应和胜任职位工作。员工的工作绩效取决于其工作行为，而工作行为很大程度上又是由员工素质决定的。员工素质主要由若干要素构成，包括与工作相关的知识、技艺、能力及工作态度等。培训的直接目的就是提高员工这方面的素质，使他们的行为符合职位工作的要求，从而有效地履行工作职责和完成工作任务。

（二）员工培训形式的分类

1. 从培训与工作的关系来划分，有在职培训、脱产培训和半脱产培训。在职培训即人员在实际的工作中得到培训，培训对象不脱离岗位，可以不影响工作或生产。但这种培训方法往往缺乏良好的组织，不太规范，影响培训效果。

脱产培训即受训者脱离工作岗位，专门接受培训。组织可以把员工送到各类学校、商业培训机构或自办的培训基地接受培训，也可以选择本单位的适宜场地自行组织培训。由于学员为脱产学习，没有工作压力，时间和精力较集中，其知识技能水平会提高较快。但这种形式的缺点是需要投入较多的资金。

半脱产培训介于上述两种形式之间，可在一定程度上克服两者的缺点，吸纳两者的优点，从而更好地兼顾费用和效果。

2. 从培训的目的来划分，有文化补习、学历教育、岗位职务培训等。文化补习的目的在于增加受训者的科学文化知识，提高其基本素质。这类培训的对象主要是学历较低、从事简单劳动的一般人员。

学历教育的目的是全面提高受训者的专业素质，以取得更高的学历。为了稳定学历较低的骨干乃至提高组织人员的整体素质，许多组织都制定措施鼓励员工提高学历，甚至直接筛选人员送到国内外的大学接受学历教育。

岗位职务培训是以工作的实际需要为出发点，围绕着职位的特点而进行的针对性培训。这种培训旨在传授个人对于行使职位职责、推动工作方面的特别技能，偏重专业技术知识的灌输。

(三) 员工培训体系的建立

培训工作是一个完整的体系，首先要进行培训的需求分析，进而制定培训计划，包括选择培训的承担者、确定培训的具体内容，然后实施培训，最后要对培训的结果进行评估。要想真正地解决以上问题，就必须从培训需求分析、培训工作组织、培训内容、培训方法以及培训效果评估五个方面对培训工作进行系统性思考，从而真正构建一个完整的、科学的员工培训体系。

1. 培训需求分析的体系化

需求分析关系到培训的方向，对培训的质量起着决定性的作用。出版企业要建立需求分析体系，有针对性地进行培训，避免资源浪费，增强培训效果。出版社可根据表 7-2 所示的培训需求分析模型确立员工培训需求。

表 7-2　培训需求分析表

分析	目的	分析内容
组织分析	决定出版社是否需要培训	明确组织目标；分析组织资源；确定培训环境
任务分析（工作分析）	决定培训内容应该是什么	完成任务所需要的知识、技术、行为和态度
人员分析	决定谁应该接受培训和他们需要什么培训	个体特征；工作输入；工作输出；工作反馈

2. 培训工作组织的体系化

出版企业应有专门负责培训的部门和人员，各部门应按照"加强领导、统一管理、分工负责、通力协作"的原则，对培训活动中的培训需求分析、培训设计和实施、培训评估等一系列过程都有明确的分工和职责要求。表 7-3 说明了参与培训组织的各部门的分工与协作关系。

表 7-3　培训组织协调与分工表

培训行为	决策层	业务部门	人力资源部门（培训中心）	员工
调查培训需求	—	参与	负责	参与
制定培训计划	负责	参与	参与	—
确定培训预算	负责	参与	参与	—
选择培训师资	—	参与	负责	
确定培训教材	—	参与	负责	
选择培训项目	部分参与	参与	负责	
实施培训项目	—	偶尔负责	主要负责	参与
评估培训效果	—	参与	负责	参与

3. 培训内容的体系化

在出版企业的培训需求和培训目标确定了之后，就必须确定具体的培训内容。确定培训内容时要注意把出版企业培训与员工职业生涯成长结合起来。也就是说，要以组织战略目标为导向，通过组织的系统设计，将员工的个人职业生涯规划目标、出版企业培训体系同组织的发展目标整合起来，在培训项目设计和内容选择上充分了解和把握不同职业生涯发展阶段员工的特点和培训需求，以此来确定对不同员工的培训内容。表7-4说明了一个出版社针对不同职业周期员工所展开的具体内容。

表7-4　针对不同职业生涯员工的培训内容体系表

职业周期	参照职位	培训内容
入门期	新进员工	出版社基本情况、出版社宗旨、使命、文化与价值观等；出版社组织结构、办事流程、规章制度；基本工作技能、礼仪与行为规范；公文、电话、传真等信息处理手段与技巧
适应期	一般员工	岗位职责、工作内容、岗位规章；编印发基本知识；日常工作分析与解决；沟通与汇报；团队意识与自我激励；时间管理；职业生涯指导
成长期	成熟员工	岗位新知识的持续补充；市场经营、公关、业务拓展能力训练；岗位流程优化与业绩改善；培养良好的工作风格；岗位轮换与复合知识训练
成熟期	出版社中层（部门经理、项目主管等）	语言技巧、会议与公文处理；基本的人事、财务、计划管理；工作提炼、方案分析、问题解决与处理；组织与指挥协调能力；授权与激励；信息处理能力强化训练；控制组织绩效、管理内部规章；主管角色培养与风格训练；培训下级员工
发展期	出版社高层（社长、副社长、总编、副总编）	出版社内部建设与环境评价；演讲、宣传贯彻与协作技巧；组织机构与人事变革；出版社财务与成本管理；经营战略与决策；出版社文化、价值观建设；绩效考核与绩效管理培训
维持期	出版社高层	出版社制度建设、管理变革；出版社文化重塑、流程与组织变革；品牌打造；标准化建设；资本运作、投资决策；战略竞争与合作；后备领导队伍的培养

通过出版社培训与员工职业生涯管理相结合，使个人阶段目标不断实现的同时，也不断地向组织的战略目标靠拢，既激励了员工们持续的努力和奉献，又使得组织朝着既定的方向发展。这体现了以人为本的现代管理

指导思想，实现了组织和个人"双赢"的管理模式。

如外语教学与研究出版社（以下简称外研社）的员工培训主要包括：编辑岗位入职培训、编辑见习期培训、编辑岗位提高培训三大部分，各部分都有具体的培训形式。

入职培训是"第一课"，包括基本能力训练、能力拓展和相关知识培训三方面，每期课程约 30 学时。基本能力训练涉及初审、编辑加工、审稿、校对、核红、发排、核片、质检、语言文字规范化、修辞、编务流程及表单填写要求，质量检查的程序、内容与相关制度规定，辞书、教材、教辅、引进版图书在质检过程中经常发现的问题及对策，图书封面、版权页编校过程中应注意的问题等；能力拓展授课的主要内容是选题策划（基本经验、版权贸易概说、作者队伍建设）、市场销售（外研社产品介绍和市场表现、解读市场报告、市场推广和销售）、出版流程（图书印制、装帧设计、书刊成本核算与定价）等；还要进行著作权法、出版的信息化建设与网络出版等相关知识培训。接着进行轮岗实习，每期时间约两个月。目的在于了解相关事业部情况和对编辑工作的特殊要求。营销中心还组织新员工集体参加销售实习和培训，使之了解图书零售、促销环节，为今后的编辑工作积累最直接的市场认知。

编辑见习期主要以工作指导形式进行。具有高级职称或有相当编辑工作经验的编辑人员担任指导老师，通过这种"师傅带徒弟"的方式，锻炼新编辑及时正确地处理实际工作问题的能力。

到编辑岗位提高培训期时，编辑可以有针对性地选听一些课程，每年要达到一定的学时要求。"编辑沙龙"是外研社的特色活动。员工自己选择参加感兴趣的主题讨论，形成"头脑风暴"。社里还经常邀请社内外出版和相关学科的专家人士举办讲座、研讨等，开拓编辑视野，提高编辑综合素质。

4. 培训方法的体系化

培训应是以学习和掌握知识、技能为中心，关键在于改变学员的技能、态度，这就离不开合适的方式和手段，需要从受训者的需求出发，去研究怎样的方式才有好的效果。一旦确定了培训内容，出版社就要根据自身的特点，结合培训目标，来选择合理而有效的培训方法。员工培训的方法有多种，主要有课堂讲授、课堂研讨、案例分析、情景模拟、影视教学、角色扮演等。角色扮演、研讨法以及案例分析的培训效果整体较好。其中角色扮演最有利于员工改变工作态度以及提高员工处理人际关系的能力，案例分析和情景模拟可以有效帮助员工提高解决问题的能力，课堂研讨是使员工更好地掌握和保持知识的有效方法。由于课堂讲授形式比较呆板，培训效果比较差，相比较而言，这种培训方式对员工掌握和保持知识更有效一些。出版企业可以根据培训内容和培训目的，灵活选择有效的培训方法，增强培训效果。

5. 培训效果评估的体系化

对培训项目进行评估的作用有两个：一是决定是否应在组织内继续进行该项培训；二是对培训进行改进完善。对培训效果的评估，可以从反应—学习效果—行为—结果四个层次上对培训进行评估。在对培训效果进行层次分析时，可以用不同方法不同的层次进行评估实施，如表7-5所示：

表7-5　不同层次分析采用不同的评估方法

方法层次	比较评估法	集体讨论法	个体评估法	定性评估法	定量评估法	问卷评估法
反应		√				√
学习效果	√			√	√	
行为	√		√			
结果	√					

完善的培训体系是多层次全方位的。它需要深入出版社内部，遵循分析、计划、实施、评估四个循环过程的运作，发掘出版社的核心需求。出版社需要根据自身的情况，具体问题具体分析，实事求是，制定出符合自己的培训体系，保证培训各个阶段的有效实施，以达到组织的目标。

第五节 出版企业的绩效考核

组织成功很大程度上取决于人力资源。这不仅意味着企业要关注其占有多少人力资源，更要重视人力资源的实际使用情况。绩效评估为衡量这种情况提供了理论和实践的依据。只有建立科学合理的绩效评估体系，有效管理和控制员工的行为和结果，人力资源效用发挥最大化，组织才会实现和扩展人力资源带来的竞争优势。但在设计上的严格要求和实践中的复杂性使绩效评估成为组织的一项极具挑战性的工作。

一、绩效考核的含义

绩效考核是指收集、分析、评价和传递某一个人在其工作岗位上的工作行为表现和工作结果方面的信息情况的过程。绩效考核是评价每一个员工的工作结果及其对组织贡献的大小的一种管理手段，所以每一个组织都在事实上进行着绩效考核。由于人力资源管理已经越来越受到企业重视，因此，绩效考核也就成为企业在管理员工方面的一个核心的职能。

二、绩效考核的作用

绩效考核对于出版企业的作用主要表现在以下几方面：

1. 有助于提高出版企业的生产效率和竞争力。衡量生产力的传统方式是考察员工工作成果的数量和质量，即考察员工有没有按工作程序办事、出勤率和事故率等指标。人力资源管理则认为，衡量生产力的主要因素应该是员工的招聘、培训、作用、激励和绩效评价，并以绩效评价为核心。根据一项针对美国所有上市公司的研究表明：具有绩效管理系统的公司在利润率、现金流量、股票市场绩效、股票价值以及生产率方面，明显优于那些没有绩效管理系统的公司。

2. 为员工的薪酬管理提供依据。员工的实际业绩决定了其报酬水平的高低，根据人员业绩的变化情况来确定是否应予以加薪。绩效考核结果最直接的应用，就是为出版企业制定员工的报酬方案提供客观依据。可以说，没有考核结果为依据的报酬，不是真正的劳动报酬。

3. 为人员调配和职务调整提供依据。人员调配之前，必须了解人员使用的状况，人事配合的程度，了解的有效手段是绩效考核。人员职务的升降也必须有足够的依据，这也必须有科学的绩效考核作保证，而不能只凭领导人的好恶轻率地决定。通过全面、严格的考核，发现一些人的素质和能力已超过所在职位的要求，适合担任更具挑战性的职位，则可对其进行晋升；反之，则可对其降职处理。这样就为管理人员的能上能下提供了客观的依据。

4. 为员工培训工作提供方向。培训是人力资源开发的重要方式。培训必须有的放矢，才能收到事半功倍的效果。通过绩效考核，可以发现员工的长处与不足、优势与劣势，从而根据员工培训的需要制定具体的培训措施和计划。

5. 有助于员工的自我提升。绩效考核强化了工作要求，能增强员工的责任意识，从而使员工明确了自己怎样做才能更符合组织期望。通过考核发掘员工的潜能，可以让员工明白自己最适合的工作和岗位。同时，通过绩效考核，可以使员工明确工作中的成绩与不足，这样就促使他在以后的工作中发挥长处，努力改善不足，使整体工作绩效进一步提高。

三、绩效考核的程序

绩效考核一般包括以下四个步骤：

1. 制定绩效考核标准。绩效考核要发挥作用，首先要有合理的绩效标准。这种标准必须得到考核者和被考核者的共同认可，标准的内容必须准确化、具体化和定量化。为此，制定标准时应注意两个方面：一是以职务分析中制定的职务规范和职务说明为依据，因为那是对员工的岗位职责的组织要求；二是管理者与被考核者沟通，以使标准能够被共同认可。

2. 评定绩效。将员工实际工作绩效与组织期望进行对比和衡量，然后依据对比的结果来评定员工的工作绩效。绩效考核指标可以分为许多类别，比如，业绩绩效考核指标和行为考核指标等，考核工作也需从不同方面取得事实材料。

3. 绩效考核反馈。这一环节是指将考核的结果反馈给被考核者。其一，考核者将书面的考核意见反馈给被考核者，由被考核者予以同意认可。其二，通过绩效考核的反馈面谈，考核者与被考核者之间可以就考核结果、考核过程的不明确或不理解之处进行解释，这样有助于被考核者接受考核结果。同时，通过反馈，可以共同探讨对工作的最佳的改进方案。

4. 考核结果的运用。绩效考核的一个重要任务，就是分析绩效形成的原因，把握其内在规律，寻找提高绩效的方法，从而使工作得以改进。

四、绩效考核的方法

目前，很多出版社都开始实行绩效考核。由于出版社的规模、性质及管理水平的不同，考核方式也多种多样。总体看，主要有等级评估法、行为锚定评价法、360 度考核法、目标管理法、关键绩效指标法以及平衡计分卡等几种。其中等级评估法、行为锚定评价法、360 度考核法都是属于非系统性的绩效考核方法。非系统性的绩效考核方法是指就具体的工作任务，在员工个体绩效层面上设计评估工具并进行绩效考核的方法。而目标管理法、关键绩效指标法以及平衡计分卡属于系统性的绩效考核方法。系统的绩效考核方法是指自组织战略目标到员工个人绩效目标逐级分解并进行系统考核的方法。这类考核方法多与组织的战略目标、企业文化、经营目标、核心能力培养等目的相关。

（一）等级评估法

对于刚刚开始绩效考核的出版社，可能采用一种比较简单的个人绩效等级评估法。等级评估法的一般做法：根据工作分析，将被考核岗位的工作内容划分为相互独立的几个模块，在每个模块中用明确的语言描述完成该模块工作需要达到的工作标准。然后，将标准分为几个等级选项，如"优秀、良好、合格、不合格"等，根据被考核者的实际工作表现，对每个模块的完成情况进行评定。如某出版社把考核项目分为"德、能、勤、绩"四个方面，再由考核者对被考核对象从这四个方面进行逐一打分，得到考核结果。等级评估法的优点是考核内容全面、实用并且开发成本小。它的缺点在于考核者的主观因素影响较大。表 7-6 列举了一个等级评估法的例子。

表7-6 等级评估法的应用

姓名：		职务：	
考核项目	评级记位		得分
工作质量	4（优秀）3（良好）2（合格）1（不合格）		
工作数量	4（优秀）3（良好）2（合格）1（不合格）		
工作相关知识	4（丰富）3（较丰富）2（一般）1（不足）		
工作协调	4（很好）3（好）2（一般）1（差）		

（二）行为锚定评价法

也有的出版社使用行为锚定评价法对员工进行绩效考核。行为锚定评价法是将传统业绩评定表和关键事件相结合形成规范化评价表格的方法。这种方法以等级分值量表为工具，配之以关键行为描述或事例，然后分级逐一对人员绩效进行评价。由于这些典型行为描述语句的数量有限，不可能涵盖千变万化的员工的实际工作表现，而且被考核者的实际表现很难与描述语句所描述的内容完全吻合，但有了量表上的这些典型行为锚定点，考核者打分时便有了分寸。这些代表了从最劣至最佳的典型绩效的、有具体行为描述的锚定点，不但能使被考核者较深刻而信服地了解自身的现状，还可找到具体的改进目标。因此，行为锚定评价法具有很强的培训开发功能。此方法的具体应用如表7-7所示。

表7-7 行为锚定法的应用：文字编辑

考核维度：	编辑工作量			
优秀（5）	良好（4）	一般（3）	较差（2）	差（1）
超额完成社里规定的编辑工作量的120%以上	超额完成社里规定的编辑工作量的101%～120%	基本完成社里规定的编辑工作量的95%～100%	仅能完成社里规定的编辑工作量的80%～94%	仅能完成社里规定的编辑工作量的80%以下

（三）360度考核法

有个别出版社采用了360考核法。所谓360度考核法，就是在组织结构图上，由位于每一员工上下左右的公司内部其他员工、被考核的员工本人以及顾客，一起来考核该员工的绩效的一种方法。360度评价的主要目的，应该是服务于员工的发展，而不是对员工进行行政管理，如提升、工资确定或绩效考核等。因此，360度考核特别注重通过反馈来提高员工的绩效。360度考核法主要是从参与考核评价的角度来说的，出版社在具体的使用过程中还需要借用一些具体的评价方法，如上面所述的等级评估法或行为锚定法等。

为了避免不必要的人际冲突，保证反馈过程的顺利进行和反馈结果的有效性，360度考核大多是以匿名的形式进行的。目前这种考核主要用于管理人员的开发方面，它的设计价值也在于开发上。各种形式的反馈的对比使管理人员对自己的优缺点能有更为现实的全面认识，这会促进管理人员的行为改变，并将此改变与组织的变革与改善紧密联系起来。这种相关群体共同参与的考核形式无疑会导致信任水平的提高，也能促使管理者和他们身边的人进行更多的沟通，从而能减少员工的抱怨和不满，提高顾客的满意度和培养组织的合作精神。

（四）目标管理法

目标管理法是将组织目标层层分解，直到员工个人，并评价每位员工对上一级目标和总目标贡献程度的考核方法。目标管理法源于美国管理专家彼得·德鲁克，他在1954年出版的《管理的实践》一书中，首先提出了目标管理和自我控制的主张，认为企业的目的和任务必须转化为目标。企业如果无总目标及与总目标相一致的分目标来指导职工的生产和管理活动，则企业规模越大，人员越多，发生内耗和浪费的可能性越大。概括来说目标管理法即让企业的管理人员和工人亲自参加工作目标的制订，在工作中实行"自我控制"，并努力完成工作目标的一种管理制度。

下面以某出版社对其编辑部门及员工的考核为例，介绍目标管理法的具体操作步骤。

第一步：出版社根据发展战略及市场调查分析，制定出版社发展目标及年度计划。

第二步：明确出版社年度指标，比如毛利润、出版品种、出版码洋、销售回款等考核指标。具体情况：出版社制定总体发展目标后，按每年10%~15%的环比速度增长（有的出版社取前三年增长的平均值），将任务层层分解到各编辑部门，并以出版品种、码洋、毛利润等各项指标作为年终考核与薪酬分配的主要依据，以此来考核各编辑部的生产完成情况。然后再将这些指标经过反复沟通分解到个人，并依此设定每位编辑所需达到的绩效水平。表7-8是该社为编辑部门各岗位设定的考核指标。

表7-8　编辑部门各岗位目标设定一览表

岗位	上交毛利润	选题策划和组稿	出书码洋	复审实际字数
编辑室主任	50万	10种	300万	150万字
编辑室主任	40万	8种	240万	130万字
A岗	30万	6种	180万	100万字
B岗	25万	4种	150万	80万字
C岗	20万	4种	120万	－

第三步：在实施过程中，出版社根据市场环境变化的情况调整年度总目标，并依此调整每位编辑的绩效考核指标值。

第四步：在实际考核中，分为二级，第一级为社里对编辑部门的考核，社里每年年初根据上年度情况制定本年度各个部门的生产指标，并与各部门主管沟通后签订目标责任书，到年终以此为依据进行考核。该社实行出库实洋考核法和回款考核法两种办法并行，毛利润按如下公式计算：

1. 按出库实洋计算：

毛利润＝（图书定价×出库册数×折扣×80%+补贴费）×90%-成本支出

2. 按回款额计算：

毛利润＝实际回款数-成本支出

在每年的年终，出版社考核小组对各个部门的生产情况全面进行统计结算。按照与各个部门签订的生产任务书中的规定，进行分配核算。在具体实施中，将各类图书按市场开发的难易程度确定一定比例（如一般科技图书按完成毛利润的 14%，标准规范为 4%，教材中教材 1 版 4 次以后为 4%，新教材为 6%），提取全年的薪金数目，其具体算法：

部门全年工资收入 =（毛利润-基本指标）×14%（或 4% 或 6%）

人均收入 = 部门全年工资收入/部门人数

第二级为部门对员工的考核，部门负责人根据每位编辑的具体表现，对照目标值和实际完成值，对其进行考核并予以薪金分配。再根据社里所定的比例选出优秀、称职和不称职，部门具体情况或评选的标准均由部门主管负责掌握。这种考核是与薪金的分配没有关系的，但是对于优秀的员工，出版社会象征性地给予奖励，以资鼓励那些表现突出的员工。

（五）关键绩效指标法

目前，在大中型出版社中，采用关键绩效指标法进行绩效考核的比较多。关键绩效指标（Key Performance Indicator，KPI）是企业人力资源管理一个极为重要的组成部分，其含义是通过对组织内部某一流程的输入端或输出端的关键参数进行设置、取样、计算及分析，用以衡量绩效的一种目标式量化管理指标。

关键绩效指标设计的目的是支持实现企业实现短期目标和积蓄长期发展能力，通过关键绩效指标，明晰部门和员工的工作方向和目标，牵引出企业所需要的行为，达到组织的绩效。企业进行绩效管理，必须立足于关键绩效指标，这些指标能够为企业的绩效管理提供基础性的数据，它们是客观的，不受事后的人为因素影响。通过这些基础性数据可以促进绩效的改进和进行正确的价值评价。

出版社采用的关键绩效指标由三层构成。第一层，社级关键绩效指标；第二层，部门级关键绩效指标；第三层，具体工作岗位的关键绩效指标。

1. 社级关键绩效指标

对于出版社的发展来讲，社级关键绩效指标的制定尤为重要。因为后续的部门关键绩效指标和员工关键绩效指标都是依据出版社的关键绩效指标来制定的。社级的关键绩效指标将影响到出版社的总体管理，出版社的关键绩效指标应是根据出版社的战略发展目标，结合出版社的关键业务重点而制定。

表7-9　社级关键绩效指标

社级关键绩效指标	出版（销售）总码洋、新出书品种数、销售增长率、净利润、销售净利率、出版图书获奖次数、图书再版率、顾客满意率、员工满意率

2. 部门级关键绩效指标

在社级关键绩效指标确定以后，各个部门的主管对相应部门的关键绩效指标进行分解，形成部门的关键绩效指标。这一层次的绩效指标应该是社级绩效指标的基石，是对社级指标科学合理的分解。

表7-10　部门级关键绩效指标

编辑部门关键绩效指标	出版（销售）码洋、新出书品种数、净利润、出版图书获奖次数、图书再版率、图书选题列选数、员工满意率等
印制部门关键绩效指标	印制成本、采购成本、印制差错率、印制周期、团队建设等
发行部门关键绩效指标	图书发行码洋、实洋、销售费用、销售利润、回款率、退货率、新客户开发数、客户满意度、团队建设等
职能部门（总编办、财务部、人力资源部等）	内部服务满意度、管理费用、团队建设等

3. 具体工作岗位的关键绩效指标

个人具体岗位的KPI主要是由部门目标分解得出的，但是分解过程往往要同岗位应负责任分析和工作模块分析结合在一起。分解得出的指标要经过筛选，确定出确实能够反映岗位绩效的指标，作为岗位的KPI进行评价。

员工在制定计划和确定指标的时候，除了对部门落实到本岗位的指标进行细化外，还应当对本岗位的工作进行分析。因为越是基层的员工越难与企业或部门的KPI建立直接的联系。有些岗位甚至根本无法与企业或部门任何一个指标有直接的联系。但是员工除了对企业的目标承担流程责任外，还应当对部门的业务管理承担责任，以体现对部门的贡献，而且员工的日常工作也应该纳入绩效考核范畴。将指标根据对企业经营和经济效益影响力的大小进行排序，选择最重要的几项指标作为最终确定的岗位 KPI。通常规定每个岗位的 KPI 总数应该控制在 5 个以上，10 个以内。指标太少可能无法全面反映职位的关键绩效水平，指标太多会导致重点不突出，而且在分配权重的时候比较分散，体现不出激励作用。如某社一位副编审的岗位关键绩效指标就由出版码洋、毛利润、选题数目、加工复终审的工作量、图书质量及获奖情况、组稿情况等指标组成。根据这些关键绩效指标，再加上一些对工作态度等的评价因素，就可以制订某一具体岗位的绩效考核评价表。表 7-11 是某出版社用于考核一级策划编辑岗位员工的绩效考核评价表。

表 7-11 某出版社绩效考核评价表

部门	经管事业部	姓名	刘爱社	岗位名称	一级策划编辑	考核日期	2017 年 8 月 30 日
考核要素	考核要素	分项权重	衡量标准		数据来源	实际值	考核得分
工作数量及质量（占65%）	出版码洋	15%	年总出版码洋达到 120 万元（每超额 2 万加 1 分，每少 2 万减 1 分）		财务部	136 万	108
	毛利润	20%	年毛利润达到 30 万元（每超额 0.5 万加 1 分，每少 0.5 万减 1 分）		财务部	35 万	110
	选题数目	15%	每年申报新选题数目达 10 种（每超 1 种加 10 分，每少 1 种减 10 分）		总编办	8 种	80
	复审及终审字数	5%	加工字数达 200 万字（每超额 6 万字加 1 分，每小 6 万字减 1 分）		总编办	230 万	105
	图书质量及获奖情况	15%	全部图书质量达良好以上（每增加一本社级优秀图书加 5 分，部级优秀加 10 分，国家级优秀图书加 30 分，出现一本不合格图书全部扣减）		总编办	一本获社级优秀，其余图书为良好	105

部门	经管事业部	姓名	刘爱社	岗位名称	一级策划编辑	考核日期	2017年8月30日

考核要素	考核要素	分项权重	衡量标准				数据来源	实际值	考核得分
工作积极性、主动性及责任感（占20%）	合理化建议	5%	至少有1次建议被采纳（每超一次建议被采纳加10分）				人力资源部	未提出合理化建议	0
	市场调研情况	5%	100~120 经常调研，报告有很高价值	80~100 经常调研，报告有较高价值	60~80 经常调研，但报告价值较小	0~60 很少调研，报告没有价值	编辑部主任	经常调研，报告有较高价值	95
	出勤率	5%	100~120 全勤且经常加班	80~100 全勤，偶尔加班	60~80 请假不超过3天	0~60 请假超过3天	人力资源部	全勤，没有加班	90
	出差及效果	5%	100~120 经常出差，效果很好	80~100 经常出差，效果较好	60~80 偶尔出差，效果较好	0~60 出差效果不好	编辑部主任	经常出差，效果很好	108
团队意识与协作精神（占15%）	对上级安排工作完成情况	5%	100~120 提前完成	80~100 按时完成	60~80 基本按时完成	0~60 经常不按时完成	编辑部主任	按时完成	95
	与同事及其他部门的协作	10%	100~120 很好	80~100 较好	60~80 一般	0~60 不好	编辑部主任	不好	50
其他事项			出现一次重大图书质量问题，考核不合格。						
考核得分及结果	95.6分（优秀）		受考核人签名				考核小组组长签名		

（六）平衡计分卡

平衡计分卡最早是在1992年由罗伯特·卡普兰与戴维·诺顿两人提出

来的，最初被用于企业的绩效考核，后又被广泛用于企业的绩效管理。它是一种把企业战略与企业年度经营结合起来的一种绩效考核方法。由于平衡计分卡是一种比较新的战略绩效管理和评价方法，虽然已经在全球的很多企业中得到实践和运用，但由于该方法实施起来比较复杂，目前还没有哪一家出版社采用此考核方法。在此仅做简单介绍。

平衡计分卡理论认为，企业要想获得良好的财务绩效，就必须有好的客户和市场方面表现作为支撑，如高的市场占有率或销售增长率，企业要在客户和市场方面有好的表现就必须有持续的业务流程优化和改进能力，提高所提供产品和服务的性价比，业务流程优化能力决定了企业运作效率的高低，而业务流程优化和改进能力主要取决于企业员工在学习和成长方面的水平。

平衡计分卡的基本思路就是将影响企业运营的包括企业内部条件和外部环境、表面现象和深层实质、短期成果和长远发展的各种因素划分为几个主要的方面，并针对财务与非财务、结果与驱动、长期与短期、内部与外部四个方面的业绩目标，设计出相应的评价指标，以便系统、全面、迅速地反映企业的整体运营状况，为企业的平衡管理和战略实现服务。

它的评价体系由财务、客户、内部业务流程、学习和成长四个方面的指标组成。

1. 财务角度：营业收入、资本报酬率、成本下降等；

2. 客户角度：客户满意度、客户保持率、客户获得率、客户盈利率、主要目标市场份额、销售增长率等；

3. 内部业务流程角度：包括创新流程、经营流程、售后服务流程等方面的指标，包括时间、质量、成本等指标；

4. 学习成长角度：包括员工能力、信息系统能力和激励、授权和协作方面的指标，如员工保持率、员工生产率、员工满意度、战略信息覆盖率、合理化建议采纳率等指标。

第六节　出版企业薪酬管理

薪酬制度是人力资源管理制度的核心，它是出版企业能否吸引、留住人才，能否充分调动员工积极性、创造性的关键所在。因此，必须创新薪酬制度，建立能支撑出版企业发展战略，能体现内部公平性和外部公平性的现代薪酬制度，强化薪酬的激励功能。一方面，要根据不同职位在出版企业中的相对价值和职工的实际业绩和贡献来支付薪酬；另一方面，应实行全面薪酬策略，除了外在薪酬（货币、福利等物质收益），还要给予更多的内在薪酬（成就感、培训和发展机会等精神收益），两者结合才能充分发挥薪酬的激励功能。同时，要大胆借鉴和创新，实行多种多样的薪酬制度。

一、全面薪酬的含义及其内容

从广义来理解，薪酬是员工为企业付出的劳动的回报。员工在组织中工作所得到的回报包括组织支付给员工的工资和所有其他形式的奖励，其内容非常复杂。其中既包括以货币收入形式来表现的外在报酬，也包括以非货币收入形式表现的内在报酬。内在报酬包括工作保障、身份标志、给员工更富有挑战性的工作、晋升、对突出工作成绩的承认、培训机会、弹性工作时间和优越的办公条件等。出版企业实行的全面薪酬体系的基本内容可以概括为图7-3。对于出版企业来说，引导员工树立全面薪酬的概念，有利于更好地吸引和留住人才。

在人力资源管理中，我们把外在报酬作为员工薪酬体系研究的重点。从概念上讲，员工的外在报酬指的是由于就业关系的存在，员工从企业得到的各种形式的财务收益、服务和福利。通常意义上的薪酬指的是这种外在报酬，也就是狭义上的薪酬。它可以分为直接薪酬和间接薪酬。直接薪酬包括工资、奖金、津贴补贴和股权，间接薪酬指福利。

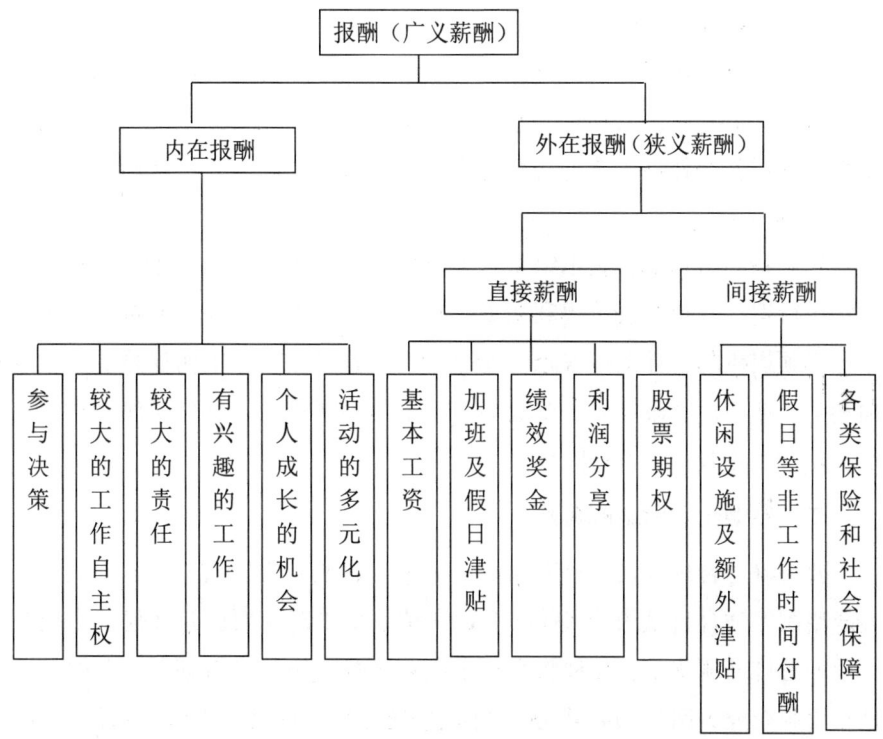

图7-3　全面薪酬示意图

（一）工资

工资是指出版企业根据员工所提供的劳动数量和质量，按照事先规定的标准付给员工的劳动报酬。这是总体上的工资的定义。它包括对从事管理工作和负责经营等的人员按年或按月支付的固定薪金，也包括按小时、日、周或月领取的工资。总的工资可以作如下分类：

1. 基本工资。员工只要仍在企业中就业，就能定期拿到的一个固定数额的劳动报酬。基本工资多以小时工资、月薪、年薪等形式出现。基本工资又分为基础工资、工龄工资、职位工资等。

2. 激励工资。工资中随着员工的工作努力程度和劳动成果的变化而变化的部分。激励工资有类似奖金的性质，可以分为两种形式：投入激励工资，即随着员工的工作努力程度变化而变化的工资；产出激励工资，即随着员工劳动产出的变化而变化的工资，如销售提成。

（二）津贴与补贴

津贴与补贴指对员工在特殊劳动条件和工作环境中的额外劳动消耗和生活费用的额外支出的补偿。通常把对工作的补偿称为津贴，把与生活相联系的补偿称为补贴。常见的有岗位津贴、加班津贴、轮班津贴等。

（三）福利

福利指间接薪酬，是组织为员工提供的除工资、奖金、津贴之外的一切物质待遇。它包括法定福利和企业福利。法定福利是政府通过立法要求企业必须提供的，如医疗保险、失业保险、养老保险、工伤保险等。企业福利是企业在没有政府立法要求的前提下主动提供的，如住房津贴、交通费、免费工作餐、人寿保险等。

二、出版企业的薪酬策略

要想确定合理的员工薪酬水平，出版企业就需要根据公司的现状和发展战略制定适合自己的薪酬策略。而所谓薪酬策略主要就是如何确定出版企业的总体薪酬水平，如何将出版企业总薪酬按岗位进行细分，总的原则是将出版企业各岗位的薪酬分为固定薪酬（主要指基本工资、岗位工资）和浮动薪酬（绩效薪酬），但这些所占的比例如何进行分配。目前出版企业采用的薪酬结构策略有以下三种。

（一）高弹性薪酬模式

高弹性薪酬模式是一种激励性很强的薪酬模型，薪酬中固定部分比例比较低，而浮动部分比例比较高。这种薪酬模型，员工能获得多少薪酬完全依赖于工作绩效的好坏。当员工的绩效非常优秀时，薪酬则非常高，而当绩效非常差时，薪酬则非常低。这种模式正在慢慢被一些改制走在前面的出版社采用，而且主要适用于出版社的营销人员。

（二）高稳定薪酬模式

高稳定薪酬模式是一种稳定性很强的薪酬模型，基本薪酬是薪酬结构的主要组成部分，绩效薪酬等处于非常次要的地位，即薪酬中固定部分比例比较高，而浮动部分比较少。在这种薪酬模式下，员工的收入非常稳定，几乎不用努力就能获得全额的薪酬。很多传统体制下的出版社采用的是这种高稳定薪酬模式。对于财务、行政等人员来说，由于他们的薪酬很难以具体的绩效来衡量，因此可能也会采用这种薪酬模式。

（三）调和型薪酬模式

调和型薪酬模式是一种介于以上两者之间的薪酬模型，绩效薪酬和基本薪酬各占一定的比例。这种模式下，一方面有基本薪酬作为保障，另一方面需要绩效薪酬作为激励，以更好地维持企业员工的稳定性和激发员工更加努力地开拓市场。

这三种模式各有优点，高弹性薪酬模式对员工有很强的激励作用；调和性薪酬对员工既有激励作用又有安全感；高稳定薪酬员工的收入波动性小，员工安全感强。但是又各有缺点，高弹性薪酬员工的收入波动性大，缺乏安全感；调和性薪酬其实难以合理确定；高稳定性薪酬容易导致员工的惰性。

三、出版企业制订薪酬策略时需要考虑的因素

构建薪酬体系是组织的一项重要而又复杂的任务，薪酬体系不仅要和组织内部的具体情况相吻合，还要适应组织外部环境的要求。一般来说，出版企业在制订具体的薪酬策略时，要考虑到出版行业的平均薪酬水平以及市场压力等外部因素，还要考虑到出版企业本身的实力以及员工特点等内部因素。

（一）出版企业本身的实力

出版企业实力是薪酬体系设计和变动可能会遇到的硬性约束，它决定了出版企业用于薪酬分配特别是货币性薪酬的总体水平，这种总体水平的限制决定了员工薪酬的构成和薪酬水平的变动区间。如果出版企业试图通过高薪酬水平使薪酬具有外部竞争力，那么也许可以吸引高素质的员工的加盟，还可以建立内部员工的自信心和自豪感，但是这势必会提高出版企业的成本，而且组织实力的制约也使得薪酬改进没有较大的回旋余地。

（二）员工特征

员工特征决定了各个不同员工的薪酬水平和薪酬体系的构成。这些个人因素主要有教育程度、年龄构成、资历因素、发展潜力、特定人力资源的稀缺性等。例如，处于不同年龄层次的员工对薪酬的需求也是不同的，青年员工一般关注货币性收入以满足生活消费的需要；中年员工比较重视晋升发展的机会和外在的非货币性薪酬以满足地位和成就的需要；老年员工相对而言更多地考虑间接薪酬。

（三）出版行业的总体薪酬水平

在不同行业工作的员工对薪酬的预期也不一致。出版企业在制订薪酬政策时，要考虑出版行业的总体薪酬水平。这也是保证员工薪酬外部公平性的重要因素。一个企业要实现外部公平，在制定薪酬政策时，就要注重实现与同区域、同行业薪酬水平的平衡。由于大多数出版企业对本社的薪酬水平和薪酬政策保密，因此在制订本社的薪酬政策时，就缺少了一个重要的量标。

（四）市场竞争压力

在人才市场特别是高端人才（如高级策划编辑、高级管理人才）市场上，出版企业正面临着越来越大的市场压力。市场压力是出版企业必须面临的劳动力市场的竞争性的挑战。劳动力市场竞争是指出版企业之间为争夺人才而展开的竞争。如果一家出版企业在劳动力市场上不具有竞争力，那么它就不能吸引和保留足够数量和既定质量的员工。因此，劳动力市场上的竞争给出版企业员工的工资水平确定了一个下限。

四、几种主要的出版企业薪酬制度

根据岗位性质以及所处的层次不同，出版企业可以采用不同的薪酬体系。由于工资占了出版企业员工薪酬的大部分，因此本节主要从工资的角度讲述出版企业所采用的薪酬制度。由于出版企业内部岗位之间性质有很大差别，目前统一标准的薪酬制度很能适应需要，应该考虑在不同性质的工作岗位间设立不同的薪酬制度，有针对性地激发各类员工的工作积极性。对于出版企业的高层经营管理人才而言，可以通过推行年薪制或虚拟股票激励机制，建立将公司长期发展与经营者利益相挂钩的利益共享机制；对于出版企业的一般管理人员和编辑与出版印制部的员工，可以采用结构工资制。既考虑到岗位的特征，还考虑了个人的业绩；对于出版企业的营销和发行人员来说，可以采用提成制的薪酬模式。以下对这几种薪酬制度进行具体分析：

（一）年薪制

年薪制是指以年度为单位，根据企业经营规模、经营管理业绩确定并支付高层管理人员基本年薪、绩效年薪的一种分配形式。基本年薪是高层管理人员的年度基本收入，根据职务对出版社的贡献、所承担责任、地区因素和行业因素以及出版社的支付能力等因素确定，与经营业绩无关。绩效年薪是在完成出版社既定业绩指标的情况下，以基本年薪为基数计核的绩效收入。

目前，年薪制在国内的出版社采用的还不是很多。这种薪酬制度主要适用于经营管理阶层和拔尖人才。为了彻底解决工资制的繁琐冗杂，一些向企业化转变的出版社（集团）借鉴了国外的经验，推行了年薪制，如接力出版社、外研社、湖南出版集团、江西出版集团都先后提出或尝试施行年薪制。

（二）结构薪酬制

为了更好地调动员工的积极性，合理地调整内部利益分配关系，提升员工对薪酬的满意度，目前，很多出版社采用了结构薪酬制。结构薪酬制是把职工薪酬划分成若干组成部分，构成动态性的薪酬结构模式，用"薪酬分解"的方式，确定和发挥各部分薪酬各自不同的功能，克服原来等级薪酬制将劳动者工作年限长短、技术水平高低、劳动态度优劣、贡献大小等因素混杂在一起，用混合式方法确定薪酬等级所带来的某些弊病。

结构薪酬制一般由下列四部分组成：

1. 基础薪酬：基础薪酬是职工薪酬收入中的基本部分，是维持劳动力简单再生产、保障职工基本生活条件的薪酬收入。基础薪酬总额应该和职工基本生活需要的消费品物价挂钩，随着生活水平的提高而逐步提高。

2. 岗位（职务）薪酬：岗位（职务）薪酬按照各个岗位（职务）的工作繁简、劳动轻重、责任大小和劳动条件等因素，分别确定其薪酬等级的数目和薪酬标准的起止点，并规定一个技术（业务）等级标准管几个薪酬等级，同时考虑脑力劳动和体力劳动的差别，以及行政职务和技术职务的不同，分别实行不同序列的薪酬标准。岗位（职务）薪酬随职工的职务、技术岗位的变化而变化，它可以激励职工努力学习和提高业务技术水平。表7-12是某出版社的岗位薪酬表。

表7-12　某出版社的岗位薪酬表

薪级	行政职务	薪等										技术职称
		1	2	3	4	5	6	7	8	9	10	
一	社长（总编）							☆	☆	☆	☆	
二	副社长（副总编）						☆	☆	☆	☆		编审
三	部门正职					☆	☆	☆	☆			副编审
四	部门副职				☆	☆	☆	☆				
五	主管级			☆	☆	☆	☆					编辑
六	主管助理级		☆	☆	☆	☆						
七	高级文员	☆	☆	☆	☆							助理编辑
八	一般文员	☆	☆	☆	☆							

确定岗位薪酬的重要前提是进行岗位（职务）评价。岗位评价的根本目的是确定每一个待评岗位在组织中的相对价值，它为企业的薪酬设计奠定了基础，是组织人力资源管理中不可或缺的阶段。

高等教育出版社把岗位分为分七大类，包括职能管理、策划编辑、文字编辑、生产制作、财务、信息技术、研究七大类。该社还重新确定了岗位名称，把专业技术职务和行政职务名称区别开来，完全按照岗位的特点来为岗位命名。该社在岗位分析的基础上，根据各岗位职能、职责和所需任职条件等，确定各岗位的等级，并设定了岗位系数，为绩效考核提供了基础。

科学出版社设计了四个系列若干级岗位。科学出版社主要从五个方面进行岗位评价。一是以岗位所需要的学历层次为标准，学历越高，分数就越高。二是从工作经历和经验来分析，根据本岗位所要求的专业和工作年限来确定分值和等级，工作年限越长，分值就越高。三是考虑沟通交往能力，重点要考虑岗位职责要求的，与直接工作部门以外的人员的交流的程度，这种交流的程度越深，分数就越高。四是考察岗位工作的复杂程度，工作越复杂，分值就越高。五是考虑该岗位的市场比价。

3. 年功薪酬：年功薪酬按职工工龄的长短和每个工龄应计的薪酬额而确定，它鼓励职工热爱本职工作，并随着工龄的增长而逐年增长。

4. 绩效薪酬：绩效薪酬是出版社根据出版社经营效益的好坏以及员工个体的绩效表现的优劣来确定的。这部分工资在工资构成中所占比例有日益增长之势，但由于不同的出版社采用的绩效考核办法不同，具体计算方法各出版社有较大差别。

结构薪酬制的构成可根据出版社具体情况适当进行调整，其各个组成部分随着相应的影响因素经常变动，从而能更加灵敏地反映出版社和员工本人的变化，起到激励作用。

（三）提成工资制

很多出版社的发行部门，采用了提成工资制。提成工资制又分成两种：全额提成和超额提成两种形式。全额提成即职工全部工资都随营业额行动，而不再有基本工资；超额提成即保留基本工资并相应规定需完成的营业额，超额完成的部分再按一定的比例提取工资。此外，如果从实行提成工资的层次上划分，还有个人提成和集体提成。至于提成的比例，则不同的出版社各不相同。

此外，为了有效激发单位人员的创收积极性，一些出版社，尤其是容易出畅销书的文学、艺术类出版社，纷纷采用利润提取分成的办法。如某文学类出版社，规定项目编辑在每年完成6万元纯利润指标的基础上，可以提取所创造毛利润的15%，年底结算，平时做项目的花费由个人预付。对于有能力的编辑而言，在这种制度下他们的收入将大大提高。但由于这种工资形式过分强调个体主义，整个出版社也会因此削弱组织性和凝聚力。同时，在这种过于注重经济效益的情形下，出书质量和社会效益会受到一定的影响，出现什么书赚钱就做什么的发展局面。当然，作为一种工资形式，这也是一种有益的探索。

本章知识小结：

●人力资源，是指能够推动整个经济和社会发展的劳动者的能力，包括能够进行智力劳动和体力劳动的能力。一般来说，出版企业人力资源管理的配置包括四种层次：领导、编辑、市场营销人员、职能管理部门人员。

●出版企业人力资源管理，是指出版企业对其所需要的人力资源的取得、开发、保持和利用等方面所进行的计划、组织、指挥、协调和控制的活动。出版企业人力资源管理最重要的工作就是在适当的时间，把适当的人选（最经济的人力）安排在适当的工作岗位上，充分发挥人的主观能动性，使得人尽其才，事得其人，人事相宜。

●出版企业人力资源管理的主要内容应该包括以下几个方面：工作分析、人力资源规划、人员招聘、培训、员工职业生涯管理、绩效评价、薪酬管理、劳动关系管理等。

●工作分析是确定完成各项工作所需的技能、责任和知识的系统过程。工作分析的结果体现在职务说明书上。职位说明书一般包括两方面的内容：工作说明和工作规范。工作说明是关于工作任务和职责信息的文本说明。工作规范则包含了一个人完成某项工作所必需的基本素质和条件。

●人力资源规划是指组织分析自己在环境变化中的人力资源的供需状况，制定必要的政策和措施，以确保其在需要的时候和需要的岗位上获得各种需要的人才（包括质和量两个方面），以使组织和个体得到长期的利益。人力资源规划的过程大体可分为以下几个步骤：调查收集和整理相关信息；预测组织的人力资源的供给与需求；制定人员供求平衡规划政策；对人力资源规划工作进行控制和评价；评估人力资源规划。

●所谓员工招聘，就是通过各种信息途径吸引应聘者，并从中选拔、录用企业所需人员的过程。员工招聘的过程一般包括以下步骤：确定人员的需求；确定招聘渠道；实施征召活动；初步筛选候选人；测评甄选；录用；招聘评价。人员招聘的途径不外乎两种：内部招聘和外部招聘。

●出版企业员工培训，是指出版企业为了实现组织自身和员工个人的发展目标，有计划地对全体员工进行培养和训练，使之提高与工作相关的知识、技艺、能力以及态度等素质，以适应并胜任职位工作。一个完整的科学的员工培训体系包括培训需求分析、培训工作组织、培训内容、培训方法以及培训效果评估五个方面。

●绩效考核是指收集、分析、评价和传递某一个人在其工作岗位上的工作行为表现和工作结果方面的信息情况的过程。出版企业绩效考核的方法主要有等级评估法、行为锚定评价法、360度考核法、目标管理法、关键绩效指标法以及平衡计分卡等几种。

●薪酬制度是人力资源管理制度的核心，它是出版企业能否吸引、留住人才，能否充分调动员工积极性、创造性的关键所在。从广义理解，薪酬是员工为企业付出的劳动的回报。其中既包括以货币收入形式来表现的外在报酬，也包括以非货币收入形式表现的内在报酬。

●根据岗位性质以及所处的层次不同，出版企业可以采用不同的薪酬体系。对于出版企业的高层经营管理人才而言，可以通过推行年薪制或虚拟股票激励机制，建立将公司长期发展与经营者利益相挂钩的利益共享机制；对于出版企业的一般管理人员和编辑与出版印制部的员工，可以采用结构工资制。既考虑到岗位的特征，还考虑了个人的业绩；对于出版企业的营销和发行人员来说，可以采用提成制的薪酬模式。

[思考题]

1. 访问某出版社的网站，指出人力资源部下设哪些部门并简单分析这些部门的主要职责。

2. 请根据工作分析的基本原理，写一份某编辑室主任的职位说明书。

3. 思考人力资源规划与出版企业长远发展之间的关系。

4. 请说明出版企业通过校园招聘人才的一般程序。

5. 你觉得应该如何对大学教授进行绩效考核？对出版企业营销人员又该主要考察哪些指标？

6. 如何理解全面薪酬的概念，这对于出版企业留住人才有何意义？

第八章　出版企业版权管理

本章学习目标：

- 掌握版权、出版企业版权管理的概念与特点
- 掌握版权的主体、客体及内容
- 掌握版权贸易的概念、方式
- 掌握版权贸易的管理流程
- 了解出版企业知识产权的经营保护体系

在知识经济时代，企业价值的重心逐渐由有形资产转向无形的知识产权，并成为企业成长与获利的主要依据。作为文化创意产业主要构成部分的出版业，属于知识密集型行业，其成长、壮大离不开知识产权的支持，也离不开知识产权的保护。其中出版企业的业务则属于核心版权产业，即直接生产受版权保护之产品的行业。仔细考察出版单位的各个工作环节就可以知道，出版单位业务是围绕版权的经营展开的。从获得作品出版权的策划和组稿开始，出版单位的经营管理内容就是获取版权并利用版权创造财富。出版物仅是版权的载体，编辑加工、装帧设计、广告宣传、订货、发货、销售，都是为了将版权从潜在的权利变为现实的利益，把无形资产转变成有形的财富。出版企业的文化积累和财富增加，都是知识产权带来的，出版单位的经营决策者应看到出版物背后的版权及相关知识产权的价值。

第一节　出版企业版权管理概述

一、版权的概念与特征

（一）版权的概念

版权又称著作权，是指作者依法对其创作的科学、文学、艺术作品所享有的人身权和财产权的总称，是创作者的专有权。版权对作者个人来讲是一种民事权利，对从事核心版权产业的出版社来讲，则是一种重要的无形资产。版权与版权的物质载体是不同的，也就是说，图书的购买者购买了图书，并不等于他拥有了作品的版权，他拥有的只是对作品物质载体——图书的处置权。

版权和著作权都是经过日文转译的外来词汇。版权保护制度最早建立于欧洲，大陆法系国家称版权为作者权，后经日文转译为著作权；英美法系国家称版权为复制权，后经日文转译为版权。"著作权"一词的出现要晚于版权。1709 年，英国的《安娜女王法》，其全名为《为鼓励知识创作而授予作者及购买者就其已印刷成册的图书在一定时期内之版权法》，是世界上第一部版权法，奠定了现代版权制度的基础。自 18 世纪下半叶起，各主要资本主义国家均相继制定和颁布了版权法。到目前为止，版权制度成为各国普遍承认的保护作者权益的一项重要的法律制度。《中华人民共和国著作权法》（以下简称《著作权法》）自 1991 年 6 月 1 日起生效。从历史的角度来看，版权法经历并适应了自印刷术至复印、影印等模拟技术的考验，现在又迎来了数字技术的挑战。如今版权保护的范围极为广泛，涉及科学技术、文学艺术、新闻出版、广播电视、计算机软件等多个领域。

（二）版权的特征

1. 专有性。又称独占性和排他性，是指版权是被版权人独自拥有的，在国家法律的保护之下，禁止他人侵犯与干涉。除经过版权人授权和法律规定的不受版权法保护的作品之外，其他任何人不得享有和使用这些权利。

2. 时间性。各国法律对于版权的保护都规定了一定的有效期限。一旦期限届满，任何人都可无偿地使用这种智力成果而不会侵权。版权作品因国别、版权主体、种类不同，保护期有所不同。

3. 地域性。是指版权人获得的版权保护只能在取得该版权的国家内有效。这是因为，从一般角度来说，版权法是国内法。在一国取得保护的作品，到别国则不受他国国内法的约束，别国对该作品也不承担保护的义务。克服地域性特点最好的手段是加入国际公约。通过加入国际公约，可使本国作品在公约成员国国内同时受到保护，得以扩大版权的地域保护范围。

4. 版权内容构成的多样性。版权保护对象的多样性和复杂性决定了版权在内容构成上的多样性。版权的内容构成，主要包括人身权和财产权两方面，而每一方面又包括多种保护权利。根据我国《著作权法》的规定，著作权的具体内容总计达 16 项之多。

5. 可交易性与可继承性。版权由人身权和财产权两部分构成，其中人身权作为一个整体，是不能够继承和转让的，即不能成为交易对象的。我国著作权法实施细则规定，创作人去世后由继承人或受遗赠人行使或保护。

对于作品的财产权，创作者可以自己使用其创作的作品以获取经济利益，也可以通过签订合同的方式，允许他人使用，或转让给他人，以从中获取经济利益，甚至可以将其作品的使用权赠与他人。

二、出版企业版权管理的含义与特点

(一) 出版企业版权管理的含义

出版企业版权管理是指出版企业将版权作为一种经营资本，对其所进行的筹划、开发、经营和交易等活动，使之发挥最佳效益。版权因其具有潜在的价值，对其进行合理地、科学地开发是版权管理中的一项重要内容。版权交易是实现版权效用，最大限度地维护版权人及其相关权利人利益的最主要途径和形式。版权的经营管理实质上就是将版权视为商品，投放市场，通过获取、交易、经营、保护等手段，从而实现其应有的价值。

版权经营的商业化、一体化、全球化的发展趋势，不仅意味着版权贸易是通过商业手段达到对全人类文化资源的共享，也意味着版权利益方面的竞争会更加激烈。我国出版社对于版权的管理，由于多方面的原因，与欧美发达国家相比，无论是在版权经营的理念还是在版权经营的手段运用或认识上都存在巨大差距。因此，我国出版社有必要树立版权经营的理念，将版权置于经营资本的重要地位进行思考、管理和经营。

（二）出版企业版权管理的特点

1. 版权管理的主体是出版社。截至 2018 年年底，全国共有出版社 585 家（包括副牌社 24 家），其中中央级出版社 219 家（包括副牌社 13 家），地方出版社 366 家（包括副牌社 11 家）。这些出版社以出版物的生产经营为主业，从事图书、音像、电子出版物的生产加工制作。按照我国现有的法律规定，出版物编辑环节不对外资及民营资本开放，这些市场主体应全部是国有企业。这与其他从事版权经营管理的企业如对计算机软件进行经营管理的 IT 公司等有明显不同之处。

2. 出版企业版权管理的对象是版权，是一种重要的无形资产。无形资产是无形固定资产的简称，是指不具有实物形态而主要以知识形态存在的独占经济资源，它是为其所有者或合法使用者提供某种权利或优势的固定资产。有学者认为出版企业的经营归根结底是版权的经营，版权乃出版企业的生存之本。

3. 出版企业版权管理的主要表现形式是版权贸易与版权维护。

4. 出版企业版权管理的顺利开展需要完善的版权经营环境。既包括出版企业微观环境建设，也包括社会宏观环境建设。前者主要包括出版企业从业人员成熟的版权意识、完善的版权管理机构及制度建设和合格的版权贸易人员配备。后者包括严密的版权法律体系建设、公正严明的版权执法、司法制度建设与全社会良好的版权法律意识。

第二节　版权的主体、客体与内容

一、版权主体

版权主体是版权法律关系中权利的享有者，是指依法以自己的创作行为享有著作权或依法通过有效途径享有著作权的自然人、法人或其他组织的总称。版权的主体包括自然人、法人和非法人单位，在一定条件下，国家也可以成为版权主体。明确版权主体是实施版权保护的前提。确定权利的归属，便于作品版权的转让与许可，能够保证版权贸易的正常进行。一旦出现争端，也利于问题的解决。版权的主体大致有如下类型：

（一）版权的原始主体

版权的原始主体是指在作品创作完成之后，直接根据法律的规定或合同的约定，依法对科学、文学、艺术作品享有版权的人。通常情况下，版权的原始主体是作者。我国《著作权法》规定：由法人或者其他组织主持，代表法人或者其他组织意志创作，由法人或者其他组织承担责任的作品，法人或者其他组织视为作者。如无相反证明，在作品上署名的公民、法人或者其他组织视为作者。

（二）版权的继受主体

继受主体是指创作者之外的，通过受让、继承、受赠及其他法律认可的途径获得全部或部分版权的人。与原始主体相比，继受主体获得的版权都是不完整的，他只能获得原始主体财产权的全部或部分，而作品的人身权是无法获取的。

（三）特殊作品的版权主体

1. 演绎作品的版权主体。演绎作品是对他人作品的再加工或是以另外一种方式来重新表现原著。改编、翻译、注释、整理已有作品而产生的作品，其著作权由改编、翻译、注释、整理人享有，但行使著作权时不得侵犯原作品的著作权。

2. 合作作品的版权主体。两人以上合作创作的作品是合作作品。两人以上合作创作的作品，著作权由合作作者共同享有。没有参加创作的人，不能成为合作作者。合作作品可以分割使用的，作者对各自创作的部分可以单独享有著作权，但行使著作权时不得侵犯合作作品整体的著作权。合作作品不可以分割使用的，其著作权由各合作作者共同享有，通过协商一致行使；不能协商一致，又无正当理由的，任何一方不得阻止他方行使除转让以外的其他权利，但是所得收益应当合理分配给所有合作作者。

3. 汇编作品的版权主体。汇编若干作品、作品的片段或者不构成作品的数据或者其他材料，对其内容的选择或者编排体现独创性的作品，为汇编作品，其著作权由汇编人享有，但行使著作权时，不得侵犯原作品的著作权。

4. 影视作品的版权主体。电影作品和以类似摄制电影的方法创作的作品的著作权由制片者享有，但编剧、导演、摄影、作词、作曲等作者享有署名权，并有权按照与制片者签订的合同获得报酬。电影作品和以类似摄制电影的方法创作的作品中的剧本、音乐等可以单独使用的作品的作者有权单独行使其著作权。

5. 职务作品的版权主体。公民为完成法人或者其他组织工作任务所创作的作品是职务作品。对主要是利用法人或者其他组织的物质技术条件创作，并由法人或者其他组织承担责任的工程设计图、产品设计图、地图、计算机软件等职务作品，作者享有署名权，著作权的其他权利由法人或者其他组织享有。除此以外，著作权由作者享有，但法人或者其他组织有权在其业务范围内优先使用。作品完成 2 年内，未经单位同意，作者不得许可第三人以与单位使用的相同方式使用该作品。

6. 委托作品的版权主体。委托作品是根据他人的委托而创作完成的作品。受委托创作的作品，著作权的归属由委托人和受托人通过合同约定。合同未作明确约定或者没有订立合同的，著作权属于受托人。

二、版权的客体

版权的客体，是指创作者所创作的，以某种物质形式存在的科学、文学、艺术作品。作品是指文学、艺术和科学领域内具有独创性并能以某种有形形式复制的智力成果。

（一）我国《著作权法》规定的作品种类

我国《著作权法》规定的作品种类包括以下列形式创作的文学、艺术和自然科学、社会科学、工程技术等作品：

1. 文字作品是指小说、诗词、散文、论文等以文字形式表现的作品。这是我国出版社版权贸易的主要作品。

2. 口述作品是指即兴的演说、授课、法庭辩论等以口头语言形式表现的作品。

3. 音乐、戏剧、曲艺、舞蹈、杂技艺术作品；其中音乐作品是指歌曲、交响乐等能够演唱或者演奏的带词或者不带词的作品；戏剧作品是指话剧、歌剧、地方戏等供舞台演出的作品；曲艺作品是指相声、快书、大鼓、评书等以说唱为主要形式表演的作品；舞蹈作品是指通过连续的动作、姿势、表情等表现思想情感的作品；杂技艺术作品是指杂技、魔术、马戏等通过形体动作和技巧表现的作品。

4. 美术、建筑作品。其中美术作品是指绘画、书法、雕塑等以线条、色彩或者其他方式构成的有审美意义的平面或者立体的造型艺术作品；建筑作品是指以建筑物或者构筑物形式表现的有审美意义的作品。

5. 摄影作品是指借助器械在感光材料或者其他介质上记录客观物体形象的艺术作品。

6. 电影作品和以类似摄制电影的方法创作的作品。

7. 工程设计图、产品设计图、地图、示意图等图形作品和模型作品。其中图形作品是指为施工、生产绘制的工程设计图、产品设计图，以及反映地理现象、说明事物原理或者结构的地图、示意图等作品；模型作品是指为展示、试验或者观测等用途，根据物体的形状和结构，按照一定比例制成的立体作品。

8. 计算机软件是指计算机程序及其有关文档。

9. 法律、行政法规规定的其他作品。

（二）不受著作权法保护或不适用著作权法的作品

首先，依法禁止出版、传播的作品，不受著作权法保护。其次，著作权法也不适用于法律、法规，国家机关的决议、决定、命令和其他具有立法、行政、司法性质的文件及其官方正式译文；时事新闻；历法、通用数表、通用表格和公式等。最后，著作权法不适用于超过版权保护期而进入公共领域的作品。这些作品版权的财产权已经失去了版权法的保护，对其使用可以不用进行申请。但是，这些作品的精神权利是永存和不可侵犯的，对于这类作品的使用，要以尊重作者为前提。

三、版权的内容

版权的内容，是指创作者对其创作的科学、文学、艺术作品所享有的专有权。通常版权的内容包括两部分——人身权（精神权利）和财产权（经济权利）。

（一）人身权

人身权是作者基于作品依法享有的以人身利益为内容的权利，是与财产权益相对应的不含财产内容的权利。又称为版权的精神权利或人格权。一般认为，版权的人身权是不能够被转让、继承和被剥夺的，它不会随着财产权的转移、变更而发生变化。我国《著作权法》规定作品的人身权包括以下内容：（1）发表权。这是版权中的首要权利。发表权是指决定作品是否公之于众的权利。作者有权利决定在作品完成后是否发表，以及以什么样的方式、形式发表其作品。（2）署名权。署名权是表明作者身份，在作品上署名的权利。署名权是法律上确认作者身份的重要途径。（3）修改权。修改权是指作者对其作品进行修改或授权他人对其作品进行修改的权利。我国《著作权法》规定图书出版者经作者许可，可以对作品修改、删节。报社、期刊社可以对作品作文字性修改、删节。对内容的修改，应当经作者许可。（4）保护作品完整权。保护作品的完整权是保护作品不受歪曲、篡改的权利，保护其内容、形式不被破坏。保护作品的完整权是永久性的，作者在世时由作者进行保护，作者死后，由继承人、受让人负责保护。

（二）财产权

财产权，又称经济权利，是指版权人依法通过各种方式使用其作品并获取报酬的权利。我国《著作权法》第10条规定，著作财产权的内容具体包括：复制权、发行权、出租权、展览权、表演权、放映权、广播权、信息网络传播权、摄制权、改编权、翻译权、汇编权以及应当由著作权人享有的其他权利。其中与出版社关系密切的权利有：复制权、发行权、信息网络传播权、改编权、翻译权、汇编权等。

1. 复制权。复制权，即以印刷、复印、拓印、录音、录像、翻录、翻拍等方式将作品制作一份或者多份的权利。这是版权经济权利中最基本的权利。复制权是版权人专有的，非经版权人允许，他人不得对作品进行复制。作者行使版权多是集中在复制权上，因为这是使作品广泛传播的最重要手段。在实践中，我国出版社从事版权贸易的主要客体就是这种权利，一般称为出版权。

2. 发行权。发行权，即以出售或者赠与方式向公众提供作品的原件或者复制件的权利。所谓发行就是面向社会大众的，以实现经济利益为目的的行为。作者有权选择发行的方式、范围及发行者。作者可以自己独立行使发行权，也可以授权他人代其行使。出版社在与作者谈版权贸易合同时，应尽力争取更大范围的发行权，以保证出版经济目的的实现。

3. 信息网络传播权。信息网络传播权，即以有线或者无线方式向公众提供作品，使公众可以在其个人选定的时间和地点获得作品的权利。信息网络传播权的内容包括著作权人有权在因特网上自行传播作品、许可他人传播作品、禁止他人未经许可而传播其作品。在网络环境下，出版社应善用该权利经营自己的出版物，以获取最大的经济利益。

4. 改编权。改编权，即改变作品，创作出具有独创性的新作品的权利。改编作品中应包含有原作的内容，但同时要在原作的基础上有所创新。改编权是著作权人的权利，著作权人有权自行改编，也有权许可他人改编并获得报酬。出版社如出版的作品是经人改编的，要注意获改编人、原著作权人的双重授权，否则易生版权纠纷。

5. 翻译权。翻译权，即将作品从一种语言文字转换成另一种语言文字的权利。翻译主要针对文字作品。翻译的对象也可以是口头作品。翻译权是一项重要的财产权。在国际版权贸易中，涉及最多的就是翻译权许可的问题。由于翻译权是著作权人的专有权利，任何人要翻译作品，作商业使用，都应事先取得著作权人许可并付酬。

6. 汇编权。版权人自行或许可他人将作品或者作品的片段通过选择或者编排，汇集成新作品并从中获酬的权利。出版社出版汇编作品，如该作品还在保护期，除取得汇编人的许可外，一定还要得到作品原作者的授权，才能没有法律障碍地出版。

（三）版权的保护期

1. 作者的署名权、修改权、保护作品完整权的保护期不受限制。

2. 公民的作品，其发表权、财产权的保护期为作者终生及其死亡后50年，截止于作者死亡后第50年的12月31日；如果是合作作品，截止于最后死亡的作者死亡后第50年的12月31日。

3. 法人或者其他组织的作品、著作权（署名权除外）由法人或者其他组织享有的职务作品，其发表权、财产权的保护期为50年，截止于作品首次发表后第50年的12月31日，但作品自创作完成后50年内未发表的，著作权法不再保护。

4. 电影作品和以类似摄制电影的方法创作的作品、摄影作品，其发表权、财产权的保护期为50年，截止于作品首次发表后第50年的12月31日，但作品自创作完成后50年内未发表的，著作权法不再保护。

5. 作者生前未发表的作品，如果作者未明确表示不发表，作者死亡后50年内，其发表权可由继承人或者受遗赠人行使；没有继承人又无人受遗赠的，由作品原件的所有人行使。

6. 作者身份不明的作品，其著作财产权的保护期截止于作品首次发表后第50年的12月31日。作者身份确定后，适用著作权法一般保护期的规定。

四、邻接权

邻接权是与著作权相邻接的一种权利，指作品传播者所享有的权利。我国著作权法把邻接权界定为"与著作权有关的权益"，是指出版者对其出版的图书和期刊的版式设计享有的权利，表演者对其表演享有的权利，录音录像制作者对其制作的录音录像制品享有的权利，广播电台、电视台对其播放的广播、电视节目享有的权利。

邻接权中与出版社关系最紧密的是出版者权。出版者权是指出版者对其出版的作品所享有的权利。作为邻接权的出版者权主指版式设计权。版式设计是书刊的排版格式。即出版社、杂志社和报社对其出版物的版式如版心、版式、标题、字体、字号等设计享有专有权。我国《著作权法》规定：出版者有权许可或者禁止他人使用其出版的图书、期刊的版式设计。该权利的保护期为 10 年，截止于使用该版式设计的图书、期刊首次出版后第 10 年的 12 月 31 日。

第三节 版权贸易的概念与主要方式

一、版权贸易的概念

版权贸易，是指版权所有人与作品使用、传播人，有偿转移文学、科学和艺术作品中的财产权进行的法律行为。它包括版权引进和版权输出两个方面。根据交易物——版权是否跨越国境，可以分为国内版权贸易和国际版权贸易两种。对于人身权是否可以进行贸易的问题，绝大多数国家是采取不允许的态度。因此，版权贸易的标的物主要指的是版权中的财产权利。

版权贸易是无形的知识贸易，是知识传播的一种方式。知识贸易不同于一般的商品交易，它不具备产权上的独占性。版权引进不仅仅是引进者得到版权的交换价值，更重要的是引进的版权知识对本国国民素质的提高能够产生积极影响，具有知识的外部效益。自 20 世纪中叶以来，知识对经济文化社会发展的作用日显重要，版权也成为一种优质的经济资源并进入国际贸易领域。对中国出版界来说，自 1991 年《著作权法》实施及 1992 年中国加入《保护文学和艺术作品伯尔尼公约》（以下简称《伯尔尼公约》）、《世界版权公约》以来，中国的版权贸易工作开始纳入了世界知识产权保护的法律体系，版权贸易工作进入一个转折点，从原来的小打小闹向规模数量型转移。2001 年中国加入 WTO，成为中国出版业版权贸易事业和对外交流合作快速发展的又一契机。2002 年，党的十六大进一步明确提出"走出去"，政府开始采取相应扶持措施鼓励中国图书"走出去"，"中国图书对外推广计划"于 2005 年 7 月正式启动。此时，各出版社在从事版权贸易时，开始追求质量取胜，强调精品意识，进入从规模数量型向优质高效型转移阶段，该阶段是版权贸易稳步推进、提升阶段。2013 年，习近平总书记提出建设"一带一路"倡议，这给中国版权贸易提供了新机遇。自 2014 年来，中国与"一带一路"沿线国家出版业交流合作日趋紧密，版权贸易量保持高速增长，年均增幅 20%。当前，我国的图书版权贸易不仅数量增长迅速，而且已初具规模，积累了可贵的经验。在多年的版权贸易中，涌现了一批版权贸易实力较强，社会效益与经济效益都取得较好收益的出版社。一些出版社为自己的版权贸易工作制订了长远的规划，使版权贸易图书成规模、上档次、增效益、出品牌。一些领域的特色出版社已经形成。"十三五"期间，中国出版社抓住"一带一路"机遇，充分利用国家各项扶持政策，创新思维，稳扎稳打，贸易逆差不断缩小，输出结构不断完善。据不完全统计，与"十三五"开局之年相比，2019 年中国版权输出数量增长 51.1%；出版物版权引进与输出比从 2016 年的 1.75∶1 减少到 2019 年的 1.08∶1。图书版权贸易的触角伸向世界各地，当前中国已与 80 多个"一带一路"相关国家在出版领域进行交流合作，覆盖亚洲、欧洲、非洲、大洋洲、北美洲和南美洲。

二、版权贸易的方式

版权贸易的主要形式是版权许可使用和版权转让，通常采用许可使用合同或转让合同。二者的本质区别在于版权的权利主体是否发生变更。著作权许可使用合同转移的是著作权的使用权，著作权转让合同转移的是著作权的产权。版权中的某些权利由一个主体转让到另一主体，版权一经转让，权利人就没有相应的权利了。而许可使用时的权利主体没发生变更，权利还在著作权人手中。

（一）版权许可使用

1. 版权许可使用的概念。版权许可使用是版权的持有人，作为许可方（或称为供应方），通过签订版权的许可合同，将版权中的一项或多项经济权利让渡给引进方（也称被许可方或受让方）的过程。也就是一种版权持有人让渡其所拥有的版权的部分或全部经济权利，而引进方付给供应方相应报酬的贸易行为。

2. 版权许可的种类。版权许可又可分为一般许可和集体许可两类。

（1）一般许可。一般许可是版权许可贸易中最常见的贸易方式，它包括五种形式：

①独占许可，指在合同规定的时间和地域范围内，版权持有人给予引进方使用该版权的专有的权利，包括版权人自己也不能在这个范围内使用该版权，更不能将该版权再授予第三方使用。

②排他许可，指在合同规定的时间和地域范围内，版权持有人授权给引进方使用其版权的同时，自己仍然保留继续在同一地域使用该版权的权利，但不能将该版权在同一地域范围内转让给第三方使用，即排除第三方使用的权利。

③非独占许可，指在合同规定的时间和地域范围内，版权持有人授权引进方使用其版权的同时，自己仍保留在同一地区使用该版权的权利，也可以将它授予任何第三方。

④分许可，也称从属许可，指在一定的时间和地域范围内，版权持有人允许引进方将得到的权利部分或全部转让给第三方的贸易形式。

⑤交叉许可，也称交换许可，是指贸易双方将各自拥有的版权提供给对方使用，当贸易双方均对对方所拥有的版权感兴趣时，就可以采用这种贸易形式，这是一种对双方都互惠互利的贸易形式。

（2）集体许可。集体许可一般有两种类型：

①一揽子许可。版权持有人和引进方都以集体或组织的形式出现，在两个组织之间制定一个一揽子的许可协议。通过这个协议，许可方向引进方授予版权的使用权，并获得相应的报酬；而引进方则获得版权的使用

权，并支付版权使用费。

②中心许可，也称单项中心许可，这种许可多用于表演权、录制权、广播权方面。这是一种以组织对个人的形式出现的贸易形式，版权持有人一方以组织的形式出现，而引进方是以单个个体的身份出现。通俗地说，中心许可也就是版权持有人组织向单个个体授予版权，并获得报酬的贸易形式。

3. 版权许可合同。在我国，出版社的设立实行审批制，出版社都是国有事业单位。只有经国家新闻出版行政管理部门批准登记享有出版经营权的出版社才具有出版资格，自然人不具备出版资格。如果著作权人想通过出版形式行使依法享有的有关权利如复制权和发行权，就必须与出版社签订图书出版合同，将复制权和发行权让与出版社行使，并同时获取一定的价金补偿。依照《出版管理条例》，出版社只是承担出版物出版的单位，并不当然享有著作权。著作权规定除法律规定可不经许可的之外，使用他人作品应当同著作权人订立许可使用合同。

根据《著作权法》的规定，版权许可使用合同的主要内容包括如下条款：①许可使用的权利种类；②许可使用的权利是专有使用权或者非专有使用权；根据著作权法的规定使用他人作品应当同著作权人订立许可使用合同，许可使用的权利是专有使用权的，应当采取书面形式，但是报社、期刊社刊登作品除外。另外专有使用权的内容由合同约定，合同没有约定或者约定不明的，视为被许可人有权排除包括著作权人在内的任何人以同样的方式使用作品；除合同另有约定外，被许可人许可第三人行使同一权利，必须取得著作权人的许可。③许可使用的地域范围、期间；④付酬标准和办法；⑤违约责任；⑥双方认为需要约定的其他内容。

（二）版权转让

1. 版权转让的概念

版权转让是指著作权人将著作权中财产权利的产权转移给他人。著作权中财产权利的转让就是著作权人行使转让权，对著作权中的财产权利加以处分。著作权中财产权利的转让是著作权主体的变更，著作权中财产权利由某一主体转移到另一主体。版权许可和版权转让是版权贸易中两种基本的贸易方式，与版权许可相比，在现实生活中，版权转让并不是十分普遍。

2. 版权转让的种类

（1）根据版权转让中所转让的版权是否完整，可分为全部转让和部分转让。

①全部转让，是指版权人将他所拥有版权的经济权利全部转让给他人的贸易形式，如果这种转让没有时间限制，就相当于对该版权的买断。对于版权是否可以买断，不同国家版权法的规定是不同的。有些国家如突尼斯，在版权法中明确规定版权的全部转让是无效的；还有的国家如法国，在版权法中虽没有明确指出版权的全部转让是无效的，但在相关的条款中做了暗示性的规定。

②部分转让，是指版权人将他所拥有版权中的经济权利部分地转让给他人的贸易形式。世界各国对于版权的部分转让都是允许的。然而，一些国家出于保护版权人精神权利的考虑，不允许部分转让的无限期，也就是说，版权的部分转让，必须是有时间限制的，也有一些国家则对转让的期限没有规定。

（2）根据版权转让是否有时间限制，可分为临时转让和永久转让。

①临时转让，是指版权人在一定时间内，将其所拥有版权的经济权利全部或部分地转让给他人的贸易行为，超过这个期限，所转让的权利将会自动收回。在临时转让期间内，版权人不得就该权利再进行授权。

②永久转让，即买断，是指版权人将他所拥有的权利全部或部分永久地转让给他人的贸易行为。

（3）根据版权转让是否需要付费，可分为有偿转让和无偿赠予。

①有偿转让，在版权转让中，绝大多数是有偿转让，即版权拥有者在出让版权的同时，获得相应的报酬。版权受让人在付出报酬的同时，获得了版权中的一项或多项经济权利。

②无偿赠予，有时版权的转让是无偿的，即版权的拥有者将其所拥有的作品版权中的经济权利无偿地赠予他人或国家。

3. 版权转让合同

根据我国《著作权法》的规定，转让版权财产权，应当订立书面合同。转让合同中著作权人未明确转让的权利，未经著作权人同意，另一方当事人不得行使。版权转让合同包括下列主要内容：①作品的名称；②转让的权利种类、地域范围；③转让价金；④交付转让价金的日期和方式；⑤违约责任；⑥双方认为需要约定的其他内容。

三、国际合作出版

（一）国际合作出版的概念

国际合作出版指的是出版机构与国外机构在单个或多个出版项目中，以版权为纽带，为了一定目的而在出版流程中协同工作的活动。

国际合作出版既可以是出版机构之间的合作，也可以是出版机构与其他产业通常是出版产业的关联产业之间的合作。国际合作出版存在的条件是合作双方在出版流程中的某个或某几个环节分别具有自身独特的优势，一般以项目合作的形式存在。相较于版权贸易双方单纯的买卖关系，国际合作出版双方的联系更为紧密，它以版权为纽带，不仅有货币上的往来，更有在选题策划、内容加工、印刷制作及宣传推广诸环节中的协同或互补，合作周期一般要长许多，而且成本支出和利润分配的形式也更为复杂。

（二）我国出版业参与国际合作出版的方式

当时的国际合作出版主要有以下几种方式：

1. 与海外出版公司商定选题，共同制订编辑计划，合作出版。图书的内容双方议定，在经济上共同投资，所得利益双方平分。这是国际上典型的、普遍采用的方式，特别是发达国家所惯用的合作方式。中国出版社与海外合作，最早都是采取这种方式。但是这种方式波折较多，特别是在经济上难以计算和监督，后来中国出版社都不主张采用这种方式。

2. 双方商定选题，由中方提供书稿与图片，对方负责出版发行。这种合作方式，对方对稿件与图片根据海外读者的兴趣和要求，可以提出不同的意见，在编辑过程中可以商量修改，但中方保持最后审定稿件的权利，这样我们在原则问题上就能把住关口。在具体问题，如艺术风格和文字笔法上，也可考虑到海外读者的兴趣与习惯；在经济上双方可以协商，便于计算。中国出版社比较欢迎这种方式。

3. 双方共同编撰，分别出版和发行，书稿内容由双方审定，书籍盈亏各自处理。例如，商务印书馆与英国牛津大学出版社合作出版的《精选英汉·汉英词典》，其中英语部分由牛津大学出版社负责，汉语部分由商务印书馆负责。

4. 在对方原书基础上进行改编或增删，在中国出版发行。采用这种合作方式，在书籍内容上是选择那些比较适合中国实际需要的外国书籍。如中国大百科全书出版社与美国不列颠百科全书出版公司合作编译的《简明不列颠百科全书》中文本，经对方同意中国对原书进行了增删，特别是有关中国的条目，比原书增加20%。

第四节　涉外版权贸易的流程管理

在我国加入WTO、图书零售市场和批发市场逐步开放、中国出版与世界出版逐渐融为一体并面临激烈竞争的新形势下，通过积极、主动的版权贸易，合理组织、综合利用全球的版权资源并将自己的优秀版权介绍出去，对于发展我国版权产业、壮大出版社实力、树立出版社的品牌形象乃至其生存与发展都具有重要意义。对出版社来讲，涉外版权贸易的流程管理包括版权引进的流程管理和版权输出的流程管理。

一、版权引进的流程管理

（一）获得版权信息

版权贸易的第一步是获得相关版权信息。若出版社有意购买国外版权，获得版权信息的途径有：

1. 出版商（或代理商）的书目。这是获得定期而具体信息的最佳途径，并可了解到境外出版商的出版领域和作者范围。除了纸质书目，现在越来越多的出版社都有自己的网站，标记出重要、新近选题信息；教育和学术类出版社有的会在其网站上提供网上完整书目。如美国的 amazon. com 和英国的 amazon. co. uk 的网上书店服务，也是有用的信息资源。

2. 图书博览会和书展。图书博览会和书展为获得西方出版商书目提供了理想的机会，并可首睹其出版物。各图书博览会的规模与范围不同。法兰克福书展，每年 10 月举行，规模最大；参展图书涵盖各个领域和层次。西方其他重大的每年一届的书展有：伦敦书展（4 月举行；英国多数大出版商参展），博洛尼亚书展（4 月举行，是国际儿童与教育图书展）；美国书展是 5 月月底或 6 月月初在美国不同地点举行，美国多数大出版社参展。在中东欧，现在有许多不同的书展：华沙、布拉格、布达佩斯、布加勒斯特、莫斯科、索非亚和最近在三个波罗的海国家轮流举办的波罗的海书展。在亚洲，每年一届的书展有三个：台北书展、东京书展和北京国际图书博览会（BIBF）。

3. 出版名录。国际出版业总信息的主要来源是出版名录。两大主要名录是《文学市场》（包括美国和加拿大的出版商）和《国际文学市场》（包括世界其余出版商）。二者皆由今日信息公司每年出版，可以从英国的 Bowker 有限公司订购。名录中依次列明各个国家出版社的名称、地址、联系电话、传真号码、主要人员的姓名及其出版方向。大多数情况下，还标明该出版公司成立的时间和上一年度的出版数量。它们为鉴别、选择适当的外国出版社提供了良好的起点。

4. 贸易期刊。另外一个最新出版信息的来源是国家贸易杂志与期刊。在英国有两大主要期刊，皆为周刊，《书商》和《出版消息》。美国的贸易期刊是《出版商周刊》，贸易期刊通常包括出版商自己加入的主要新选题的广告，诸如儿童书、宗教书等出版领域定期的编辑专题文章，畅销书每周排行榜，图书贸易和个别图书书评的新专题报道。

5. 教育、学术和文学期刊。除贸易出版之外，还有其他一些出版物提供篇幅较长的图书书评；如英国的《泰晤士文学增刊》（高水平小说与非小说及一些学术选题）、《高等教育》（高等教育选题）、《泰晤士教育增刊》（学校用书和教育配套资料）。另外还有《伦敦书评》，它包括许多严肃文学作品。在美国有《纽约书评》。

（二）确认版权

确认版权一是确认谁控制版权，二是确认版权的汉语翻译、出版权等是否已授权出去。

确认谁控制版权，对于教育与学术选题，情形通常很明确，一般由出版社控制版权，要么作者将著作权全部转让给出版社，要么作者授予出版社除原语言基本出版权外的绝大多数权利。教育和学术领域很少有作者委托文字作品代理商。出版社对作品版权的完全享有将通过该作品的版权行使表明。在小说和畅销非小说作品领域，情形可能复杂得多，作品的版权一般为作者保留，但很少有作者愿意自己处理版权输出事务。有时翻译版权仍委托给原出版社，但有时由代表作者的文学作品代理商享有。许多西方出版社由于其出版物的版权为他人享有，会在其书目中插入一个版权表，提供每一选题版权所有者的详细情况；还有的将版权所有信息印在每一选题条目旁边。

许多西方出版社和作者的代理商，特别是那些处理大量市场选题的，已经选择使用大苹果和博达版权代理公司等副代理的服务。两者都在中国台湾地区，但前者在北京有办事处。一些西方出版商在中国已设立了办事处。还有一些中国副代理可以作为版权咨询的渠道：北京的中华版权代理公司、北京国际版权代理公司、上海版权代理公司、辽宁版权代理公司、万达版权代理公司、中国图书进出口公司版权部等。

由于在实践中一般把中国大陆（内地）、台、港、澳看成是四个独立的版权贸易地区，因此确认汉语翻译权、出版权在中国大陆（内地）是否已授权也是非常关键的一步。只有在确认该版权在中国大陆（内地）仍未授出，才能进行下一步的论证与谈判流程，否则关于该版权的其他工作均无意义。

（三）获取样书和选题论证

中文版权如未授出，就可以索取样书，西方出版企业一般会免费提供样书。得到足够的材料以后，进行选题论证。选题论证要做到以下三点：

1. 坚持社会效益与经济效益并重，提供智力支持。

2. 为出版的整体战略布局服务，要充分考虑本出版企业的特色。每种图书的出版都应该服从并且服务于社里的整体战略布局，增强已有的出版特色。如是新开发的领域，则应考虑如何形成规模，以便于在市场上产生影响。

3. 充分考虑市场。编辑部要着手进行选题的深度市场调查和细化量化的效益分析。充分掌握市场上的各种因素，认真进行分析，预测图书的市场前景后，再进行版权贸易的谈判。只有这样，才能做到真正的双赢，不至于因为轻率决策而导致损失：过高预测市场可能会导致为了引进而过高报价，甚至可能连预付金都无法收回；过低预测市场则可能会因为报价过低而无法取得授权。

（四）通过选题

由编辑部报选题，经过总编办公会（由全社有关业务部门和主要社领导参加）集体讨论，对该作品的市场前景进行分析，并初步提出一些市场运作的设想。

（五）申请版权

在出版企业通过选题后即可与版权人联系申请版权授权。申请版权需要明确说明想要获得的权利类型：翻译权、原语言影印权或附加中文资料的双语版，如英语课程或词典。如果与某家西方出版社是第一次签订合同，特别是如果这家出版社与中国市场做贸易没有经验，那么提供自己公司的介绍是大有帮助的：成立年限、每年出版多少种图书、出版方向以及提供一些曾经获得该国其他出版社版权许可的情况等。如果申请翻译权或双语版权时，还要说清楚中文翻译是用简体中文。一些西方出版企业没有意识到中文简体和繁体的区别，它们在不同地域市场使用，有时会使合同授权不严密。

获得境外版权授权主要有以下几种途径：

1. 直接与作者联系。这是引进版权最直接的方式。在引进版权过程中，如果找到作者（或继承人）的地址或其他联络方式，直接向作者取得是最好的。这种方式较适合用于引进日、德、法等大陆法系国家的图书。

这些国家的版权法一般都不鼓励卖断版权，作品的版权一般都在作者手里。但在出版英美国家作者的作品时，即使已同作者取得联系并得到作者的授权，我们也还要慎重对待，最好是请作者出示其与出版企业签订的合同复本。因为许多情况下，版权并不在作者手中，但作者会忽视这一点。

2. 通过外国出版公司取得授权。当要引进一本书的版权时，按照版权页上的地址，直接与书籍出版者联系授权是一种常用的方式。这对美、英等国尤其适用。因为在这些国家版权是可以卖断的，出版公司往往是所出作品的版权人。我国的港台地区也是如此。出版公司取得授权，可通过信函、传真、电话、出国专访或参加国际书展等方式。

3. 通过国际书展取得授权。像法兰克福、博洛尼亚等许多大型国际书展，其主要功能就是开展版权贸易。通过书展往往可以非常快捷地解决授权问题。

4. 通过版权代理机构取得授权。如果作者、出版者都找不到，那么还可通过版权代理机构取得授权。版权代理机构一般都与众多作者、出版者保持着联系，一些版权代理机构还经常拥有一些作品在某一地区授权的优先权。因此，通过代理机构常常会很快解决授权问题。除外国代理公司外，我国经国家版权局批准成立的版权代理机构现已有 30 余家。这些代理公司中，有些已代理了许多业务，具备了一定的功能，如中华版权代理总公司、上海版权代理公司与广西万达版权代理公司等。此外，还有我国港台地区的版权代理公司。

学会利用中外版权代理机构，是开展好版权贸易的一个重要因素。这对于多数无力经常参加国际书展的出版社尤为重要。当然，在通过版权代理公司寻找授权时，也要注意授权的可靠性，一般要求代理公司出示著作权人的授权书复本，在签订合同时，也要注意写明有关免责条款。

5. 通过合作出版取得授权。鉴于我们的一些出版社一时无法或无力引进版权，借助海外出版公司的力量开展合作出版，进而解决版权问题，也不失为一条途径。目前的此类合作方式主要有三种，第一，由海外出版公司负责取得外国作品中文版权，支付版权报酬（外汇），由我方出版社

（也可经批准双方署名）在国内出版发行（还可根据授权情况在新加坡、马来西亚等华语地区发行）。获利双方按投入比例分成。第二，直接与拥有版权的外国出版公司搞合作出版。如同意其以我方应付的版权费用作为投资，同时允许其另投资金作为出版投资，然后获利分成。这种方式对解决目前一些美英出版公司因嫌单纯转让中文版权给我方出版社利少事繁而造成的引进难问题有一定的帮助。

6. 通过网络取得授权。随着网络的迅速发展与普及，通过网络寻找授权也成为我们取得版权授权的新渠道。目前，海外的多数大出版公司都设立了自己的网站，通过其网站了解其出版物或其发布的版权贸易信息，并直接与其进行联络也是一种便捷的方式。另外也可以将从其他渠道得来的信息，通过网络来联系授权。另外，还可以利用现成的版权贸易网络平台来寻找授权，如美国的 rightscenter. com。

（六）版权引进合同谈判

境外出版公司同意授权后，即可进入版权引进合同谈判阶段。版权引进合同的主要条款有：

1. 使用方式及是否取得专有出版权。出版社取得的版权是专有还是非专有，全靠与著作权人约定。一般情况下是约定专有出版权，但也有例外。上述种种均是对常见的许可使用合同而言。如果不是此种性质的合同，则首先应明确该合同是许可还是转让？如果是转让，则要明确是有限转让，还是无限转让（卖断）。

2. 发行权范围。由于历史的原因，就中文图书出版目前的情况看，一部中文图书发行的范围一般可做几种选择：中国、中国大陆（内地）、中国港澳台地区、中国港澳地区、中国台湾地区、新加坡及马来西亚两国、全球范围等。目前中国出版社的发行范围多可分为大陆（内地）、港澳（多为一体）与台湾三地。中国大陆（内地）出版社不能在港台出版发行，港台出版社也不能在大陆（内地）出版发行。这就形成了在中国一国内的三个出版发行地区。著作权人在与出版社签订合同时，要考虑这一因素。

3. 对作品内容的要求。在引进方面，对作品内容拥有修改权是必须写入合同的，凡是不符合中国国情的都要做修改，当然修改之前需要和对方指明要做出修改的地方以及这样做的原因。尤其在引进有关历史、地理方面图书版权时，一是要认真审查书中在一些历史、地理方面的观点与结论，注意其是否与我们的观点相一致。如果存在不同观点，在合同中注明，中国出版社有修改的权利。在一些涉及地理历史方面的引进版图书中，常会在诸如钓鱼岛、南沙群岛、中国边境部分地区的划分、归属等方面存在问题。对此，出版社要特别注意。此外，在从港台引进图书版权时，还应注意翻译的名词术语的一贯性问题，在出版前一般要先按大陆（内地）的习惯进行统一。

4. 经济条款。经济条款的内容主要包括付酬方式、付酬标准。目前我国出版社采用的付酬方式主要有三种，即基本稿酬加印数稿酬、版税与一次性付酬。采取这几种方式中的哪一种，可以由出版社与外方版权人共同商议后确定。除上述三种付酬方式外，从著作权法的角度看，出版社与作者之间也可以商定以物代币支付。如以一定数量的图书代替货币向作者支付等，这是符合法律规定的。当然，不能违反公平自愿原则。付酬要求自然是越低越好。在常用的版税方式中，要力争按实际销量计算，以降低出版社的经营风险。同时要注意版权附加权的问题，尽可能为自己争取更多的附加权利。经济条款中其他内容还包括付酬币种、支付渠道、费用、税收及样书的寄送等问题。

5. 时间条款。合同中一般要写明的时间条款较多，主要包括作者交稿时间、修改时限、出版时间、付酬时间、合同生效时间、合同失效时间等。时间条款往往是确定合同是否继续履行的前提，一般的出版合同都会规定，如果当事人双方有一方违反了时间要求，另一方就有权解除合同，同时继续主张合同规定的权利。其中最关键的是合同的有效期。在引进图书版权贸易中，我国出版社一般不应答应过短的时间要求。合同的有效期制定得不能太短也不能太长。除了畅销书之外，一本书的生命力再硬也就三五年。排除畅销书的情况外，出版社在签约时应该注意翻译作品一般要5年到7年。

6. 核查条款。出版社要向作者提供真实的出版、销售情况，境外版权人有权独自或委托代理人核查出版社有关该图书的印数及出版销售印目。

7. 适用法律与仲裁条款。涉外版权贸易合同，要写明所适用的法律。对于中国出版社，要争取适用中国法律并在中国进行合同纠纷仲裁。如要适用外国法律，一定要先尽量了解一下该法律的主要内容，重点是与我国法律的不同点、违约的补救条款等。

8. 合同终止条款。在合同中列明引起合同终止的各种情形，以减少出版社潜在损失。

（七）引进版权登记合同登记

根据规定，我国出版社引进境外版权需要进行版权登记。如在北京的出版社必须到北京市版权局进行版权登记，上海的出版社到上海市版权局登记等。登记时，出版社必须提交与国外出版社签订的许可合同原件，中国被许可方签字并盖章的合同中文译本，原书版权页和填好的国家版权局制作的版权登记表 3 份，不收登记费。合同登记是对著作权人授权的真实性和合法性的最后确认。如果出版社的合同有缺陷或材料不齐，就需要补齐材料，否则不能进入出版阶段。

一旦相应版权登记管理部门批准该申请，就给该许可合同一个登记号码，这个号码必须印在许可版本的版权页上，附在许可方原版权声明和其他任何对许可方的声明之下。

（八）版权引进合同的履行

版权贸易合同从签署到新书出版往往只有一年的时间，这期间要经过支付定金、组织翻译、编辑、出版、支付版税及寄送样书等一系列环节，任何一个环节执行不力都会影响到整个系统的运行效率，影响出版社辛辛苦苦树立的形象。不管前期付出了多么艰辛的劳动，如果不能按时按质完成合同条款，不能将图书成功地推向市场并实现其预期效益，所做的一切都是徒劳。所以说，快速高效的执行机制是版权贸易持续进行的关键，这个系统需要完成以下任务：支付预付版税、组织翻译、图书的编辑、加工和出版、组织营销、寄送样书并及时回复来函、传真、提供销售的首印、重印报告；在合同规定的期限内结清应付的版税，一定要准时守信。

二、输出版权的流程管理

中国是世界公认的出版大国和版权贸易大国之一。由于中西语言、文化的差异以及我国经济文化发展的实际水平等原因，中国图书要大规模走向西方主流社会还需要一定的时间。但是，改革开放以来中国经济的迅速发展，综合国力的迅速提升，中国经济文化已经在全世界范围引起了深度关注。经过近 40 年的版权贸易风雨历程，再加上近年来各级政府的支持，尤其是中国共产党中央委员会宣传部、中华人民共和国国务院新闻办公室、原新闻出版总署主导的"中国图书对外推广计划"的倡导，无论是输出内容、输出地，还是输出模式，国内书业版权输出都发生了不少变化。版权输出方式也从过去单纯的版权输出，逐步发展为代印出版，直接为我国港台地区或国外提供繁体字版或英文版，随后又出现国际组稿、引进返销、国际销售、合作出版等多种模式，并已有不少国内外出版公司开始了多种模式并举的全面战略合作。在此过程中我国出版业涌现出许多版权输出卓有成效的出版社，并在国际出版市场上树立了良好形象。学习总结这些出版社的先进经验，并借鉴国标出版集团版权输出的成功之道对有志于"走出去"的我国出版社将大有裨益。总的看来，版权输出还将有一个跨越式的实质性发展，即将从我国的港台地区到东南亚华语文化圈子，从亚洲韩国、日本再到西方主流社会，合作层次、合作广度和合作深度都将不断加强，逐渐达到双赢和文化交流的目的。

（一）获得版权人的授权

在国内版权贸易中，出版社通过与国内版权人签订图书出版合同，仅仅是获得了图书的国内专有出版权，但出版权仍在版权人手中控制。在境外的出版发行等权利的行使版权人可再次授权。因此，出版社要想把其出版物版权授权境外出版商出版，还需要得到作者或其他版权人的授权，否则有侵权嫌疑。对出版社来讲，最好的解决之策是在与国内版权人签订合同时，对一些有潜力的作品尽量争取到全球范围的分许可权。当然，这样付给版权人的版税也要多。如事先没有得到版权人的授权，在版权输出后，要及时按照《使用文字作品支付报酬办法》的要求把境外的版税收入按比例分给版权人。

（二）挑选有潜力的选题

希望输出版权的中国出版社的第一任务是以客观的、现实的眼光看待现有的和将来的出版项目，以鉴别出真正具有国际潜力的选题。

第一，"贪大求洋"不行，因为在外国人看来，在输出拳头产品的诸多属性中，民族性是第一位的。"越是民族的就越是世界的"，没有个性和特色的作品是没有生命力的。抓住外国读者这样的心理特点，我们就可以展开想象的空间来设计符合外国读者心理的外向型作品。阿来的《尘埃落定》的版权之所以输出到美国且取得较大成功，就是因为小说本身的藏族题材吸引西方读者。

第二，针对不同的目标市场，选题也要有所不同。目标市场当然因出版机构而异。对我国大多数出版机构来说，目前主要的版权目标市场应当是亚洲的汉文化圈国家和地区，在新加坡、马来西亚等东南亚国家和地区的华文教育市场，汉语教材则不可小觑。另外则是广大亚太地区以及欧美国家中正日益发展的华人社区，再者则可以考虑向广大发展中国家和地区开展科技医学普及类版权营销，欧美一些国家就非常重视中国的传统文化、中医、武术功夫等，对欧美国家可以加大销售艺术类、传统文化类以及一些长篇小说和纪实文学版权的力度。

（三）制作英文目录简介

针对图书版权贸易，国内出版社应该重视英文目录以及英文的内容简介。图书英文目录和简介是出版社版权在国际舞台崭露头角的触角。有了英文目录，国外的出版工作者才可能注意到国内的某一图书，从而为版权输出埋下伏笔，因为能读懂中文目录和简介的国际业界人士并不多。目前国内出版的书籍普遍没有英文目录。目录虽小，却折射出出版社对版权输出并不热衷的心态。在确定输出选题的基础上，出版社应制作英文目录和简介。有条件的还可针对不同国家和地区的文种制作不同语种的图书目录简介。

（四）推销版权

推销版权的第一步，最好不要尽力推销整个书目，而是挑选一个（最多两三个）看起来真正具有国外潜力的选题。更可取的方式是提供该书简洁、清晰的信息，在对方未要求前不必主动提供样书。如果信息介绍足够清楚，国外出版社可据此判断自己是否有兴趣看到更多资料。许多国外出版社除每年两次的新书目或不同专业目录外，还制作一些单独的预报单。其内容应包括：出版社的名称与地址；该书书名；作者详细材料如地位，出版物等；该书详细信息如版式、装帧、厚度、种类；插图的数量与种类；对该书的简要介绍；读者对象；出版日期。这些经验值得我国出版社学习。

目前关于国际版权贸易，最有效、最集中的平台就是国际书展，在各种书展中，法兰克福书展具有无可比拟的影响力，全世界每年50%以上的版权贸易是在法兰克福书展完成的。我国的北京国际图书博览会也是这样一个国际图书交流的文化平台。版权贸易要想取得进展，势必要牢牢抓住国际书展这一平台，做好促销宣传工作。

另一个版权推销的手段是上因特网，上网已成为国际出版必备的"通行证"和"名片"。英文目录简介除制作纸质版本外，还可充分利用互联网的跨越时空、可随时更新、浏览并且节省资源成本等特征，制作网络版书目。越来越多的国内出版社在因特网上建立了网页，这是一种非常有效地使自己被国外同行知晓的方式。国内出版社在制作网页时应尽量以中英文两种版本发布自己的图书信息，网页制作不仅要在视觉上吸引人，最重要的是方便访问者查询相关信息，以达到宣传自身的良好效果。尚未上网的出版社应尽快上网，申请电子信箱、建立自己的网站并以英文版发布图书信息，还要专人专管，重视网络工作。

（五）版权输出合同条款谈判

一是首印数和当地预计销售价格。在大多数西方国家，出版社是根据一定时期内图书的实际销售数量计算版税，从中提取预付款，而不是按照印数。这是由于在这些市场出版总是一种高风险活动；市场竞争意味着印数总是根据经验做出的推测而确定，从不会基于提供给一家国营发行商的固定印数。

二是预付款和版税的条款。初期销售图书的版税从预付款中扣除，直到有盈余，此后要根据销售数量进行进一步结算。

三是被版权授权的地理区域。特别对一些可能在许多不同地域市场使用的语言版本的授权，应该询问被许可方：他们要求的地域是什么以及他们如何维持。这种划分许可市场的方式通常仅对有大量潜在市场的图书可行。

四是许可合同的期限。学术出版社可能要求许可持续整个版权保护期，有出版该书修订版本的选择权。大众读物出版社可能愿意接受一个较短的许可期限，但很少有西方出版社会接受自他们的版本首次出版之日起少于10年的授权期限。

五是附属权利。学术出版社可能非常高兴接受在约定的地理市场的单纯的图书出版权，大众图书出版社可能希望翻译许可中包含一系列的权利，这能使他们在限定地域内以其他方式开发利用该书。这些权利包括平装本权、为图书俱乐部的邮购业务提供图书的权利、分许可权、允许报纸和杂志在图书出版前或出版后摘录、节选（第一和第二连载权）等。

如果许可合同中没有这些权利，许多西方出版社可能会拒绝接受许可。因为他们都能通过该书产生额外收入，限制他们就没有任何意义，但是外国出版社会被问及他们如何积极行使这些权利。从任何这种再许可中获得的收益都应按一定比例与中国出版社分配。分配的比例根据所授权利的种类而变化，第一连载权（出版前报纸和杂志的节选权）一般在50%到90%之间。

（六）监督合同的履行

快速高效的内部执行机制对出版社版权输出业务也是必不可少。可以建立版税管理系统、版权输出管理系统、客户管理系统，实现对版权、作者和客户的规范化管理。通过版税管理系统的建立，淘汰那些没有重印版税的不良客户，建立稳定守信的客户群，并保证及时掌握版权图书的发行情况。如果对方做得不好，出版社可以终止合作，这对对方是一个损失。对内，出版社为作者建立了版权输出公开查询的制度，保证了版权输出的透明化管理，确保了作者的权益。

三、出版企业版权贸易注意事项

（一）精心培育和开发作者资源

作者的创作是出版活动的第一步，是出版社财富的源头。作者创作水平决定了出版物的内在质量和特色水平，没有优秀的作者，再好的选题输出策划也只能是空中楼阁。因此，精心培育、深度开发作者资源是保持出版社市场竞争力、保证可持续发展的战略性任务。发现作者、尊重作者、培育作者、给作者以理解和关爱是出版单位首先要做的工作。

（二）打造出版单位独立自主的版权

独立自主的版权是出版单位生存发展的基础，是出版社直接支配控制的财富资源。完整的版权是出版社开展全方位文化交流与合作、寻求新的经济增长方式的前提条件。途径有二：（1）用创造性劳动获得完整的版权资源。出版权仅是作者授权出版社的一项权利，出版社自己付出创造性劳动获得的版权才是完整的权利。（2）委托他人创作作品，通过合同约定获取版权。出版社应增强版权意识，依照法律规定用合同主张自己的权利，一方面减少将来在法律上的麻烦，另一方面为版权的自主经营创造条件。

（三）设立专门版权贸易机构，配备高素质的版权贸易人才

我国的出版社中有的专门成立了版权部门，培养了专门人才，专门从事版权事务，有一套较为完善的管理机制和比较成熟的版权贸易经验，如外研社、北京语言大学出版社、接力出版社等。但大多数出版社在这方面缺乏人才和必要的机构。另外，在版权部门中人员的配备应是引进与输出平衡，改变以往只重引进而忽视输出的做法。有条件的可以设立海外拓展部，组建专业化的海外推广队伍，全面开展海外版权贸易、出版培训和营销活动，以推动出版社版权输出。

（四）版权引进要建立多方面版权供应渠道

版权引进要根据出版社自身的产品结构和出书特色来确定引进的方向和重点，使引进的图书形成一定的规模和阵势，显示出明显的特色，不要盲目跟风。另外对那些名牌出版社或者与我们以前有过合作的国外出版社，要随时把握它们的出书动向和出版信息，在它们的某些图书品种尚处于策划和制作阶段时便开始同它们洽谈中文版版权的问题。在系列图书的前几种书一上市，确定了其图书内容风格和质量水准后，即争取尽快与对方签订中文版授权合同，以避免太多的竞争对手涉足其中致使版税报价的提高。再就是注意研究国外图书市场的动向，及时了解国外的图书市场信息，在获悉某些作家即将推出新作之前及早介入，与版权代理人洽谈中文版授权问题。有条件的出版社还可聘请海外出版业内人士为版权贸易信息咨询顾问，使出版社以最快的时间了解海外书业信息。

（五）版权输出方面应当建立"国际版权营销"观念

"国际版权营销"，首先是在版权输出中研究国际版权市场，研究经济、政治、文化对市场的影响，关注市场的需求趋势和潜在要求，判断出版社的出版资源在国际市场上销售的优势和弱势，从而采取相应的营销活动。其次是要选准自己的目标市场。根据对目标市场状况的研究和判断，做好可用于国际版权贸易的产品设计、促销方式等生产经营的决策和实施。再次是组织营销的专业化人才队伍，从版权产品的设计到制作，以及促销宣传、交易实务，都应当有他们的智慧融入其中。最后是建立出版机构内部的国际版权营销管理体系，从数据库的建立到决策程序的设置，从岗位职责预设到奖惩办法的制定，形成良性经营的保障系统。

（六）善用版权输出的优惠政策

充分利用国家优惠政策，达成与境外出版商的版权输出合同，提升出版社的综合竞争力是有志于"走出去"的出版社应认真考虑的一个着力点。为了扭转长期以来我国版权贸易逆差的状况，政府出台了一系列举措支持出版业"走出去"，从资助机制、激励机制双重刺激各个出版单位"走出去"。2005年正式启动的"中国图书对外推广计划"，是中国文化产业"走出去"的重要项目，包括资助翻译费、鼓励外国出版商和出版机构翻译出版发行中国图书、向国外图书馆赠送关于中国的图书等内容。主要目的在于通过向国外的出版机构提供翻译经费的方式，让更多国外的出版机构翻译出版中国图书，使国外的读者通过本土语言文字以及所习惯的阅读方式来了解中国。截至2016年年底，该计划已同美国、英国、俄罗斯、澳大利亚、越南、南非等71个国家的603家出版机构签订资助协议2676项，涉及图书2973种，文版47个。

新闻出版主管部门不断优化资源配置，在书号、版号、刊号等方面向"走出去"重点企业倾斜，并集中财力，对"走出去"重点产品和重要国际书展予以扶持。这些扶持政策主要表现为八个方面：对列入"中国图书对外推广计划"或实施"走出去"战略的出版项目所需的书号不限量，给予充分保证；支持重点出版企业申办出口权；支持出版单位创办外向型外语期刊；制定"鼓励和扶持文化产品和服务出口的若干政策"的配套文件；协调国内金融机构提供外向型出版企业、工程项目加快发展的信贷支持；全力办好国际书展，重点扶持法兰克福、北京、莫斯科、香港等15个国际书展，提供更多的政府资金，打造中国图书推广的平台；为"中国图书对外推广计划"继续提供资金支持；适时表彰奖励图书"走出去"取得成绩的出版集团和出版社。

第五节　出版企业知识产权经营保护体系

出版企业是经营知识产权的行业，其涉及的知识产权内容除版权外，还包括商标、专利和与出版企业相关的域名登记和保护等。出版企业知识产权经营保护体系不仅涉及知识产权的内容，而且涉及出版企业运营的多方面内容。

一、制定出版企业知识产权经营保护方案

出版企业进行知识产权经营保护体系建设时，应当充分考虑两个问题：第一，应充分考虑目前出版业产业政策对于权利归属、激励机制建设

方面的限制；第二，应尽可能地在现有的体制下，把相关的管理、运营机制搞活。在具体方案的制定、实施层面，出版企业最好能够聘请法律专家介入到整个流程的设计和运作中。在法律专家的帮助下，出版企业首先对自己的业务流程进行详细分析，了解和发现整个环节中可能涉及知识产权体系的环节，如编辑、出版、印刷、发行、广告及举办的各项活动。另外，出版企业可结合自身的知识产权特征，制订相应的知识产权取得、使用、管理和保护制度，以及员工保密制度。第三，出版企业可结合业务特征，分别起草、签署相应的协议，对于知识产权权利归属做出明确的约定。第四，出版企业应指派专人进行文档保存、管理，并在专业人士的协助下，完成权利申请、登记事项。第五，出版企业应通过各种公开渠道，定期或不定期地进行权利检索，及时发现侵权行为。尤其需要提出的是，知识产权体系是一个动态的、体系化的发展过程，出版企业应当结合知识产权项目的具体情况，及时对所建立的知识产权体系进行更新与补充。例如，主商标与子商标的使用，竞业禁止协议，重大出版行为过程中的珍贵资料保存与使用等。

二、建立版权盈利模式

按照著作权法，版权的使用方式有13种之多，每种使用方式不仅都有获得收入的可能，而且一旦实现多种媒体或商品的互动，其经济价值将以乘数效应增加。比如，平面内容资源的改编权可以卖给电影电视制作公司，可以演话剧、播广播剧和录制有声读物；转载权可以卖给报刊、网络、手机等；各种内容还可以经过设计，开发在各种商品上的使用权，如服装、文具、玩具等。这方面，最成功的榜样就是迪士尼，他们通过对米老鼠、唐老鸭等几个卡通形象的全方位版权资源开发，成为全世界最大的媒体集团之一。所以版权是出版社最大、最珍贵的资产，其价值和潜力是无限的。目前，国内的大多数出版社仅仅使用了版权13种使用方式中的1种或2种，远未把版权的经济价值充分挖掘出来。其原因是大多数出版社对版权的多种获利形式不够重视，也有出版社虽然意识到了，但由于缺少专业的管理人才和营销人才，形成"身在宝山不识宝"或"守着金饭碗讨饭吃"的局面。当然，近年来已有出版社意识到多元化经营的重要性，开始打破经营方式单一的局面，积极探索多种经营路子，把版权推向更广阔的市场，取得了成功。在国际图书市场上，出版商们不仅仅出版图书，更注重图书商品的多元化开发，使优秀的图书由单一的图书品种，衍生出多种类多层次的品种。

三、创新思维，经营商标及品牌

（一）商标注册

出版社要对社标、社名、出版物标志、选题策划进行全方位的注册。没有注册的社标、社名、出版物标志、选题策划，是得不到法律保护的，而注册后的社标、社名、出版物标志、选题策划，即可获得法律的强有力的保护。《中华人民共和国商标法》（以下简称《商标法》）实行先申请原则，即先申请商标注册者先获得商标权。优秀的出版社需要危机感，要防止其他单位或者个人的恶意抢注。一旦出版社的社标、社名、出版物标志、选题策划被其他单位或者个人恶意抢注之后，出版社再要夺回自己的品牌将会花费大量资金和人力。同时通过对选题策划、书名等进行商标注册，也可防止其他竞争对手的跟风、仿冒。如春风文艺出版社对"布老虎"丛书的注册很值得更多的出版社借鉴。

（二）品牌经营

作为内容提供者，出版企业应该成为创新活动的主导者和组织者。从这一目标出发，出版企业不仅需要对各类学术文化创新活动进行前瞻性的规划和组织，并把它转化为市场所能够接受的形式，而且更需要从市场出发，从读者需求出发，进行大规模的文化创新活动，向读者提供更多的文化产品。《读者》《家庭》《知音》等杂志除了对期刊名进行商标注册，倾力打造一流刊物外，还积极利用该品牌进行多元化经营，取得社会效益与经济效益双丰收的成果。

四、专利权的经营与管理

《中华人民共和国专利法》（以下简称《专利法》）中所称的专利权

包括发明专利权、实用新型技术专利权以及外观设计专利权。根据《专利法》界定的范围，出版单位无形资产的专利权主要是外观设计。很多出版单位都会有独立的美编部门，会对一些书籍的封皮和内容进行设计。具有创意的外观设计可以满足一些读者的猎奇心理，同时具有美感的封面设计，会给读者一个美好的第一印象，一些收入高的读者往往对图书的品质追求更高，高品质的图书封面设计和内容版式设计，更有利于吸引这部分读者，扩大了市场，出版社获利更多。通过对书刊封面设计申请专利，同样可以起到对其出版物排他性的保护。外观设计专利和书名商标一起构筑出版单位某一出版物在市场上的垄断地位。否则越是畅销书，越容易被跟风仿冒，而正式出版商市场份额被挤占却无可奈何。出版单位应积极利用《商标法》《专利法》等法律规定，为自己的出版物加上保护网。同时，一旦有侵权发生，也可利用专门的法律为自己赢得主动权。

五、依法维权

侵权和维权是伴随知识文化产品的丰富和出版产业发展全过程的社会现象。维权斗争是出版单位生存发展、经营管理活动的重要方面。出版单位必须作好维权斗争的长期思想准备，进一步建立健全维权的机制和手段。

出版业已发生的案例，以著作权侵权、商标侵权案件最为典型。其中，著作权侵权案件主要包括：侵犯署名权纠纷；因网上发表作品的转载、整理、编辑、出版而发生的侵权纠纷；因作品的修改权和保持作品完整权而引发的侵权纠纷；因复制与发行而产生的纠纷；作品抄袭、未经许可出版、专有出版权侵权纠纷；因委托作品而产生的侵权纠纷；因职务作品、法人作品等权利归属而引发的纠纷等。另外还有一类是新兴案件，比如一些与网络游戏有关的案件等，其中主要涉及改编权和网络传播权等法律问题。关于商标侵权案件，仅出版社名称与商标权冲突引发的纠纷就有七类：出版单位已注册商标被他人冒用；书刊名称与他人在先注册的商标发生冲突；知名书报刊名称被第三人抢注商标；出版单位未经许可在出版物上使用他人的注册商标而构成侵权；出版单位在出版物的装帧设计、宣传用语中侵犯他人商标权或其他权利；知名书报刊名称被第三人冒用；出版单位商号和他人商标权冲突以及出版伪书。除此以外，有关出版知识产权的纠纷还包括原书书稿丢失、肖像权利、域名纠纷以及与知识产权贿赂等有关的案件。

本章知识小结：

● 版权是指作者依法对其创作的科学、文学、艺术作品所享有的人身权和财产权的总称，是创作者的专有权。以版权为核心的知识产权是出版企业的重要无形资产，出版企业版权管理是指出版企业将版权作为一种经营资本，对其所进行的筹划、开发、经营和交易等活动，使之发挥最佳效益。其实质是将版权视为商品，投放市场，通过获取、交易、经营、保护等手段，从而实现其应有的价值。

● 版权主体是版权法律关系中权利的享有者，是指依法以自己的创作行为享有著作权或依法通过有效途径享有著作权的自然人、法人或其他组织的总称。版权的主体包括自然人、法人和非法人单位，在一定条件下，国家也可以成为版权主体。版权的客体，是指创作者所创作的，以某种物质形式存在的科学、文学、艺术作品。我国著作权法规定了九大类作品种类，其中文字作品是我国出版企业版权贸易的主要作品。版权的内容包括人身权（精神权利）四项和财产权（经济权利）十三项，其中与出版社关系密切的权利有复制权、发行权、信息网络传播权、改编权、翻译权、汇编权等。另外版式设计权是出版社享有的主要邻接权内容。

● 版权贸易，是指版权所有人与作品使用、传播人，有偿转移文学、科学和艺术作品中的财产权进行的法律行为。它包括版权引进和版权输出两个方面。版权贸易的标的物主要指的是版权中的经济权利。版权贸易的方式主要有版权许可与版权转让，其各自又有不同的分类。国际合作出版是国际版权贸易的更高层次。我国出版社正在从单纯的版权贸易向国际合作出版转移。越来越多的中国出版企业开始与国外同行合作，共同策划选题和出版发行，以求生产出契合国际市场需求、符合国外读者口味的图书产品。从开始的收购版权，到后来的共同策划、编辑、组稿、排版，在紧密的合作中达到了你中有我、我中有你，最终完成了整个出版流程、市场运作等细节层面的深入合作。中国图书的国际市场之路正在呈现梯次推进、多样化的格局。

● 出版企业版权贸易的流程管理包括版权引进的流程管理与版权输出的流程管理。出版企业要做好版权贸易，需要注意做好如下工作：精心培育和开发作者资源、打造出版单位独立自主的版权、设立专门版权贸易机构、配备高素质的版权贸易人才、版权引进要建立多方面版权供应渠道、版权输出方面应当建立"国际版权营销"观念、同时善用我国版权输出的各项优惠政策。

● 出版企业知识产权经营保护体系不仅涉及版权，还包括商标、专利和与出版社相关的域名登记和保护，而且涉及出版社运营的多方面内容。完善知识产权经营保护体系，出版企业应制定出知识产权经营保护方案；建立版权盈利模式，加强对版权多种使用形式的开发和营销；创新思维，经营商标及品牌；注意利用专利权经营与管理自己的出版物。敢于、善于且依法主动维权，全程、全方位经营好自己的无形资产——知识产权。

[思考题]

1. 如何搞好我国版权管理的环境建设？
2. 请分析我国出版物"走出去"的难点与对策。
3. 我国出版社如何参与国际合作出版？
4. 请思考出版企业如何构建知识产权经营保护体系。

第九章　出版企业信息管理

本章学习目标：

- 理解和掌握出版企业信息管理的概念和基本内容
- 了解出版企业信息管理的特点和作用
- 理解和掌握出版企业信息管理中的数字化和网络化
- 理解出版信息化和数字出版的关系
- 理解数字出版的概念及其常见模式
- 了解出版企业信息系统的构建过程及其内容

在信息技术特别是网络技术发达的今天，出版企业各个层面的业务和管理活动都毫无例外地受到了猛烈的冲击。适应网络时代而产生的数字出版已不单纯是个响亮的口号，而迅速地演变成鲜活的现实。在这个时刻，我国很多的出版社未能直面这个现实，尚处于信息化的初级阶段，无法跟上时代的步伐。出版企业信息化是数字出版的基础，也是出版企业进行各种网络商务活动的基础，因此，出版企业信息管理便显得极端重要而又迫在眉睫。本章从出版企业信息管理所涉及的一些基本概念出发，对出版企业信息管理所涉及的诸多方面进行了阐述。

第一节　出版企业信息管理的概念与作用

为了更好地理解出版企业信息管理，本节首先介绍其基本概念和特点，然后再深入探讨出版企业信息管理的基本内容及其流程。

一、出版企业信息管理的概念

信息管理是人类为了有效地开发和利用信息资源，以现代信息技术为手段，对信息资源进行计划、组织、领导和控制的社会活动。简单地说，信息管理就是人对信息资源和信息活动的管理。

所谓出版企业信息管理是指出版企业为了更有效地开发和利用其相关的信息资源，利用现代信息技术特别是网络技术，通过出版企业内部管理信息系统对其信息资源进行收集、加工、分析和处理的活动过程。出版企业信息管理是出版业务活动信息化、出版内容信息化以及出版企业其他通常管理活动三者的综合体。

出版企业信息管理是为了更好地完成管理的职能，即它可以充分管理信息资源与知识资源，最大限度地发挥它们的作用，为组织带来效率。出版企业信息管理具有很强的技术特征，即它要充分利用信息技术，将它作为一种有力的手段，完成信息管理的目标。

要理解出版企业信息管理的概念，还必须把握以下两点：一方面，出版企业信息管理和其他组织的信息管理有相通之处，一般是指管理活动或管理职能的信息化。也就是说，实现出版企业在其计划、协调、控制、组织等管理职能活动的信息化。而管理职能在发挥作用时，需要调动相关的人财物等资源，所以，同时也要实现这些资源管理的信息化。另一方面，出版企业是一个特别的组织，其管理内容具有特殊性。出版企业的管理内容是信息内容，出版企业的产品是信息产品，信息产品在其业务上具有完全信息化的特点。因此，出版企业信息管理的另一方面应该是对其信息内容的信息化管理，把信息内容数字化。

二、出版企业信息管理的作用

1. 能够紧扣选题信息资源。选题是出版社的生命线。有了好的选题，出版社便有了好的产品，有了好的产品便可能有可观的市场份额，有了市场份额便有可能有好的社会效益和经济效益。

要抓住选题信息，开发选题资源，出版社首先要对自己的出版物有一个十分清楚的了解，包括本社出版物的定位，已出版的图书结构和规模与涉及的领域；本社出版物在市场上所占的份额；目前和近期准备推出的出版物及未来的发展方向等；同时也要积极关注同类出版社的出版物的动向及销售情况和读者反映。若有可能，应建立一个同类出版社出版物的资料库，以便借鉴。对于自己和竞争对手的选题能够做到知己知彼，那么就能在选题计划、出书计划等方面做到心中有数，应对自如。

2. 及时获取经营管理方面的信息资源。随着生产、销售、经营规模的扩大和市场情况的变化，各种适合这种变化的管理体制、机制和模式也层出不穷。及时了解和掌握先进的、科学的、有利于发展和调动职工积极性的管理理论和实践的信息，有助于出版企业及时借鉴，为我所用，不断提高自己的经营管理水平，使管理能够适应发展的需要，这是其一。同时注意工价、材料等方面的信息的变化，及时预测涨跌趋势，则可为出版企业带来可观的效益。从这一点上看，信息就是效益，抓住了信息就抓住了效益。

3. 及时了解和掌握发展趋势的信息资源。作为一个出版工作者，应从党和政府的某一个阶段的方针政策和发展计划中，了解出版业的发展趋势，配合国家的五年计划以及重点工作和项目，做好智力支撑，使出版工作同国家的经济和社会发展同步。同时要十分关注和预测本社出版领域内的学术发展水平和人们的文化教育精神需求。总之从宏观到微观方面的信息了解得越多，分析得越透彻，越有利于出版企业制订自己的发展规划。

4. 促进市场信息资源的开发。图书市场的变化如同一般商品的市场起伏一样，它是随着人们物质和文化精神需求的变化而变化的。每一时期，每一阶段，读者对出版物的需求是随着社会的变化和发展而变化和发展的。及时了解和抓住市场的变化，策划适合社会和市场需要的出版物，对出版企业的发展至关重要。与此同时，抓住市场的信息亦可有助于出版企业及时了解和掌握本社出版物在市场上的占有份额、销售情况、读者反映，从产品结构到出版物的内容、文字质量和装帧形式及读者的未来需求。若能抓住潜在的市场和读者群，那就抓住了出版企业发展的机遇。

第二节　出版企业信息资源的采集

信息资源管理包括数据资源管理和信息处理的管理。前者强调对数据的控制，后者则关心企业管理者如何获取和处理信息。

从广义上讲，出版企业信息产品是指凝结着一定数量的出版企业信息管理者劳动的信息成果，是出版信息化的结果。图书等便是出版企业信息产品的集中体现。但由于出版企业信息劳动的复杂性和信息产品的广泛性，大量未经加工的信息产品是零散无序的，并不便于吸收利用。要想使信息真正成为有用的信息资源，必须对此类信息产品进行再开发，即进行信息采集、整序和分析工作，以符合管理的需要。出版信息资源是构成出版物内容以及出版活动全程所需信息资源的总称。作为信息载体之一的图书出版业，是一个对人类文化信息进行积累和传播的行业而且在出版生产过程中又需要多方面的信息给予支持，出版信息资源历来就是出版的核心资源，信息影响贯穿着出版过程的始终。如果出版企业能够充分掌握、科学分析信息含量，就能在市场中掌握主动权，处于优势地位。从编辑进行市场调研，提出选题思路，制定选题计划开始，到社内对选题的论证和决策，到发行部门以何种营销手段推广图书，到市场销售信息的反馈等，信息时时刻刻积极地影响着出版企业的经营行为。从某种意义上说，没有信息便没有出版的资源，出版也就成了无本之木，无源之水。这就是为什么出版界不遗余力地捕捉信息、提炼和筛选信息的原因。

出版企业信息采集是指根据特定的目的和要求将分散蕴含在不同时空的有关信息采掘和积聚起来的过程。信息采集是信息资源管理的基础，也是出版企业信息产品开发的起点。由此可知，信息采集工作的好坏，对整个出版企业信息管理活动产生决定性的影响。

一、出版信息资源的分类

一般来说，出版信息按来源主要分社内信息和市场信息两大类。

（一）社内信息

社内信息主要包括以下信息：

1. 作者信息：社内作者队伍的详细情况，包括作者的学科成就、学术研究动态等。

2. 编辑信息：社内编辑知识结构的设计与安排、出版社选题计划、论证报告、书稿档案、宣传材料等。

3. 图书销售信息：本版图书在市场的征订销售情况、退货情况、销售网点与分布、库存及分析报告、资金回笼情况、订货会展销会情况、本版书在市场的反映等。

4. 生产信息：图书的印刷条件生产能力、印刷技术、图书出版周期、生产成本、装帧、装订水平等。

5. 其他相关信息。包括本社的财务分析报告、经营管理文件规章制度、工作计划、工作报告、人才培训、培养规划等。

（二）市场信息

市场信息主要包括以下内容：

1. 国家经济发展状况和行业发展动态、社会文化价值取向、社会热点、新闻、舆论方向。

2. 行业主管部门制定的相关法律、法规、政策。

3. 图书市场销售热点和本社图书在图书市场销售的状况。

4. 国内外同类出版社出版物的信息资源。

5. 与本社相类似的图书销售情况及本版书与该书的差别分析。

6. 读者对本版图书内容、装帧、定价等方面的综合评价和反映。

7. 行业媒体的报道。

8. 学术团体和学术会议、活动的信息等。

二、出版企业信息采集的渠道

信息采集的渠道有：

1. 个人信息源。人是最富活力的信息源，出版企业信息管理工作者应该牢记，最重要的信息源是人，特别是那些处于关键位置的专家。他们有着大量积累的经验，占据信息的同时要创造大量的信息，同时与外界有着广泛的联系。所以，在出版企业信息管理中，一定要注意对这些信息的采集。

2. 实物信息源。无论是自然物，还是人工制品，抑或是事物发生的现场，均可视为实物信息源。这就要求我们出版企业信息管理人员要亲赴现场，获取最直观的信息。

3. 文献信息源。文献的基本功能是存储信息和传播信息。文献是社会文明发展历史的客观记录，是人类思维成果的存在方式，也是科学与文化传播的主要手段。正是借助于文献，我们的文明才得以传承，得以发扬光大。所以，文献是最常用、最重要的信息源。出版社与文献的渊源很深，出版社信息管理者更要学会更好地利用文献资源来为管理工作服务。

4. 数据库信息源。随着信息技术的发展，数据库技术得到了广泛应用。数据库成为存储和处理信息的主要工具。功能强大的数据库系统能识别、处理和存储各类的信息。各出版社也建立有自己的数据库系统，我们主要是通过各种类型的数据库来采集我们需要的信息资源。数据库信息源中信息是经过加工后的信息，便于使用和管理。

5. 组织机构信息源。由于我们对信息要求有权威性，那么这类信息的采集就必须通过其相关的组织和机构来获取，这类信息往往是专业信息，价值含量较高。由于保守或者是竞争，有些信息资源不被公开，这类具有垄断性的信息的采集也必须通过相关组织机构来获取。

6. 网络信息源。当前网络普及，网络成为我们获取信息的重要渠道。但网络信息纷乱复杂，莫辨真伪。所以，这类采集需要慎之又慎。

三、信息采集的途径和方法

信息采集的途径指获取信息的渠道。不同的信息用户的渠道是不同的。出版社作为一个组织和企业主要有内部途径和外部途径两大方面：

1. 内部途径。出版社在本系统内部形成的各种信息交流的渠道很多，这些渠道主要用于采集内部信息，有时也能借以获取一些外部信息。从出版社内部的信息流来说，主要的信息途径包括管理监督部门、研究开发部门、市场营销部门、"葡萄藤"渠道以及内部信息网络等。

2. 外部途径。从出版社外部多途径采集的信息往往能使各自孤立的信息联系起来，并可以对以前所收集的信息加以验证，从而获取更完整的认识。出版社外部需信息采集途径包括有大众传播媒介、政府机关、社会组织、各种会议、个人关系、协作伙伴、用户和消费者以及外部信息网络等。

3. 信息采集的方法。出版社信息采集的方法依信息类型和性质不同而有异。根据信息源和信息采集途径的差异，信息有动态信息与静态信息、公开信息与非公开信息之分。

常用的信息采集方法参见表9-1。

表 9-1 出版社信息采集的常用方法

信息采集途径 ＼ 信息源	动态信息	静态信息
公开信息	问卷调查法	预定采购法
	参观考察法	信息检索法
	专家咨询法	日常积累法
非公开信息	访问交谈法	交换索要法
	技术截取法	委托收买法

第三节 出版信息化与数字出版

出版信息化和数字出版既相互联系又有区别，出版信息化专注于出版流程的信息化，是出版业务本身的信息化。数字出版则表示为一种适用于网络时代的出版新形式，数字出版必然依赖出版信息化的实现。本节将对这两个概念分别阐述。

一、出版信息化

出版信息化，可以概括为出版资源（内容）信息化、出版业务流程信息化、客户（读者）沟通信息化。

（一）出版资源（内容）信息化

出版社的资源主要包括数字图书资源、版权信息资源、读者作者信息资源、出版法规信息资源等。资源的标准化，不仅仅考虑自身的业务应用需求，还要做到资源信息数据的规范与标准，同时使行业内各个出版环节单位的信息数据互通和对接，实现资源整合、开发和共享。

出版企业的出版资源一是已有的出版成果，将这些积累数字化无疑是一笔宝贵的财富，由此可以形成庞大的图文数据库。像超星数字图书网是目前全球最大的中文数字图书网，藏书量涵盖文学、经济、计算机、工业等 50 多个大类，资源量并且每天不断增长，出版企业亦可借鉴其运作模式。

二是版权信息，作为一笔宝贵的财富，它的动态管理必将支持出版企业的版权经营实现最大的效益。多年来，我国在版权贸易方面一直是高比例的逆差，基于不同语种的版权数据库将是改善这一状况的强有力工具。如北京出版集团于 1998 年在总编室成立对外合作部，专门负责版权贸易工作，并指定专人负责版权输出，通过集团网站、电子邮件，及时对外交流优秀图书；制作专门的版权书目，利用北京国际图书博览会的平台积极推广集团图书。2006 年在总结以往经验的基础上，针对我国港台地区和韩国、泰国、欧美等不同市场分别制作了中英文书目，并准备配套推出含各种图书信息的电子书目。

（二）出版业务流程信息化

优化出版流程、支持经营决策。出版流程与技术因素关系最密切，信息化将带来明显的改观，例如将使图书的写作、编辑、校改、装帧设计等实现无纸化。同时，流程又与经营理念、作风密切相关。西方管理专家提出的"价值链"就指出，产品是由于其价值被顾客认可才完成销售的，而其生产销售过程就是一个环环相扣的不断被赋予价值的链条，这个价值链决定了企业经营的优劣。"企业资源规划"就是从产业的价值链角度整合流程。流程的信息化实现了信息共享。以图书开发人员为例，首先，其可以随时掌握印刷、发行环节的大量信息，有利于对新图书的准确定位。其次，动态的经营信息将得到有效的管理，这也是流程信息化的成果。最后，流程信息化使信息人员得以根据统计学原理，从大量信息中建立模型，开发出决策支持系统，为经营决策提供依据。就像北京师范大学出版社根据生产流程和管理模式，对编务系统进行了改造，使得系统真正能为编辑部的管理工作提供方便。

（三）客户（读者）沟通信息化

强化读者沟通、支持市场营销。20 世纪 90 年代营销理论的革命把营销组合四要素由产品、价格、渠道、促销改为顾客需求、成本、方便、沟通，体现了企业的经营活动从以营销为中心到以顾客为中心的转变。对于出版业，读者就意味着市场，一切为了读者，一切为了形成独有的读者群，于是，读者沟通成为营销的基本手段，生存的第一要义。信息化为读者沟通提供了理想的手段。

其一，大量的读者调查数据、读者交易数据、读者个人信息可以构成读者数据库。在这一点上，《时尚》杂志社是一个比较成功的案例。《时尚》杂志社是生活方式类最大的出版集团，旗下拥有 5 本杂志，其专业期刊有高达 65%的男性读者，与其他期刊相比，这些读者有更强的消费力。鉴于此，客户服务部可以很好地利用读者数据库为读者服务。例如，客户服务部可以接受客户的委托，在读者数据库中选取特定的读者群，定向发送宣传资料或客户的委托出版物。

其二，利用网站与读者直接沟通。网站建设是对外宣传的窗口，可以提供书目发布、新书信息宣传、检索与订购，信息交流与咨询、电子合同的签订与身份认证、网上货款支付等服务可以开展网上图书直销，成立网上读者俱乐部。在这个过程中，如果增强网站对图书完整内容的简介这一功能，会使读者达到在书店翻阅选购时相近的效果，会增加出版企业的吸引力提高出版企业的竞争实力。如商务印书馆的书目数据平均每本书信息量在 5000 字，整个网站的信息量已达到了 1500 万字。

二、数字出版

网络、博客、播客和手机等新媒体的产生，不仅为信息传播提供了多样化、高效率的手段，丰富了传统出版物的内容和形式，而且也改变了读者的阅读习惯和消费观念，使得出版的表现形式、盈利模式、出版流程等都发生了革命性的变化。2010 年，国家新闻出版总署发布《关于加快我国数字出版产业发展的若干意见》，根据数字出版特征划分了十余种常见数字出版形态：电子图书、数字报纸、数字期刊、网络原创文学、网络教育出版物、网络地图、数字音乐、网络动漫、网络游戏、数据库出版物、手机出版物等。近年来发展迅速的有声读物、按需出版、AR/VR 图书等新型出版形态逐渐进入发展春天，数字出版形态更加丰富。2018 年国内数字出版产业总体收入规模为 8330.78 亿元，其中，数字报纸达 8.3 亿元，互联网期刊达 21.38 亿元，电子书达 56 亿元，在线音乐达 103.5 亿元，博客类应用达 115.3 亿元，网络动漫达 180.8 亿元，网络游戏达 791.1 亿元，在线教育达 1330 亿元，移动出版（移动阅读、移动音乐、移动游戏等）达 2007.4 亿元，互联网广告达 3717 亿元。

（一）数字出版的概念

所谓数字出版，是指利用数字技术进行内容编辑加工，并通过网络传播数字内容产品的一种新型出版方式，其主要特征为内容生产数字化、管理过程数字化、产品形态数字化和传播渠道网络化。

电子出版和网络出版是数字出版的初级阶段。电子出版是指传统纸质出版从编辑加工、书报刊的纸质呈现，转型为电子技术的介入，电子出版物的表现形式有光盘、CD-ROM、电子阅读器、电子书、电子杂志、电子报纸。所谓网络出版，是指以纸质出版、电子出版技术为基础，通过数字网络技术，借助互联网进行编辑、复制、发行、信息传播，出版物的形态存在于互联网服务器的介质中，需要数字终端设备在线联网或下载后离线的一种出版形式。

受惠于大数据、数据挖掘、存储降噪等技术，数字出版产业链发生了区别于传统出版线性传播的巨大变化。出版产业，从销售、市场和宣传等相关工作都发生改变，可实现大数据实时分析、动态分析、数据推荐排行榜、大数据选题、数据编辑、可视化呈现出版物等新型数字化出版业态。

（二）数字出版的模式

针对当前出版业面临的形势，以及分析网络时代的需要，有学者提出了数字出版的以下几种模式：

1. 立体化配套资源

目前，传统出版与数字出版相结合比较成熟的商业模式是出版立体化资源，即以传统纸介质出版物为主体，通过配套的光盘或网站为纸介质出版物提供内容丰富、图文声像并茂、交互性强的增值产品或服务，这样就形成了图书为主、光盘和相关网站为辅的立体化出版资源。比如，北京师范大学出版社为了丰富中小学教学资源、提高中小学教材的服务质量和服务水平，出版了包括小学语文多媒体教学光盘系列、小学英语多媒体教学光盘系列、高中数学多媒体光盘系列等一系列教材配套电子出版物；人民卫生出版社通过二维码的方式，将临床超声视频、动画、图片等数字内容融入纸质图书中，使更多的临床资源能够立体表达和呈现，增强了阅读的直观性。

2. 网络出版

网络出版以低成本、无物流、无库存、无印数要求、即时更新、环保等显著特点赢得了出版界的认同。传统出版包括编辑、排版、校对、印刷等一系列非常繁琐的工作，难以做到快速、便利地传递各种信息；而在网络时代，这一工作可以极大地简化，出版的概念已经有所改变。在网络出版中，出版就是发布信息、传递信息的过程。互联网以其丰富的资源、检索速度快、网点之间的双向交流见长；读者可以将自己的购书需求迅速地传递给出版商；出版商根据购买需求，迅速地提供相应的书目供读者选择；读者确定自己所要购买的书后可快速通知出版商。同样，由于网络上双向交流的实时性，出版商可以快速地收到购买者的反馈信息，比如对所购出版物的评价、意见等，从而帮助出版商重新制定决策，促进出版业的发展。当前网络出版主要受到图书版权、阅读习惯及阅读器的兼容性等因素的影响，尚未得到迅速发展。随着基于 RSS（Really Simple Syndication）简易信息聚合技术的阅读软件的应用，读者可以按自己的要求，在一个共享其他站点内容的界面上，尽快阅读到最新的定制图书。这样，网络出版就有了新的发展契机。

3. 内容资源库

无论新技术如何变化、新媒体如何发展，优质的内容资源始终是出版业竞争的核心。随着利用网络等数字化手段传播文化、普及知识、传递信息量的增加，出版业与其他传统媒体、信息服务业以及其他文化业之间的界限逐步被打破，对于内容资源的不同呈现方式也进一步提高了资源的使用率。传统出版社拥有丰富的内容资源、较为知名的品牌等条件，在发展数字出版上具有其他行业无法比拟的优势。在此基础上，传统出版产业完全有资本拓展、转型到现代内容产业或知识资源服务产业，进一步挖掘自身的资源，将自己的内容产品加以数字化，以实现更方便的管理和内容资源的二次营销。目前出版企业在数字出版领域可挖掘的资源形式包括：（1）数字化文本资源，将原有的纸介质图书转为数字化文本；（2）多媒体资源，包括视音频材料（音像制品）、多媒体课件（电子出版物）以及自主开发的网络课件等。出版企业可利用上述数字化资源搭建一个数字出版物资源库平台，同时也要提供相应的客户端阅读浏览器，以便于读者对所下载的数字出版物的阅读及使用。

数字出版打破了原有的"物以稀为贵"，要求内容资源越集中、越丰富就越好销售。由于传统出版单位自身拥有的内容资源还不足以支撑数字出版业务的发展，因此，与其他出版社、IT 企业合作开发并组建统一的数字化内容资源出版发行平台成为一种可行的模式。但是也需注意，发展数字出版业，优质内容资源的争夺非常关键，数字内容资源越来越成为出版企业的一种重要资产，出版企业在将这些内容资产提供给第三方机构特别是一些商业性电子图书出版商使用时，要坚持合理的定价标准和分配比例，避免因廉价转让而造成损失。

对于数据库出版模式的尝试和摸索有高等教育出版社的教材教辅数据库、中国社会科学院的皮书数据库、商务印书馆的工具书数据库等。这是一种扁平型方式，它的主要特点是出版社可以通过网络建立数据库，将数据依据不同的终端载体，选取不同的章节数据，直接面对读者。这种模式完全打破了传统出版的编印发模式和线性传递过程，是数字出版的典型形式。

4. 按需出版

按需出版（Publishing On Demand，POD）可以按照不同地点、数量、内容的需求，来制作个性化出版物，特别适用于一些专业性强、学术性强、批量较小的出版物。按需出版能有效缓解出版商的经济压力，一般图书的发行数量难以确定，采用传统出版印刷方式印刷过多，供过于求，会造成库存积压，成本浪费；印得过少，平均成本又会提高，造成图书定价较高，影响图书的销售。有了按需出版，则能够有效地改变某些品种出版物供求之间的矛盾。对于专业出版社来说，部分专业性过偏、学术性过强的出版物，由于读者群较小，可以尝试利用按需出版技术，根据用户需求来印刷出版物，从而降低出版成本。

随着多媒体网络技术的进步，新的数字出版形式也在不断涌现。除了上述数字出版产业模式外，又新兴了如 DigiBook 的数字动漫、中文在线的手机阅读等数字出版商业模式。我国的数字出版产业正向着个性化、多元化的方向发展。

（三）数字出版的影响和意义

随着信息、网络等技术的高速发展，各种媒体的界限逐渐模糊，相互融合的速度加快，以高科技为主要手段和特征的现代内容产业的迅速产生和壮大，已经成为不可逆转的社会发展趋势。数字出版产品的生命周期延长、制作成本低、多样化显著，使资源整合与再利用空间扩大；数字出版的按需出版模式降低了经营风险，可充分挖掘短线图书、学术出版物的内在价值、学术价值和文化积累价值；加快了产品出版进度。从用户的角度来讲，能够实现全文检索与智能检索，满足多样化的消费形式、消费人群提供更完善的服务方式与渠道、更丰富的选择空间，用户需求得到最大化满足。

数字出版带来的技术创新、产业进步将打破原有出版产业的发展制衡格局，产业链的上游、中盘、下游乃至著作权人、传播者、消费者的关系需要重新界定与调整，由此催生了一种新的产业链模式，且产业链各环节的角色也会发生相应变化。

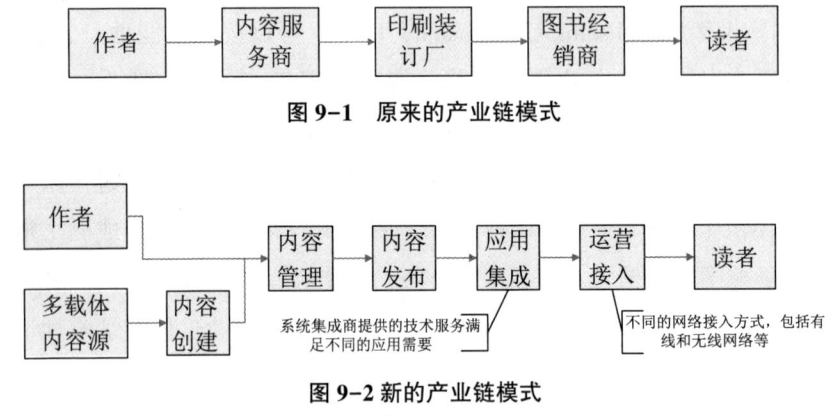

图 9-1 原来的产业链模式

图 9-2 新的产业链模式

电信行业、系统集成商、应用开发商、软件开发商、网上银行通过提供各种服务也都加入了产业链，产业链的分工更加细致、关系更趋复杂、联系更加紧密。

内容、技术、资本三个主要部分构成产业主体，出版产业的本质是通过激励创作者和传播者用技术手段将创意内容转化成为具有使用价值和交换价值的多种形式出版物（作品），通过市场机制实现其价值，并通过资本的运作，形成再创造与再生产的经济产业链。技术壁垒对出版业发展来说是暂时的，谁对内容资源拥有更强的整合与拓展能力，谁能提供更好、更高、更专业的个性化服务，谁才能拥有真正的核心竞争能力，才能掌控市场，在权益的制衡中拥有主动地位。

第四节　出版企业管理信息系统

随着信息技术的快速发展，出版企业信息管理系统也得到了广泛应用并取得了长足发展。出版企业信息管理系统是信息管理的工具和技术，同时出版企业信息管理系统也是信息管理的结晶。

一、出版企业管理信息系统概述

（一）出版企业管理信息系统的定义

出版企业管理信息系统是一个出版企业日常业务的数字化管理体系，通常包括编务管理、出版管理、发行管理。主要完成从图书的选题审批、发稿到发排、校对、印刷、发行全过程的管理，它对生产经营和执行决策所需要的资料，数据加以收集、加工、传递、存储，及时提供给领导、决策者所需的多方面的信息和生产现场实际情况。系统要求具有资源信息共享、功能实用、流程灵活、操作方便等特点。

（二）出版企业管理信息系统的功能

出版企业管理信息系统主要有以下作用：

1. 为现代出版企业经营管理提供全新的调控手段。

2. 为出版企业选题建设提供强有力的信息基础支撑。

3. 为出版企业经营决策进行辅助分析。

4. 合理使用获取的内外部信息。

二、出版企业信息管理系统的开发组织

出版企业要想在激烈的市场竞争中求生存和求发展，就必须摆脱传统的管理模式，在管理中利用现代信息技术改造自己、提升自己，建立管理信息系统。出版企业管理信息系统实现对图书出版各个环节的综合管理。系统储存图书出版的各类信息，可以使管理人员及时了解编辑人员的编辑发稿情况，出版部门的图书制作成本、基本投资情况以及发行部门的图书库存、发运、退货、销售等情况，使出版企业各部门能及时了解工作情

况，调整工作思路与方法，制定行之有效的工作方案和对策。同时，系统应满足出版企业未来的业务发展和管理需求，从而使得业务人员可以异地通过网络登录系统，随时了解出版企业的有关图书信息并开展业务。因而，系统的研究设计对于提高出版企业的综合管理能力和市场竞争能力具有重要的意义。

（一）系统总体分析

在系统总体分析中，数据类划分和子系统划分以出版企业的客观业务类型为第一考虑，出版企业组织结构为第二考虑。原因：企业业务变化的可能性较小，而企业的组织结构的划分变化的可能性较大。系统分析和系统设计应尽可能地保证新系统能适应出版企业未来组织结构的变化。

1. 功能分析

功能分析采用自顶向下的方法逐步细化企业信息系统的功能结构。根据出版企业的业务流程和信息体系来识别系统的功能或过程。在此基础上对系统的功能做出分析和设计。

2. 信息分析

信息分析逐步细化企业信息的结构。按照其职能划分，机关职能类有财务管理信息类、综合查询信息类、办公事务信息类；出版生产类有编辑业务管理信息类、出版业务管理信息类、发行业务管理信息类。每一个信息类又分有具体子信息类。

3. 功能信息相关分析

上述的信息分析和功能分析是根据出版企业的实际业务要求和设计者的经验，对信息和功能进行分类的。信息和功能的划分已经具有较好的相关性，为子系统的划分创造了条件。在信息分析过程中，识别出了几个大类的信息集合及众多数据类（数据元素），在功能分析过程中，识别出了几个大类的功能集合及众多过程（功能元素）。

（二）出版企业管理信息系统的总体设计

出版企业管理信息系统建设整体解决方案涵盖了出版企业从编辑、出版、发行到日常财务、成本核算、综合查询、机关办公等一整套业务工作流程。根据业务流程，规划出 6 个子系统，如图 9-3 所示。

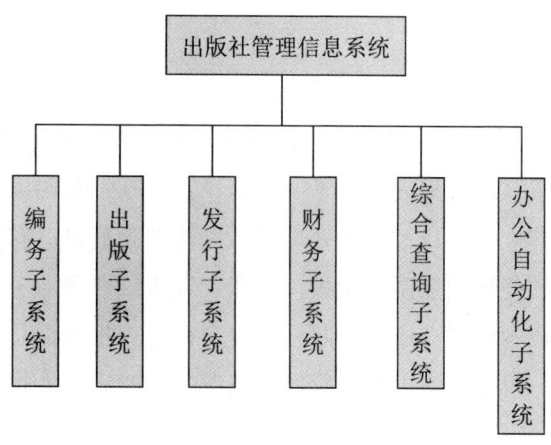

图 9-3　系统功能模块图

1. 编务子系统功能

编辑部为出版企业主要业务流转中心，该子系统主要功能如下：选题管理，控制选题流程；审稿管理，控制审稿流程；重印管理，控制重印流程；条码（书号）管理，包括申请书号、分配书号等；质量检查，包括抽样、检查结果登记、统计图书差错率等；合同管理，包括出版企业与作者间签订的出版合同、图书约稿合同、销售协议、资助协议的管理，以及按合同要求产生稿酬通知单。

2. 出版子系统功能

出版业务主要包含照排、校对、印制和美编 4 大模块。照排管理包括书稿发排（其中有发稿登记、进度安排）管理、照排进度管理、质量管理、工作量统计等；校对管理包括校对计划、校对进度管理、质量管理等；印制管理包括组织会签、印制成本预/结算、付印、验收等；美编管理包括美编计划、美编进度管理、美编工作质量管理等。

3. 发行子系统功能

发行业务主要包含销售、财务、库房管理 3 大模块。

销售业务管理主要有完成销售业务的功能；发行财务包括收款、催款、退书冲红和报表统计等功能；库房管理包括入库、出库、盘点、报损、区位调整、统计功能等。

4. 财务子系统功能

财会工作属于国家标准化工作，各单位的日常财务处理流程大致相同，只是处理对象不同，即所设会计科目不同。财务系统包含基础设置、账务处理、成本系统、报表汇总等；基础设置包括设置国家规定的科目和单位自己需要建立的科目；账务处理包括处理普通凭证、转账凭证、汇兑损益或损益结转凭证的填制、复核、记账、期末结账等业务；成本系统包括成本预算、成本核算、成本控制、成本分析等；报表汇总系统包括生成各种财务报表，可供了解出版企业经营情况，同时满足上报报表和磁盘的要求。

5. 综合查询子系统功能

综合查询主要包括对以上 4 个子系统的查询。编辑业务查询包括年度选题计划、发稿情况、选题情况、编辑加工进度、工作量阶段性报表、获奖情况等。出版业务查询包括出版科工作进度、工作质量阶段性报表、工作量阶段性报表、成本预算结算情况等。发行业务查询包括总体发行码洋、阶段性销售量报表、图书库存等。财务查询包括月、季、年度财务报表、图表、经济活动及其决策数据。

6. 办公自动化子系统功能

办公自动化（Office Automation，OA）系统是利用先进的科学技术将办公人员和先进设备（计算机、网络、现代化办公用品）结合起来构成的人机信息处理系统。OA 系统可以实现社内信息的网上共享和交流，不仅能够实现人与人、部门与部门之间的公文传递，还能够完成公文批阅之类的工作流程，协同完成工作事务，尽可能充分利用各种信息资源，提高出版企业的办公效率和办公质量。OA 系统主要包含以下 4 个模块：公文管理、日常办公管理、档案管理、电子邮件管理。

三、出版企业信息管理系统建设的要点

1. 出版企业信息化建设应具有战略规划。首先，信息系统的功能选择要能满足出版企业实施其战略目标的需要。如果出版企业在规划中注重的是出版企业内部统一管理，首先实现的是出版企业内部的资源共享，避免内部信息的不统一，顺应全社出版信息管理需要，加以统筹考虑。

其次，出版企业要使自己的应用跟上信息系统的周期循环。如果出版企业计划开展客户关系管理或者网络营销和电子商务，那么信息系统的建设就应注重这些功能的实现。如果出版企业发行战略是创造用户价值型的，而出版发行信息化战略却是成本竞争型的，二者不匹配，那么信息化效果就会大打折扣。我国出版企业发行信息化建设的目标只有和现实条件相结合，才能对出版企业业务发展起到实际的推动作用。必须注意长远规划与短期目标的平衡，将信息化建设覆盖出版企业发行工作的全过程，才能够更合理地规划和运用整个出版企业的资源。

最后，出版企业应该注意信息化改造中目的和手段的统一，需要运用系统工程的观点，利用系统分析的方法，按照出版企业管理的客观规律，去开发研制出版企业发行管理信息化系统。随着信息技术的进步以及人们观念的改变，原先设计的系统可能会出现各种问题，出版企业要根据出现的新情况提出改进意见，对系统的软件或硬件做出一定的更新。

2. 出版企业应提供足够的资金支持。信息化系统的维护和管理是一项长期工程，需要人力、物力和资金的不断投入与支持。据统计，企业信息化系统每年的维护费用普遍占整个系统建设费用的 10%～20% 左右。因此，解决资金不足的问题是实施信息化的前提条件。出版企业应该正确认识信息化建设的作用，注意建立风险防范机制，实现出版企业资金的合理投入。出版企业应该认识到信息技术是一把双刃剑，在带来便捷应用的同时，也会对出版企业的整体发展战略、组织结构、业务流程等发展带来影响，必须对信息化建设进行良性引导，而不是盲目跟风，浪费资金。这需要有关领导具有一定的信息意识与风险意识，通过科学的决策机制，从制度上避免陷入"信息化黑洞"。

3. 出版企业应选择最适合自己的模式。通常对信息系统的开发有三种模式。一是内包，企业选择内部的 IT 专业人员来开发系统；二是自包，企业选择系统使用者自身开发；三是外包，企业选择专业软件开发公司进行系统开发。

一般来说，能够采用资源自包系统开发模式的出版企业，可以说微乎其微。因为采用这种开发模式对系统使用者的计算机应用能力要求太高，对于出版这个文化行业而言，既懂业务又能进行计算机系统开发的人员极少，几乎不具备实施资源自包的开发条件。对于规模比较大的出版企业，它们拥有雄厚的计算机技术开发力量和开发经验，这样的出版企业采用资源内包的模式，更能满足出版企业的个性化要求。

4. 出版企业应加强监理，强化信息化建设中的风险控制。在国内软件开发的项目管理中，出版企业对信息技术不熟悉，或者是合同签订过程中对需求不明确，以及缺乏相应的控制手段，造成许多出版企业对软件开发公司设计的系统方案的合理性、项目的实施过程和最终实施结果常常处于失控状态，使得成功开发信息系统存在很大的风险性。项目监理可以使出版企业规避这些风险。IT 监理是利用第三方专业技术公司，对信息系统从整体解决方案、具体开发全过程进行监督，保证了方案的合理性和程序开发规范性，降低信息系统的风险。虽然 IT 监理会加大系统的成本，但同保证系统的成功性相比，还是值得的。

5. 出版企业应着重基础资源数据库建设。资源数据库是出版发行信息化建设的基础，加强数据库的基础建设，如建立客户关系数据库等，是出版发行信息化系统发挥实效的根本保证。在目前行业信息化整体水平不是很高的情况下，出版企业无论是全面上马管理信息系统，还是分阶段、分模块进行信息化改造；无论是采用复杂的系统还是简单的系统，均必须重视基础数据库的建设。只有建立了容量适当、信息流动有序的数据库，才能更好地为出版企业提供有效的决策依据和工作保证，客户服务才能落到实处，同时只有形成一定规模的数据库才会产生增值效益。

四、出版企业信息管理系统的实施

管理信息系统开发完成之后，能不能真正应用起来实施是非常重要的。国外的企业资源计划（Enterprise Resource Planning，ERP）系统，其实施费用是软件价格的 3 倍~4 倍，可见实施地位之重要。在实施过程中，要按照系统设计要求认真规范基础数据、数据导入、用户培训、上线使用等。另外，制定相应的规章制度和操作规程也是非常重要的。管理信息系统的使用绝不是给用户一本操作手册就能解决的，每一步都是整个链条中的一个环节，它涉及管理信息系统的上下游，必要的规章制度和操作规程是实施成功的重要保障。实施要在开发商指导和协助下进行，实施中出现技术、业务、管理等方面的问题是正常的。若是出版企业方面需要解决的问题，社领导班子应及时决策，并予以解决，否则再好的管理信息系统也很难应用起来。

五、出版企业信息管理系统的维护与管理

系统维护指的是一个企业信息系统在用户使用过程中，由系统维护人员对系统中的错误进行修改或功能扩充，以使系统能正常运行并充分发挥作用。

1. 硬件系统的维护。硬件系统的维护应该由专门的硬件维护人员负责，而且一般需要同硬件厂商合作来共同完成系统维护工作。硬件系统的维护主要有两种类型：一种是进行硬件系统的更新；另一种是进行硬件系统的故障维修。

在进行硬件系统的更新时，会影响系统的正常使用，进而影响企业内部使用该系统的各业务部门的工作。因此，在更新前需要制定更新计划，并与硬件供应商、企业内部有关业务部门及其他相关机构进行协调，做好充分的准备工作。另外，硬件系统更新的时间不能过长，否则会耽误系统的正常运行。

对于硬件系统的故障维修，同样也不应该拖延过长的时间。系统硬件故障往往是突发性的，不可预见，为了防止由于硬件系统故障引起的系统应用中断，应该配有足够的备用设备，在系统出现故障时使用。对于非常重要的应用系统，一般都采用并行服务器结构，避免在系统故障时出现应用中断或数据损失。

2. 软件系统的维护。软件系统的维护包含正确性维护、适应性维护和完善性维护三部分内容。

通过系统测试，应用软件的错误应该已经基本排除，但是并不能保证排除了全部的错误，也不能保证不出现新的错误。因此，在系统运行之后，仍然需要进行系统的正确性维护。该阶段可能出现的错误主要有：系统测试阶段尚未发现的错误；输入检测不完善或键盘屏蔽不全面引起的输入错误；以前未遇到过的数据输入组合或数据量增大引起的错误。对于影响系统运行的严重错误，必须及时进行修改，而且要进行复查。

随着系统的运行，一般需要进行网络系统、计算机硬件或操作系统的更新。为了适应这些变化或其他环境变化，应用软件也需要进行适应性维护。在适应性维护工作量很大的情况下，需要制定维护工作计划，并对维护后的软件进行测试，确保适应性维护后软件系统的正常应用。

完善性维护指的是为了改善系统的性能或者扩充应用系统的功能而进行的维护，这些系统的性能或功能要求一般是在先前的功能需求中没有提出的。

3. 系统的日常使用维护。除了系统的硬件维护和软件维护，系统的日常使用中也有很多维护性的工作，如定期的预防性的硬件维护、软件系统的日常维护。

对于系统的硬件系统，不仅需要进行适时的更新和突发性故障的维修，而且需要进行定期的预防性维护，例如在每周或每月固定的时间对系统硬件进行常规性检查和保养。定期地进行硬件系统的维护可以减少以后的系统维护工作量，降低维护的费用。

4. 整理系统维护工作的文档。在实施系统维护工作时，对系统中存在的问题、系统维护修改的内容、修改后系统的测试、修改后系统的切换及使用情况等均需要有完整、系统的记录。

本章知识小结：

● 出版企业信息管理就是指出版企业为了更有效地开发和利用其相关

的信息资源，利用现代信息技术特别是网络技术，通过出版企业内部管理信息系统对其信息资源进行收集、加工、分析和处理的活动过程。出版企业信息管理是出版业务活动信息化、出版内容信息化以及出版企业其他通常管理活动三者的综合体。

● 出版企业信息资源非常丰富，分类对这些数据资源采集、加工、处理是出版企业信息管理的主要工作之一。在当前，利用网络数字技术来处理这些资源是必然的选择，因此，出版企业信息资源的数字化和网络化是当前出版企业信息管理的重中之重。

● 数字出版，就是指出版企业利用网络环境的虚拟化和数字化使其原有出版流程数字化和网络化，并利用网络的优越的交互性建立起出版企业直面网络消费者的出版过程。其模式有立体化配套资源、网络出版、按需出版和内容资源库等。

● 建立一个功能强大的管理信息系统是进行出版企业信息管理的必要条件和必备工具。而系统的建立则需要从调研需求出发，对系统进行详细的分析和设计工作，采用合适的开发方式和方式构建出版企业信息管理系统。

[思考题]

1. 出版企业信息管理的主要内容包括哪些？

2. 如何实现出版企业信息资源的数字化和网络化？

3. 出版企业管理信息系统应包括哪些功能模块？

4. 什么是数字出版？其存在模式有哪些？

第十章　出版企业战略管理

本章学习目标：

- 了解出版企业战略管理的概念和特征
- 理解和掌握出版企业战略的层次和出版企业战略管理的过程
- 理解和掌握出版企业一般环境、行业环境、内部环境分析的一般方法
- 理解和掌握出版企业的总体战略、竞争战略和职能战略及其适用条件
- 理解出版企业的战略评价与控制的过程和标准

随着出版行业市场化进程的加快及市场主体的确立，出版企业之间的竞争从传统的产品竞争，转向了战略竞争。战略是出版企业生存、发展的大方向。没有正确的战略作指导，出版企业的发展必然是盲目的、无序的，生命力便不长久。越来越多的出版企业也逐渐意识到，在激烈的市场竞争和复杂多变的外部环境中，要想求得生存和长远发展，就必须站在全局的高度去把握未来，通过强化自身的优势，取得内部资源与外部环境的动态平衡。因此，研究战略管理便成为现代出版企业经营管理的一个重要课题。

第一节　出版企业战略管理概述

一、出版企业战略管理的概念

"战略"一词起源于军事学，是指筹划和指导战争全局的方略。在现今社会，提起"战略"，人们更多地将其关注于军事以外的领域，如政治、经济、科技、社会发展领域。"战略"的概念也从指导战争全局的方略，即战争指导者为达成战争的政治目的，依据战争规律所制定和采取的准备和实施战争的方针、政策和方法（《中国大百科全书·军事卷》）、在战争中利用军事手段达到战争目的的科学和艺术（《简明不列颠大百科全书》），现在逐步被演绎为"泛指重大的、带全局性的或决定全局的谋划"。大约在 20 世纪 60 年代，美国人将战略思想引入商业领域，从而出现了战略管理的概念。

出版企业战略管理，是指出版企业以未来为主导，为寻求和维持持久竞争优势而作出的有关全局的重大筹划和谋略。出版企业的战略管理致力于对市场营销、财务会计、生产运作、选题开发等进行综合的管理，以实现出版企业长期的成功。

二、出版企业战略管理的特征

对于出版企业来说，其战略管理工作不同于其他事务性的工作，具有以下几个特点：

1. 全局性。出版企业在发展过程中，总要遇到各种各样的情况，处理各种各样的问题，其中一些决策涉及整个组织范围，另外一些可能只与局部利益有关，而且在很多事情上，出版企业的总体利益和下层组织的局部利益并不是完全一致的，有时甚至产生矛盾，这就要求领导善于运筹，作出适当的决策。高层管理者，尤其是决策者切忌整天埋头于具体的经营性事务，而忽略了对于企业大致方针和长远方向的考虑。

2. 长期性和稳定性。战略主要涉及出版企业的长期发展方向和竞争范围选择，因此评价战略优劣的一个重要标准就是看其是否有助于实现出版企业的长期目标和保证长期利益的最大化。换句话说，战略更关注长远利益，而不是关注短期利益，这是与一般战术和业务决策的显著区别。

为了实现可持续发展，战略应具有相对稳定性。虽然战略需要根据环境的变化做适当调整，但这种调整不应过于频繁，尤其是不能朝令夕改，因为战略体现的是组织的长远利益。而这种目标的实现本身需要较长的时期，甚至要以牺牲短期利益为代价。因此，如果战略不能保持相对稳定，不仅难以实现长期目标，而且会使为此付出的努力付之东流，造成无法弥补的损失。

3. 适应性。战略不仅要有全局性、长期性和相对稳定性，而且要具有较强的适应性。一个好的战略总是力求实现稳定性和适应性的统一，前者意味着战略在较长时期内保持相对稳定，能够稳定出版企业员工的情绪，增强他们的信心；而后者意味着所确定的战略目标既要简单明确，同时又不过分僵化和具体，保持适当的张力。换句话说，出版企业在制定战略时，应考虑建立资源缓冲地带，保证资源分配的灵活性，使自身具有一定的机动能力。这样当外部的环境或内部因素发生变化时，就可以通过战术调整来适应这样变化，而不至做大的战略变更，保持整个组织的协调和行为的一致性。

三、出版企业战略的层次

出版企业的战略可分成三个层次：总体战略、竞争战略和职能战略。所谓总体战略主要是决定出版企业应该选择哪类经营业务，进入哪些领域；竞争战略主要涉及如何在所选定的领域内与对手进行有效的竞争。因此，其关心的主要问题是应开发哪些图书产品或服务，以及将这些产品提供给哪些市场，以达到组织的目标。如远期盈利能力和市场增长速度等。职能战略主要涉及如何使出版企业的不同职能，如选题、编辑加工、营销、财务和人力资源管理等，更好地为各级战略服务，从而提高出版企业的效率。这三个层次的战略都是出版企业战略管理的重要组成部分，但侧重点和影响的范围有所不同。高层次战略变动往往会波及低层次的战略，而低层次的战略影响的范围较小，尤其是职能战略涉及的问题一般可在部门范围内加以解决。

四、出版企业战略管理过程的三个阶段

战略管理实际上是一种过程，不仅决定组织将要采取的战略，还要涉及这一战略的选择过程以及如何加以实施和评价。一般说来，出版企业战略管理过程包括三个阶段：战略制定、战略实施、战略评价。

（一）战略制定

战略制定是为了提出出版企业的战略展望，指明出版企业的未来业务组成和发展目标，从而为出版企业提出一个长期的发展方向，并将战略展望转换成出版企业要达到的具体的业务指标。战略制定的要点包括确定出版企业的使命、认定出版企业外部的机会与威胁、内部的优势和劣势、建立长期目标、制定供选择的战略以及选择特定的战略。战略制定过程所要决定的问题包括：出版企业全力进入的业务是什么？除了出版主业之外，出版企业还应该进入何种产业？应该放弃何种产业？出版企业应如何配置自己的资源？出版企业是要扩大经营还是收缩业务范围？应该多元化经营还是专一经营？是否进入国际市场？是否应该合并和建立合资企业？等等。

（二）战略实施

战略实施要求出版企业树立年度目标、制定政策、激励员工和配置资源，以便使既定的战略得以贯彻执行。战略实施活动包括培育支持战略实施的企业文化、建立有效的组织结构、调整出版企业经营方向、制定预算、建立和使用信息系统以及将员工报酬与组织绩效挂钩。

战略实施往往被称为是战略管理的行动阶段。战略实施意味着动员员工和管理者将已制定的战略付诸行动。战略实施是战略管理过程中难度最大的阶段，它要求员工遵守纪律、有敬业和牺牲精神。战略实施取决于管理者激励员工的能力的大小，它与其说是一门科学，不如说是一种艺术。已经制定的战略无论多么好，如果未能实施，都不会有实际作用。

战略实施活动会影响到出版企业中的所有员工及管理者。每个分社或职能部门必须回答诸如这样的问题："为有效地实施战略，我们应该做些

什么?""我们怎么才能把工作做得最好?"战略实施对出版企业是一种挑战，它要鼓励整个出版企业的管理者和员工以自豪感和热情为实现既定目标而努力工作。

（三）战略评价

战略评价是战略管理的最后阶段。战略管理者非常需要知道哪一特定的战略管理阶段出了问题，而战略评价是获得这一信息的主要方法。出版企业的管理层必须驾驭整个局势，从而判断内部事情的进度，同时密切关注外部的发展情况。由于内外部的因素都处于不断的变化中，出版企业制定的战略就应该随时进行调整与修改。这可能需要调整出版企业的长期发展方向，可能需要重新界定的业务范围，出版企业的目标可能根据过去的实践和未来的前景有所提高或降低。同样，战略实施和执行的某些环节可能不会如预计的那样进行。为了加速和改善战略的执行，出版企业的管理者往往不得不采取一系列的活动：修订预算，改变政策，组织重建，重新设计和制定工作流程，改造企业文化，变革出版企业的薪酬制度和考核体系等。

第二节　出版企业战略环境分析

战略分析是出版企业制定发展战略的基础工作。它包括外部环境分析和内部条件分析两大内容，其中外部环境分析是首先要进行的工作。在分析外部环境时，不但要分析国家宏观环境的影响，也要分析出版业的行业环境，还要分析特定出版企业的竞争环境。在战略管理理论中，分别称为一般环境、出版行业环境和竞争环境。此外，在进行战略分析时，除了分析外部环境还要分析出版企业的内部环境。

一、一般环境分析

一个国家的政治、经济、科技、文化等状况是出版行业的宏观背景，直接或间接决定出版行业发展的走向。出版企业所处的宏观环境不仅直接为出版企业的经营活动提供机会和威胁，还通过影响出版企业的中观和微观环境，间接地影响出版企业的经营活动。所以，出版企业在经营活动中要密切关注出版企业的宏观环境，判断其发展变化的趋势，努力做到适应宏观环境的变化，并且善于利用其中的机会，规避其中的威胁。影响出版企业经营活动的宏观环境因素主要有政治法律环境、经济环境、社会文化与人口环境、科技环境等，简称为 PEST（Politics，Economics，Society，Technology）。每一个因素又由若干要素构成，如表 10-1 所示。

表 10-1　出版企业宏观环境要素

因　素	要　素
政治法律环境	国家的政策方针、经济措施、法令法规等
经济环境	宏观经济环境、消费者收入水平、消费模式、储蓄和信贷等
科技环境	产品创新、知识的运用、新兴技术的出现等
社会文化与人口环境	宗教信仰、价值观念、消费习俗、人口规模及增长、结构、分布等

（一）政治、法律环境

政治、法律环境是指一个国家从本国的社会制度出发，为发展本国经济而制定的一系列经济政策及立法，它构成出版企业在国内市场上从事经营活动的基本行为准则。政治、法律是影响出版企业经营活动的两个非常重要的环境因素。我国政府对出版行业干预的范围，通常是通过我国《宪法》《中华人民共和国刑法》《中华人民共和国民法》有关出版的条款和《出版管理条例》等法规规定体现出来。这些因素是长期、稳定、明确的，是出版企业外部环境中最为硬性的因素，也就是"出版纪律"，忽视这一点，出版企业的战略就脱离了最重要的现实。同时，国家的文化产业政策决定了对出版行业鼓励或约束的力度，决定了对出版行业的布局安排和相应的经济政策。适应产业政策，根据产业政策变化而变化，是出版企业战略制定或战略调整的重要出发点。

当前，我国正处于新旧动能转换的关键时期，文化产业成为新产业、新业态、新商业模式的发展重点，各级政府陆续颁布出台一系列惠及文化产业、文化事业发展的政策，红利不断加码并持续释放，将进一步助力文化产业稳步向国民经济支柱性产业迈进。一方面，减税降负力度持续加大。2019 年，财政部、税务总局、中央宣传部发布的《关于继续实施文化体制改革中经营性文化事业单位转制为企业若干税收政策的通知》中规定：经营性文化事业单位转制为企业，自转制注册之日起 5 年内免征企业所得税。对经营性文化事业单位转制中资产评估增值、资产转让或划转涉及的企业所得税、增值税、城市维护建设税、契税、印花税等，符合现行规定的享受相应税收优惠政策。另一方面，财政支持也在稳步增长。2018 年 11 月，文化和旅游部、财政部发布了《关于在文化领域推广政府和社会资本合作模式的指导意见》，明确提出鼓励社会需求稳定、具有可经营性、能够实现按效付费、公共属性较强的文化项目采用 PPP（Public - Private Partnership）模式。地方政府也在积极扶持本地区的相关出版企业，山东、北京、浙江、甘肃、海南等地纷纷出台相关政策文件，以财政支持、资本运作、政策扶持等方式，加快推动出版融合机制建设、出版产业园区建设、实体书店扶持、传统文化传承等工作，或从全局谋划，或覆盖重点领域，或针对具体项目，积极为产业发展持续注入新动力。

（二）经济环境

经济环境是指出版企业开展经营活动所处的外部经济条件，它是影响出版企业经营活动的主要环境因素，包括宏观经济环境、消费者收入水平、消费者支出模式及消费结构。

1. 宏观经济环境

反映宏观经济状况的指标主要是国内生产总值、人均国民收入及其增长速度。国内生产总值、人均国民收入等指标反映了一个国家的经济发展水平。从国内生产总值的增长幅度，可以了解一个国家经济发展的状况和速度。国内生产总值越快，对商品的需求和购买力就越大，特别是对出版物等文化类商品的需求就越大。我国经济高速发展是出版企业发展的不竭动力。据统计，1978 年～2018 年，我国国内生产总值（Gross Domestic

Product，GDP）的平均增速为 9.4%。我国出版业与国民经济发展轨迹基本合拍。人均国民收入反映一个国家人民生活水平的高低，在一定程度上决定了出版物需求的构成。2018 年，我国 GDP 总量为 91.928 万亿元，约 13.89 万亿美元；人均 GDP 约为 6.543 万元人民币，接近人均 1 万美元。当前，我国经济增长正处于从投资驱动向消费驱动转型的新阶段，消费对经济发展起着越来越强的作用，成为主导的经济发展内生动力。在今后的一个时期内，包括出版物在内的文化消费的快速增长将是一个必然的趋势。

2. 消费者收入水平

收入因素是构成市场的重要因素，收入水平及其分配模式不仅影响人们对出版物购买能力，而且还影响着人们的购买模式，收入的变化不仅影响着出版物市场需求的规模，而且还影响出版物需求的结构。人均收入、个人可支配收入、个人可任意支配收入可以用来衡量当地市场的容量和购买力水平的高低。个人可支配收入是影响消费者购买生活必需品的决定性因素，如教育类出版物营销者应该了解消费者的个人可支配收入。可任意支配收入是指在可支配收入中减去消费者用于购买生活必需品的费用开支（如房租、水电、食物、衣着等开支）后剩余的部分。这部分收入是消费需求中最活跃的因素，也是出版企业开展营销活动时所要考虑的主要对象。这部分收入一般用于购买高档耐用消费品、娱乐、教育、旅游等，它是影响非生活必需品或服务的主要因素，特别是对于出版物商品而言，个人可任意支配收入是决定其购买力的重要因素。

3. 消费者支出模式及消费结构

市场需求不仅取决于人口的收入水平，还受消费者支出模式的影响。消费结构是指在消费过程中人们所消耗的各种消费品及服务的构成，即各种消费支出占总支出的比例关系。恩格尔系数是一个很有用的分析工具。恩格尔系数是用食品支出占家庭消费支出的比例来衡量的。恩格尔系数越小，食品支出所占比重越小，表明生活富裕，生活质量高；恩格尔系数越大，食品支出所占比重越高，表明生活贫穷，生活质量低。恩格尔系数是衡量一个国家、一个地区富裕程度的重要指标。改革开放以来，我国城镇和农村居民家庭恩格尔系数已由 1978 年的 57.5% 和 67.7%，分别下降到 2019 年的 27.6% 和 30.0%。国家统计局的统计数据显示，2019 年全国居民的教育文化娱乐性消费支出人均为 2513 元，占比 11.7%。在人均 GDP 超过 10 000 美元后，这一比例的增长趋势将更加明显。

（三）技术环境

科学技术的发展极大地影响着出版企业的经营活动，因为任何一种先进的科学技术应用于实践，都会给一些出版企业提供新的机会，同时也会给一些出版企业带来威胁。在技术的驱动下，出版业将呈现"五化"的趋势：阅读终端移动化的趋势，出版物越来越适宜在移动终端阅读；展现形式视频化和有声化的趋势，许多产品将以音频或视频的方式呈现，特别是第五代移动通信技术（5th-Generation，5G）普及以后，视频产品、音频产品的使用与消费将会出现新高潮，眼耳并用、文字音频视频共享的阅读新时代已经到来；内容服务知识化的趋势，即为用户在海量信息当中提供专业、精准的知识服务；整个出版产业链的智能化趋势，即人工智能在创作、编辑出版、印制、销售及阅读的全产业链都大有作为，出版产业成为智能产业。人工智能技术在出版业的使用取得新进展。人工智能技术越来越多地应用于内容的策划、创作、编辑、出版、传播的各个环节，在流量预测、受众分析、精准推荐、交互传播等方面的应用不断深化，特别是在人机语音交互层面具有广阔的前景，实现出版物生产与接受的智能化是大势所趋。

（四）社会文化环境

社会文化是指在一种社会形态下已经形成的价值观念、宗教信仰、风俗习惯、道德规范等的总和。从广义上来讲，也包括一个国家与社会具有的人口规模与结构以及教育水平等。任何一个出版企业都处于一定的社会文化环境中，出版企业经营活动必然受到所在社会文化环境的影响和制约。

1. 社会文化的一般因素

出版企业经营对社会文化的研究一般从以下几方面入手：宗教、价值观念、消费习俗等。

宗教是构成社会文化的重要因素，宗教对人们消费需求和购买行为的影响很大。不同的宗教有自己独特的节日礼仪和对出版物使用的要求和禁忌。为此，出版企业在营销活动中也要注意不同的宗教信仰，以避免由于矛盾和冲突给出版企业经营活动带来损失。

价值观念是指人们对社会生活中各种事物的态度和看法。不同文化背景下，人们的价值观念往往有着很大的差异，读者对出版物的色彩、标志、式样以及促销方式都有自己褒贬不同的意见和态度。出版企业必须根据消费者不同的价值观念销售出版物、提供服务。

消费习俗是指人们在长期经济与社会活动中形成的一种消费方式和习惯。不同的消费习俗具有不同的需求。研究消费习俗，不但有利于组织好出版物的销售，而且有利于正确、主动地引导健康的文化消费。

2. 人口因素

人口因素对于出版企业经营活动的影响主要表现人口规模、结构、分布、素质的影响。人口数量影响图书市场容量和劳动力成本；人口分布影响出版产业布局和地区的市场特点；人口素质和教育水平影响图书产品层次和结构。

（1）人口规模

人口规模是表明市场潜力的基本指标，一般来说，人口规模越大，市场潜力也越大。人口数量和变化趋势是决定市场规模的基本要素，出版企业如果要在一个国家、一个地区开展营销活动，首先要关注所在国家或地区的人口数量及其变化。一个出版企业在多大市场范围内开展营销活动，就要研究这个范围内的人口总量。人口数量决定了市场需求的规模，尤其对人们教材和教辅的需求内容和数量影响较大。

（2）人口结构

人口结构主要包括人口的年龄结构、性别结构、教育和职业结构等。研究人口结构有助于出版企业根据自身优势，选择目标市场。

从年龄结构来看，不同年龄的消费者对出版物的需求是不一样的。一般来讲，人口按年龄可分为 6 个年龄组：学龄前、学龄儿童、青少年、年轻人（25~40 岁）、中年人（40~65 岁）、老年人（65 岁以上）。对出版物营销者来说，各年龄组的人口数量构成了具有年龄特色的市场。目前，我国人口年龄结构的趋势是向上的，即趋向老年化，因此扩大老年人市场，应引起出版企业的足够重视。出版企业了解不同年龄结构所具有的需求特点，就可以决定出版企业出版物类别，寻找目标市场。

从性别结构来看，性别差异会给人们的出版物消费需求带来显著的差别，反映到市场上就会出现男性出版物市场和女性出版物市场。两个市场的需求不同，购买习惯也不同。出版企业可针对不同性别的不同需求，采购适销对路的出版物，制定有效的营销策略，开发更大的市场。

从教育与职业结构来看，人口的教育程度与职业不同，对出版物市场需求也会表现出不同的倾向。一般来说，教育程度高的职业消费者，购买出版物追求高雅、美观、有思想和前沿；而教育程度相对低的职业消费者，购买出版物则讲究廉价、实用、消遣等。在我国，随着高等教育规模的扩大，人口受教育程度普遍提高，收入水平也逐步增加。出版企业应关注人们对出版物质量和内容需求的变化。

从民族结构来看，我国是一个多民族的国家。民族不同，其文化传统、生活习性也不同。具体表现在饮食、居住、服饰、礼仪等方面的消费需求各有特点，都有自己的风俗习惯。这些不同的消费需求与风俗习惯会影响他们的出版物购买特征和购买行为，形成了独特的民族出版物市场。出版企业营销要重视民族市场的特点，开发适合民族特性、受其欢迎的出版物。

（3）人口分布、流动与迁移

人口有地理分布上的区别，在不同地区密集程度是不同的。各地人口的密度不同，则市场大小不同、消费需求特征不同。人口分布、密度等因素对出版企业经营的影响主要体现为对分销渠道、分销服务和分销成本的影响。通常，人口密度低则交通不发达，由于缺乏物流规模，每本出版物运输成本较高导致分销成本较高；由于缺乏销售规模，出版物售后服务成本高且服务质量差。当然，不能仅仅看平均密度，还要看集中度，当人口在一定地区形成一定规模的集中，上述问题就能在一定程度上得到缓解。

二、出版行业环境分析

行业是企业经营最直接的环境，行业环境决定了企业的竞争范围。一个行业的经济特性和竞争环境以及他们的变化趋势往往决定了该行业未来的利润前景。出版行业经济特性的变化取决于下列各个因素：出版行业总容量和市场成长率、技术变革的速度、该市场的地理便捷程度、卖者和买者的数量及规模、卖者和买者的产品是统一的还是具有高度差别化的、规模经济对成本的影响程度、到达买者的分销渠道的类型。

行业及竞争分析应用一整套原理和分析工具来准确确定以下各个因素：关键的行业特性、竞争的激烈程度、行业变革的关键因素、竞争对手的市场地位和战略、竞争成功的关键因素、行业未来的利润前景。这一套原理和分析方法实际上为分析者提供了一个思路，帮助其从战略的角度考虑行业的情况，它要求在一个更大的环境下分析和考察出版企业的业务。行业及竞争分析最后要回答以下几个问题：

（1）出版行业最主要的经济特性是什么？

（2）出版行业中发挥作用的竞争力量有哪些？它们有何影响？

（3）出版行业中变革驱动因素有哪些？它们有何影响？

（4）竞争地位最强/最弱的出版企业分别有哪些？

（5）出版行业中下一个竞争行动将是什么？采取这一行动的又将是哪一家企业？

（6）决定出版企业竞争成败的关键因素是什么？

（7）从平均水平之上的赢利前景这个角度来看，出版行业的吸引力有多大？

哈佛大学教授迈克尔·波特提出的五种力量模型竞争分析方法，被广泛用于很多行业的战略制定。一个产业内部存在竞争不是偶然的，其根源在于行业内的经济结构。产业内的竞争远不止在现有企业中进行，而是来自五个方面，即产业内竞争者、潜在进入者、替代品、供应者和购买者。

这五种竞争力量决定了产业内竞争的激烈程度以及产业的最终获利能力。借助这种方法，可以对出版行业竞争状况和战略做出一些判断。出版行业的五种竞争力量见图10-1。

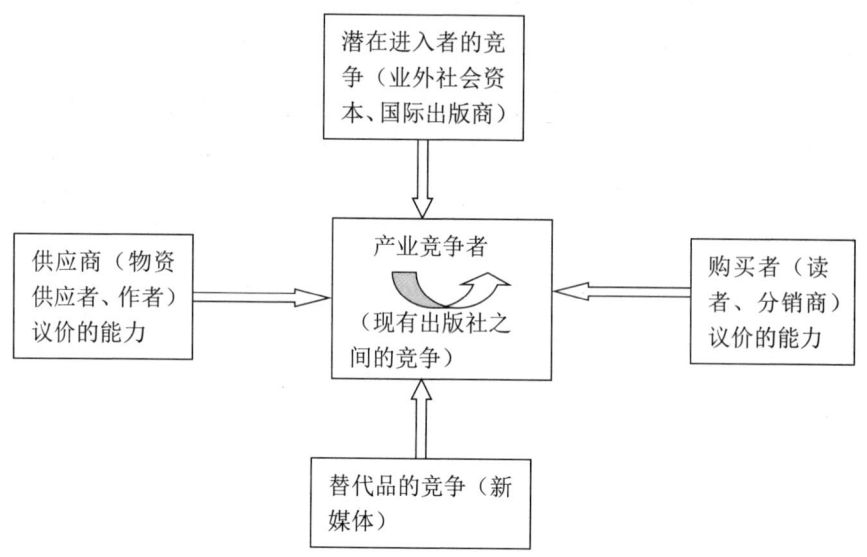

图10-1　迈克尔·波特的五种力量模型在出版行业的应用

（一）出版企业之间的竞争

出版企业之间的竞争是出版行业内最重要的竞争。我国出版行业结构是计划经济的产物，按地区、部门、专业划分，各省、自治区、直辖市都有规模上大体相当、业务类型大体一致的人民社、教育社、美术社、少儿社、科技社、文艺社等，由于这些出版社的规模、效益不相上下，彼此之间的竞争十分激烈。

出版企业之间竞争的激烈程度取决于以下几个因素：

第一，竞争对手的状况。当出版行业中存在众多势均力敌的中小出版企业时，出版企业之间的竞争程度将比较激烈；而当出版行业达到高度集中化或者有少数大型的出版企业集团控制之下时，在产业中比较容易建立一种秩序。

第二，当市场需求增长缓慢，竞争的强度通常会增加。在一个迅速扩张的市场上，市场的业务量往往很大，每个出版企业都可以增长。但是，当市场增长缓慢或市场需求开始下跌时，急需扩张的企业或者生产能力过剩的公司常常会降低价格，采用其他提高销售的策略，从而点燃一场争夺市场份额的市场之战，因而可能会将那些比较弱小和效率低下的公司淘汰出局。

第三，高额战略利益。如果在某一领域的成功对于出版企业具有很高的战略利益，则该领域内的竞争活动将更加激烈。例如，教材出版发行领域、教辅领域、畅销书出版领域。

第四，退出障碍。退出障碍包括经济上的、战略上的、社会责任方面等因素，这些因素使出版企业即使在收益甚微甚至为负的情况下，依然坚持在该领域竞争。退出性障碍包括专用性资产、固定成本、政府和社会的约束以及情感等方面的因素。

（二）潜在进入者的竞争

出版企业潜在进入者主要来自两方面：一是国内社会资本的进入，二是跨国出版资本的抢滩。就国内社会资本而言，随着出版业的逐步开放，其势必会进入出版核心业务的竞争，一些有一定资金实力的民营资本正对出版企业跃跃欲试，跨国出版公司也正以不同的方式进入我国出版业，其必将改变现有竞争结构，势必威胁到国内出版企业的生存与发展。

近年来大型外资出版集团纷纷抢滩中国，建立办事处或分支机构，试图从中国图书出版市场分一杯羹，有的已经凭其雄厚的资本实力和丰厚的实践经验在我国展开业务。据相关资料统计，目前已有60多家外资出版机构在中国设立了办事处。

（三）替代产品的竞争

某个行业中竞争厂商常常会因为另一个行业中竞争厂商能够生产很好的替代品而面临这个行业中竞争厂商的竞争。对于出版企业而言，计算机网络、电子信息产品、影视产品、报纸杂志等在提供信息方面对传统图书都有一定的替代作用，它们限制了图书的生产数量和价格。各种形式的新媒体出版物对纸质图书的替代，互联网等提供的网上阅读服务等都形成了对出版业的威胁。

（四）供应商的议价能力

出版企业的供应商是指处于产业上游的为出版企业提供纸张、印刷器材等初级原材料和设备的厂商。除此之外，从出版企业出版产品的特殊性来看，出版企业的供应商还包括为出版提供智力支持的作者队伍，它是指图书的作者基于对于自己所创作的智力劳动成果的所有权而向出版企业要求自身权益的能力。在我国，造纸、印刷机械等行业开放程度较高，国际、国内市场供应充分，一般情况下不会出现大量的短缺，因而其对出版业讨价还价能力不高，形成的竞争压力不大。由于出版资源的独占性，根据选题的不同，作者的讨价还价能力也有所不同。对于一般的作者而言，他们和出版企业讨价还价的力量比较小，在稿酬的谈判过程中往往被迫接受出版企业所订立的条款。但是对比一些出名的作家，尤其是一些畅销书的作者而言，他们则具有很强的讨价还价的能力，他们可以就自己的稿酬和出版企业进行谈判，索要更多的利益。

（五）图书销售企业和读者的议价能力

出版企业的产品主要是图书、报刊、电子出版物等，其购买者主要是图书、报刊、电子出版物的批发商和读者。由于大部分出版企业的利润来自教材（含上教学征订目录的教学辅导读物），因而我国的出版企业一直较为忽略购买者的讨价还价能力。随着教材利润的降低和国家对教材的各项调控政策出台，读者对教材以外的一般图书和多媒体出版物的选择越来越决定了出版企业的竞争实力。在课本教材以外的一般图书和新媒体出版物市场上，读者的影响力要大得多，出版业一般图书库存居高不下就是最直接的反映，读者力量对出版业的竞争将是决定性的。

购买者在许多情形下拥有相当的谈判优势。最常见的情形是，购买者规模很大，购买行业的大部分产品。一般来说，大批量采购使购买者拥有相当的优势，从而可以获得价格折让和其他一些有利条款。当前图书销售企业议价力量无疑具有优势，并正在利用这种优势在图书质量、折扣、账期、退货、售后服务等方面提出更加苛刻的条件。

三、竞争环境分析

1. 竞争对手分析的第一步是识别竞争对手。识别行业内现有的竞争对手并非难事，但要识别潜在的竞争对手并非易事。一般来说，竞争对手可以从以下群体中辨识出来：

（1）不在本行业，但可以克服进入壁垒（尤其是那些不费力气者）进入本行业的企业；

（2）进入本行业可以产生明显的协同效应的企业；

（3）其战略实施会自然进入本行业的企业；

（4）那些通过后向或者前向一体化进入本行业的买方或供方。

2. 竞争对手分析的目的是认识行业竞争可能成功的战略的性质、竞争对手对各不同战略可能做出的反应以及竞争对手对行业变迁及更广泛的环境变化可能做出的反应。对于这些问题的深入研究，我们必须回答："在行业中，我们与谁展开竞争及我们应采取何种行动？""竞争对手的战略行动意味着什么及我们应如何对付？""我们应该规避哪些领域，因为这些领域竞争对手将采取情绪化的和拼死的行动？"

迈克尔·波特的研究给出了竞争对手分析的基本框架，该分析框架描述了驱使竞争对手的因素——未来目标和竞争对手关于自身和行业的假设；竞争对手现在做什么和它能够做什么——现行战略和竞争对手的能力。

（1）"未来目标"研究主要考察竞争对手的远景和使命陈述，进一步可以考虑竞争对手不同层次的目标陈述。

（2）"假设"研究主要考察竞争对手在本行业中经营的历史、在其他行业中经营的历史、对本行业经营传统的认识、管理层结构和个人历史背景。

（3）"现行战略"研究主要考察对手现行的基本战略姿态、各职能战略和发展战略。具体战略类型分析参见下文。

（4）"能力"研究主要考察竞争对手的强项和弱项之所在。利用迈克尔·波特的思想，将出版企业看作一系列价值活动的集合，考察竞争对手各价值活动，并与本企业和其他公司相应价值活动进行比较，从而判断对手及本企业的实力与不足。

四、出版企业的内部环境分析

在运用行业和竞争分析工具对出版企业的外部环境进行分析之后，我们把目光转向出版企业的内部，分析出版企业的资源能力、相对成本地位以及相对于其竞争对手的竞争优势。

（一）出版企业的价值链分析

20 世纪 80 年代中期，美国哈佛商学院教授迈克尔·波特提出了一种确定并寻求企业竞争优势的基本工具，即价值链理论。价值链是每一个企业进行设计、生产、营销、交货以及对产品起辅助作用的各种活动的集合。出版企业的价值链构成如图 10-2 所示。对涉及出版企业价值链中的诸如企业基础设施、员工培训、选题开发、物资供销、编辑加工、生产调度、质量控制、促销服务等环节的分析将有助于我们明确地辨析出版企业的竞争优势所在。可以看出，对于出版企业来讲，选题开发、编辑加工、生产调度、质量控制、产品促销将贯穿其价值链的始终。

辅助活动	出版社的基础设施（包含管理、计划、财务、会计、质量等）					利润
	人力资源管理（招聘、培训、考核、激励）					
	选题开发					
	运输和仓储服务	原材料物资的供应、生产设备和能源的购置	运输保管服务	中介代理服务、出差和津贴	调换物资、出差和津贴	
	出版企业原材料的搬运、仓储、库存、管理等	审核、编辑稿件、排版合成、校对发印、印刷装订、检验包装、供货	出版物存储、调拨、订货单处理生产进率安排	广告促销、市场营销、销售团队	服务信誉品牌	利润
	基本活动					

图 10-2　出版企业价值链

每一种出版产品从最初的设计、规划和原材料投入直到最终到达消费者手中，要经过编、印、发、供等相互联系的生产（作业）环节，这就是出版产品作业链。这种出版产品作业链的生产过程中，同时也是出版产品价值形成和增值的过程，也就是形成出版产品价值链的过程。价值链分析就是以出版产品的价值链为研究对象，通过分析出版产品价值链的构成，价值链上的每项价值活动的特点及相互关系，价值链上每项价值活动的成本及其动因、占用的资产、盈利状况等，揭示出版企业价值链上各价值活动存在的问题，提供改进价值活动、优化价值链的途径，从而使企业在出版行业中拥有持续的竞争优势。

（二）出版企业的核心能力分析

关于"核心竞争力"一词，一般认为其首倡者是普拉哈拉德和哈默，他们于 1990 年在《哈佛商业评论》上发表了一篇具有标志性的文章《企业核心竞争能力》，正式引入"核心竞争力"一词，并定义为能"使公司为客户带来特别利益的一类独有的技能和技术"，同时指出，组织中的积累性知识特别是关于如何协调不同的生产技能和有机结合多种技术流派的知识是核心竞争力的主要来源。

结合出版行业的特性和出版企业自身的企业特征，我们试从两个不同的角度对其进行简要论析。首先从企业业务职能的角度看，出版企业核心竞争力应由优质的选题策划能力、优异的营销管理能力、优良的资本运作能力、出色的版权经营能力和优胜的开发创新能力五个要素构成。

1. 优质的选题策划能力。出版业是"内容为王"的产业，没有好的内容、好的选题，其他一切都无从谈起。在"形"与"质"二元对立的层次上来说，选题策划无疑属于"质"的范畴。在核心竞争力诸要素中，它也是核心的核心，是形成企业核心竞争力的关键。

优秀的选题策划能力具体包含以下几方面：第一，对选题资源的占有力即对优秀作者的较强的掌控能力、对潜在资源的发掘能力和与掌握关键出版资源的管理部门的交际能力。就出版企业的生产链条来说，这又属于上游环节的竞争。就中国的出版市场而言，优秀作者资源的有限性和出版品种专业分工界限的逐渐模糊，必然导致对选题资源争夺的白热化。第二，对出版物市场敏锐的感知力和洞察力。优秀的选题来源于市场需求，只有把握住了市场的脉动，充分认知读者的阅读嗜好，才能为进一步确定选题内容奠定基础。第三，对选题策划配套资源的调控力和整合力。有了好的选题，还要有与选题相配套的各个环节的协调、配合，比如对选题策划、交稿时间、编辑加工和制作进度、装帧设计特色以及资金流转等方面，必须有较强的调控能力，以使选题策划能落到实处，避免好的选题因为配合失时、失势、失度而花落别家。第四，良好选题的开发运作能力。选题毕竟只是一种构思和设想，还不是最终的生产成品。在图书市场上，往往是同一选题的图书因开发实现程度和深度的不同而表现出相异的市场业绩。对选题的开发运作意味着将选题构思具体化为图书的实体，而这也是选题策划的应有之义。

2. 优异的营销管理能力。时至今日，出版企业的营销工作已远远超越了发行的简单内涵，其重要性也不言而喻。在管理学上，营销一般包括市场分析与市场定位、产品定价与产品战略、营销策划与营销网络等环节。具体到出版企业，则更强调准确、恰当的图书市场定位，合理、独特的产品结构，畅通、快捷的营销网络和独特、成熟的营销策划。

3. 优良的资本运作能力。一般多以为出版业是知识密集型而非资金密集型行业，因此常忽略资本的作用。但是出版业既然作为一种产业形态，而在市场经济条件下，任何产业内部企业之间的竞争最终还要落在资本要素上，出版业当然也不例外。对于企业化运作的出版企业来说，在保证文化属性和社会效益的基本前提下，对利润的追求和对资本的需求也是自然产生的。

4. 出色的版权经营能力。出版业本身就是一种版权产业，出版经营归根结底是一种版权经营。从专利的角度看，版权又是一种"进可攻，退可守"（自我开发和转让）、具有开发性的有形资产，与工业技术领域里的专利技术相比，出版物单品种的复制规模和利润额要小得多、低得多，但出版单位根据出版合同所拥有的版权项数的繁多，以及版权作为知识产权所具有的可扩展性，却又非工业企业所能比拟。就中国的出版行业而言，每年50多万种图书就是50多万项的版权项目。

5. 优胜的开发创新能力。出版业是内容产业，也是创意产业。产品品种更新迭代的快速，知识、信息的丰富与繁杂，都要求出版企业具有优胜的开发创新能力，方能在市场竞争中胜出。因为只有创新才能在产业内特立独行、一枝独秀，牢固占领市场；只有创新才能使企业不断进步，保持上升态势和积极向上的企业氛围。

五、出版企业的 SWOT 分析

SWOT 分析是一种非常有用的分析方法，其理论基础：战略制定的目标必须是寻求外部的市场环境和出版企业内部资源和竞争能力的良好匹配。

SWOT 分析是一种成熟的市场分析方法。SWOT 四个英文字母代表 Strength、Weakness、Opportunity、Threat，意思分别是优势、弱势、机会和威胁。从整体来看，SWOT 分析可以分为两部分。第一部分为 SW，主要用来分析内部条件，着眼于企业自身的实力及其与竞争对手的比较，从价值链的各个环节上，如产品是否新颖，销售渠道是否畅通以及价格是否具有竞争力等方面分析；第二部分为 OT，主要用来分析外部条件，强调外部竞争环境的变化对于企业的可能影响，如政治、经济、社会文化和技术等。SWOT 分析方法的步骤是：

1. 调查分析内外部因素。一般先确定出版企业的 SW 再分析 OT。在进行 SW 分析时，需要对以下几个因素进行分析，尤其是对出版企业自身的优势和劣势进行分析：

第一是分析出版企业的资金问题。一个具有战略意义的选题计划有时需要在短期内出版数十种甚至数百种图书。只有达到这个规模，才能覆盖和垄断这个选题。因此需要有足够的资金，需要估算市场上占有率达到一定程度时需投入多少资金，以及这些资金在多长时间内支付。

第二是分析出版企业的资源实力。一个好的题材要成为好产品，需要作者资源、内容题材、销售渠道的支撑。所以要对出版企业现有的各种资源实力进行分析。在策划一系列选题时要考虑出版企业是否有足够的内容题材和作者资源。对于特殊题材的图书，还要考虑到特殊渠道的开发能力。

第三是分析出版企业的人才资源。因为不同种类的图书需要不同专业背景和层次的编辑。在进行中长期策划时要了解究竟需要多少、什么专业、什么层次的编辑，出版企业目前是否已具有这样的人才资源。

在进行 OT 分析时，需要对以下几个因素进行分析：

第一是对竞争对手的分析。需要了解在同类题材下目前有多少明显的竞争对手，谁有可能成为新的进入者和竞争对手。这些分析都会影响到是否进入这个市场、用什么方法进入、以怎样的发展速度才能超过竞争对手等一系列问题。对潜在竞争对手什么时候进入也要有充分的估计，从而保证在众多竞争对手进入时，自己的选题已经获得利益并可以成功撤出。尤其随着中国加入 WTO 以后，国外的出版巨头已经纷纷进驻。国外出版企业在选题策划方面更有经验，它们无疑将成为最大的潜在竞争对手，对它们的实力和优势的分析也是必不可少的。

第二是对竞争威胁的分析。这个层面可以从两个角度来分析，一个是纯粹从经营角度来判断，这个选题有没有机会，机会有多大；另一个是从财务的角度来看，在某个时间段里，企业是否能赚到钱。任何企业的核心产品都是有生命周期的，包括开发时期的无利润阶段、竞争者进入之前的超额利润阶段、大量竞争者进入时的剩余利润阶段和生命周期尾端处于撤退期的资源转移阶段。

第三是对竞争机会的分析。考虑市场机会也就是考虑市场的容量和发展方向。这就涉及三个级别：相对大的市场、中级市场和单个选题。如对经济题材而言，首先判断在经济题材上有没有机会；然后考虑经济题材的哪个分支、哪些方向上存在机会；其次就是分析某个分支里面，哪几类的选题取胜的机会更大；最后才具体落实到某个题目或某本书的机会。关于发展方向，先要判断市场目前的容量有多大，将来的发展机会有多大。一个大规模的系列选题一般需要一段时间来延续，一年或两年，甚至需要更长的时间来运作，这个市场在这段时间里是否呈现出一种扩大的趋势。同时还要对读者进行分析，对读者的需求了解得越清楚具体就越能更好地把握竞争机会。

第四是对竞争环境的分析。包括政治、经济、社会文化等。要考虑外部环境是否受到制约，特别是在中国已经加入 WTO 之后，更要尽快了解世贸组织中与出版业相关的规则，比如某类出版物将来是否会受到政策的束缚和影响、出版方向是否受到限制等。比如一个专业性出版企业如果要出版其他题材的书是否会影响到自身的发展。

2. 构造 SWOT 矩阵。当运用调查研究方法对各种因素进行分析后，应根据轻重缓急或影响程度将上述各种因素排于 SWOT 矩阵中。在此过程中，要把那些对出版企业有直接、重要、大量、迫切、久远影响的因素优先排列出来，而把那些间接、次要、少许、不急、短暂的影响因素排在后面或省略。把 SW 作为行，OT 作为列，再在每一项里按上述的排列顺序把各种因素都排出来。

3. 得出行动政策，制定行动方案。根据构造出的矩阵就可以清晰地看出此选题策划的优势、弱势和机会、威胁，从而能很容易地得出行动对策，制定行动计划。这一步骤的指导思想是：发挥优势因素，克服弱势因素；利用机会因素，化解威胁因素。

在这一思想指导下，运用系统分析的综合分析方法，将矩阵中的各种因素相互匹配，加以分析，得出一系列可选对策。包括：

SO 战略。着重考虑优势因素和机会因素，目的在于力求使这两者的有利影响都趋于最大。

ST 战略。着重考虑优势因素和威胁因素，力求使前者的有利影响趋于最大而后者的不利影响趋于最小。

WO 战略。着重考虑弱势因素和机会因素，力求使前者的不利影响趋于最小而后者的有利影响趋于最大，所以又叫"最小与最大对策"。

WT 战略。着重考虑弱势因素和威胁因素，力求使两者的不利影响都趋于最小，所以又叫"最小与最小对策"。

当然，在实际进行 SWOT 分析时，所涉及的优劣势因素和威胁机会因素更复杂，通常每一项都会存在好几个因素。因此在具体分析对策时要进行全面考察，以避免忽略任何一方面的因素，从而得出最适合自己出版企业的战略。

第三节　出版企业的战略选择

所谓出版企业的战略定位，是指出版企业在赖以生存的出版物市场上，为与竞争对手抗衡而对竞争战略的选择。在一般意义上，出版企业战略选择主要是对以下三个层次的战略进行选择，即总体战略、竞争战略和职能战略的选择。

一、总体战略

总体战略主要决定出版企业应该选择哪类经营业务，进入哪一行业或领域，实际上是解决出版企业如何成长或发展的问题，也包括在不利环境下的收缩和巩固问题。我们可以将这一层次的战略统称为成长战略。

（一）密集性成长

密集性成长是指出版企业在原有的业务范围内充分利用在产品和市场方面的潜力来求得成长发展，也可以称作集约性成长。企业的密集性成长战略有三种形式：市场渗透、市场开发和产品开发。

1. 市场渗透

市场渗透是指出版企业生产的老产品在老市场上进一步渗透，扩大销量。如出版企业采取向老师赠送新书，以促使老师将这些新书选作学生的教材，从而促进学生的购买。

虽然市场渗透可能给企业带来增加市场份额的机会，但能否采取这一战略不仅取决于出版企业的相对竞争地位，也取决于市场的特性。一般地说，当整体市场在增大时，不仅占领先地位的出版企业可以增加市场份额，而且那些只占有少数市场份额以及那些新进入市场的出版企业也比较容易扩大它们的销售。相反，在未定和下降的市场中难以实现市场渗透，这是因为这两类市场的需求已经饱和，基本上已经没有潜在顾客可以争取。

2. 市场开发

所谓市场开发是指用老产品去开发新市场，当老产品在老市场上已无进一步渗透的余地，或者新市场的发展潜力更大，或者新市场的竞争相对缓和时，企业就可以考虑采用市场开发战略。市场开发包括进入新的细分市场，为产品开发新的用途，或者将产品推广到新的地理区域等。例如，近年来，在城市市场上图书消费增长相对缓慢，而农村市场却增长迅速，科技兴农、科技致富成为广大农民的迫切需要，农村市场蕴含着巨大的开发潜力。在这种情况下一些出版企业把目光投向了农村市场，这就属于市场开发策略。

3. 产品开发

所谓产品开发是指用改进老产品或开发新产品的办法来增加出版企业在原有市场上的销售量。这就要求增加图书的种类和策划更符合读者需求的好图书，以满足目标顾客不断变化的要求。

德国法兰克福书展的公开统计数字显示，2015 年的与会展商超过7100 家，与会国超过 100 个，展馆面积达到 170 000 平方米。展示图书大约 400 000 本，包括地图、手稿、图片以及电子读物。毫无疑问，产品开发和市场开发往往是同步进行的，两者有非常紧密的联系。一方面，进入新的细分市场（市场开发）要求开发出现有产品的替代品或新的功能和特性（产品开发）。另一方面，产品的更新和再设计，也需要新的细分市场的支撑。

（二）一体化成长

出版企业通过业务重组，其中的某一战略业务单位通过把自己的经营范围向前、向后或横向延伸、扩展，从而达到提高效率、获得规模效益的目的，这就是所谓的一体化发展战略。对于出版企业来说，一体化意味着出版企业在经营活动范围向后扩展到纸张材料供应及出版物印制环节，或者是向前扩展到出版物经销与零售环节，实现价值链向前或向后方的延伸整合。

一体化发展也有三种形式：一是后向一体化。出版企业控制纸张、合并印刷厂、控制原材料、零部件供应、实现产供一体化等；出版企业实施后向一体化战略，如并购印刷厂、光盘生产车间、装帧设计工作室、成立纸张材料公司等，可以避免为应对强有力的竞争供应方或经销商威胁所造成的新的市场交易成本，同时生产经营的联合作业也可以从多方面降低出版物成本，实现出版企业经营过程中的范围经济效应。

二是前向一体化。通过向前控制发行分销系统（如批发、零售）实现产销结合，或"上游"企业合并"下游"编印发达到一体化。如贝塔斯曼集团（以下简称贝塔斯曼）不仅涉足印刷和图书发行、配送，并且在这些领域也确立了自己的优势地位。比如在物流方面，贝塔斯曼是一个比较大的第三方物流服务商，在欧洲，贝塔斯曼还为微软、诺基亚做物流服务。微软有订单之后，贝塔斯曼替它制作光盘和用户手册以及开展发货、运输、收款等业务。

三是水平一体化，即通过控制或兼并经营同专业出版企业从而扩大经营规模。水平一体化也被称为横向整合。通过横向整合，出版企业可以整合出版资源，优化出版物产品结构，增加新的出版物品种，完善服务功能。出版企业的纸质出版、音像电子出版、网络出版、数字出版等多种形态的出版物产品将为读者提供全方位的增值服务，使读者获得更多的益处，出版企业的规模也将在横向整合中不断扩大，并取得规模经济效应。但规模与经济并不总是成正比例直线相关的，如果出版企业规模的无限扩大，那么内部组织机构设置就会增多，功能分解过细将会造成部门之间信息沟通的不顺畅以及内部交易成本的加大，由此便造成出版企业协调的复杂性和非直接成本的跳跃式增加，甚至有可能会导致某项价值活动的规模不经济。因此，出版企业必须要根据外部的发展环境与自身的获取资源、运用资源及经营管理能力的实际情况，正确运用横向整合战略，科学地控制规模，才能取得成本优势及最佳成本效益比，实现规模效应。

出版企业实施一体化战略，不可避免地要有成本支出，也不言而喻地要有利益期望，在任何经营战略决策中，成本和利益都是必须同时考虑在内的。当纵向整合导致出版企业某项价值活动的成本大于收益时，说明此项整合的结果是不经济的，出版企业应及时进行战略调整。当受资源条件的限制或战略目标更加容易实现时，出版企业也可采用有限整合战略。所谓有限整合战略是指在纵向相关的出版业务流程中间建立一种关系，可以在不发生全面成本的情况下取得纵向整合的部分利益。如为建立与客户双方共同利益关系，在充分调研论证的前提下，对省级新华发行集团股份公司投资入股，直接参与出版物发行中盘的经营等。当内外部环境发生变化时，出版企业须根据自身现有内部职能及时进行战略目标调整。若解除或部分解除整合能够降低价值链活动成本而又很少影响出版企业收益时，则解除整合或部分解除整合也是一种必要的选择。

（三）多元化发展

多元化是指在多个产业领域开展生产经营业务，实现出版企业的不断扩张。多元化是国际出版业需求快速发展的重要途径。20 世纪 70、80 年代以来，国际传媒业发生过两次大的收购兼并浪潮，其结果便是产生了一批以内容提供为主的大型传媒集团。如培生集团作为一家以出版为主题的传媒集团，其在 20 世纪 70、80 年代不仅拥有一定规模的电视发射系统，还拥有著名的英国蜡像馆和拉萨银行的股份。多元化经营战略同样是中国出版企业做大和做强的重要选择。多元化经营有助于出版企业寻求和培育新的经济增长点，有助于提高企业自身抵御和防范市场风险的能力。世界著名出版集团的核心业务及品牌代表见表 10-2。

表 10-2　世界著名出版集团核心业务及品牌代表

集团名称	核心业务	品牌代表
Bertelsmann	广播与电视及节目制作	RTL Group
	图书出版	Random House
	杂志与报纸及网站内容提供	Gruner Jahr
	音乐娱乐	BMG
	印刷 IT 信息储存及服务	Arvato
	读者俱乐部与网上书店	Direct Group

集团名称	核心业务	品牌代表
Reed Elsevier	科学与医学信息	Elsevier
	法律信息及相关出版物	LexisNexis
	儿童及基础教育图书出版	Harcourt Education
	商业信息及电子商务	Reed Business
Thomson	法律规章等信息及解决方案	West law
	学习解决方案及教育图书出版	ThomsonWadsworth
	金融信息服务及 IT 技术解决方案	Thomson One
	科学与健康信息及解决方案	ISI Web of Science
McGraw Hill	教育及相关图书出版	McGraw Hill Education
	金融服务	Standard & Poor's
	商业信息	Business Week

我国出版行业的多元化可归纳为如下四种模式：

一是水平多元化，走的是图书——报纸期刊——广播电视——数字多媒体的多元化发展路线。其目的是以不同的媒体形式来充分利用内容资源，进而形成相得益彰的文化产品格局，其本质就是跨媒体经营；水平多元化模式可以对内容资源进行综合开发利用，采用不同的媒体形式发布传播，既可以通过网络、报纸、期刊、影视等媒体力量来扩张，延伸图书的市场机会和影响力，也可以从其他媒体资源中挖掘新的图书选题。以图书出版为基础，向其他媒体延伸的多元化模式具有极强的拓展性，这是目前国内出版集团以及各媒体集团的主要经营模式。

二是垂直多元化，这种多元化形式一般是出版企业向上下游相关产业的产业链和价值链发展的形式，也称为垂直一体化。在此不做赘述。

三是同心多元化，是指以出版产业积累的资本进入投资回报率高的相关产业。对于目前中国出版企业来说，同心多元化途径主要体现在出版——培训——教育这一链条上。也就是以出版业为中心，向培训和教育这些相关产业拓展。如外研社投资 3.5 亿元兴建国际会议中心进军英语培训市场，以及与中国香港盈科电讯合资创办北京世纪盈科信息科技有限公司向网络教育领域拓展，新东方借助英语培训市场的丰富资源强力挺进出版领域。

四是联合式多元化，指出版企业进入和出版没有任何共同主线和统一核心的产业。如有的出版企业进入房地产行业、酒店管理产业、体育产业等不相关的行业。

当资源条件受限，或出版企业更加有利可图、自身目标更加容易实现时，出版企业也可采用有限多元化或准多元化战略。所谓有限多元化战略是指在纵向相关的业务间建立一种关系，可以在不发生全面成本的情况下取得纵向整合的部分利益。如出版企业为保证新开发的出版物新产品的生产，在生产厂家资金比较困难的情况下可考虑与生产厂家联合投资建立新产品生产线，出版企业从中可以享受出版物新产品优先印制和低标准印制价格的优惠待遇，同时年底还可以享受利润分成，双方实现共赢。

（四）退出和巩固

前边我们讨论了企业在原有的生产范围内如何成长和发展的问题，采取以上三种成长战略的基本前提是企业仍有较大的发展空间。但实际上，许多企业由于各种各样的原因不得不考虑退出现有市场或巩固现有市场。2008 年国际出版巨头贝塔斯曼宣布它将于 7 月 31 日前关闭旗下在中国 18个城市的 36 家零售门店。7 月 3 日，这家全球第四大传媒集团再发公告：贝塔斯曼中国书友会将停止运营。至此，贝塔斯曼全面退出在华图书销售业务。由于图书销售对集团的贡献非常小，甚至是个负担，自 2008 年以来，贝塔斯曼书友会和直营书店在全球的业务都在收缩，在中国业务的变动是其全球战略的一部分。

二、竞争战略

战略管理大师迈克尔·波特将企业获得竞争优势的战略方式分为三种：成本领先、差异化和目标集聚。这三种基本的战略通常被称为一般性战略。成本领先是以很低的价格向用户提供产品或服务。差异化战略是指为用户提供独特的产品或服务。目标集聚是提供小用户群体需求的产品或服务。迈克尔·波特的战略意味着，不同的企业应采取不同的组织安排、控制方式和不同的管理制度。大规模的公司由于可以得到更多的资源，一般以成本领先或差异化竞争为其战略选择，而小公司则往往以专一化经营为基点进行竞争。

（一）成本领先战略

成本领先战略认为，作为战胜竞争对手的前提，一个公司应努力使其成本降到行业最低水平。影响企业成本的因素很多，主要是企业的规模经济状况、生产能力使用率、与供应商和销售商的关系、企业的学习和经验曲线效应、在企业内部不同的职能部门之间分摊成本和分享知识的能力、与新产品开发或老产品调整有关的研究与开发费用、劳力成本、能源成本及运输成本。

对于出版企业而言，成本领先战略是指出版企业主要依靠追求规模经济、专有技术、优惠的原材料、编辑、出版、营销等生产经营过程中的每个环节及日常管理中严格的成本控制等因素，以低于竞争对手的成本提供出版物产品，来获得较大的市场份额和较高的利润。在这种战略指导下，出版企业的目标是要成为出版行业中的低成本生产企业，也就是在同类品种的出版物市场上，出版企业在提供的出版物产品性能、质量差别不大的条件下，通过努力降低成本，来取得竞争优势。

成本领先战略的逻辑要求出版企业真正是成本领先者，而不应定位成为成本领先的几个企业之一。所以，成本领先是一种格外强调先发制人策略的一种战略。当然，出版企业要赢得成本领先的地位，通常要求出版物产品必须具有较高的市场份额或其他优势。出版企业成本领先战略可通过较大规模生产、现代化的经营理念的建立、人员素质和企业先进管理技术水平的不断提高、严格的成本控制来实现。这就要求出版企业必须善于发现、深度挖掘和全力开发所有的成本优势资源。比如，根据出版计划，将耗用同种材料的出版物所需材料统一计划，进行集中批量采购，以享受供应商的优惠政策，实现原材料的低价位供应；在保证质量的前提下，通过对出版物耗用材料的选择、版式的精心设计等优化产品制作工艺而降低直接生产成本；以保证提供出版物生产项目或出版物大批量集中印制为条件，寻求优惠工价的出版物生产厂家；有时为了获取市场份额，在不违反市场规则的情况下，经过充分的市场调研与论证，以低于竞争对手的价格（发行折扣）发行某种出版物，由此可能会造成企业的初始亏损，但这种亏损只是暂时的，它为出版企业的未来所带来的高市场份额又可引起材料采购和出版物产品多印数的经济性而使成本进一步降低和销售利润率的不断提高。

（二）差异化战略

差异化的核心是使公司的产品或服务具有某种特性，对购买者有可感知的价值，而且不易被竞争对手模仿，能够把这种独特性长期保持下去。实施差异化战略，企业的竞争优胜主要依托在产品设计、性能、寿命、工艺、品牌、特征、款式和顾客服务等各个方面或几个方面，与竞争者相比有独到之处。

对于出版企业而言，差异化战略是指出版企业在行业范围内，根据市场需求变化趋势，在出版物选题结构、内容策划、打造品牌、生产技术、客户服务、销售渠道等一个或几个方面创造独特性，在行业内独树一帜，即通过标新立异吸引客户，形成企业相对竞争优势。比如，在成本差距难以进一步扩大的情况下，推出比竞争对手质量更优秀、特色更突出、服务效果更好的出版物产品，以显示出版企业的经营差异。当然，这种差异应该是大多数经销商及读者所希望的或乐于接受的。比如召开新书出版发布会；组织知名作者签名售书活动；在大型图书卖场设置专架和专职导购人员进行售书；组织对使用教材的教师进行培训，免费提供专家授课及培训教材，保证课前到书；对销售出版物进行全程跟踪，建立畅通的信息渠道，广泛而又及时地征求客户意见，对客户提供全面、周到、细致的售后服务等。

如果出版企业能够获得差异化的地位，就可以赢得客户对品牌的忠诚，使之对出版物价格的敏感性下降，从而保证了出版企业的出版物产品在市场上能够保持相对稳定甚至较高的发行折扣水平和份额，给出版企业带来超常收益。即使在出版物价格战来临之时或者在周期性、季节性出版物的市场萎缩期间也能获得诸如客户忠诚等相应的利益。出版企业差异领先地位的确立构成了竞争对手进入的壁垒，使得他们想要效仿和进入需要付出一定的努力和代价。竞争者一旦进入，出版企业的出版物产品面临替代品的威胁时，出版企业所处的地位也会比其他竞争对手更为有利。

（三）集中化战略

一般的成本领先和差异化战略多着眼于整个市场、整个行业，从大的范围来谋求竞争优势。集中化战略则把目标放在某个特定的、相对狭小的领域内，争取成本领先或差异化，从而建立相对竞争优势。一般来说这是中小企业多采用的一种战略。

对于出版企业而言，集中化战略是指出版企业主攻某个特定的客户群或某出版物产品系列的一个（一组）细分市场，以取得在某个目标市场上的竞争优势。如果出版企业能同时取得成本领先和差异化的竞争优势，则差异领先会带来高水平的出版物发行折扣，而成本领先意味着成本的降低，收益的增长。二者收益累加，将使出版企业获得巨额回报。但由于各种条件的限制，一个出版企业要想在市场竞争中全面地、长期地同时取得成本领先和差异领先的地位是不现实的。集中化战略的前提是出版企业能够集中有限资源，以更高的效率、更好的效果为某一狭窄的战略对象服务，从而超过在出版物市场上范围更广阔的竞争对手。

出版企业集中化战略可借助于其在目标市场上所形成的成本领先优势或差异领先优势来实施。前者战略是寻求在目标市场上的成本优势，后者战略则是追求目标市场上的差异优势。出版企业的集中化战略通常选择对可替代出版物产品最具抵抗力或竞争对手最薄弱之处作为其战略目标。采用集中化战略的出版企业同样具有取得超过行业平均收益水平的能力，如果企业能够在某个目标市场上获得成本领先或差异领先的地位，并且这一目标市场的出版物产品结构很具有吸引力，那么实施该战略的出版企业将会获得超过其行业平均水平的收益。在此方面，国内许多专业出版企业进行了积极探索。如高等教育出版社和一些大学出版社等，它们根据本单位出版资源的优势及出版物品种的特色，确定好目标市场，集中力量，立足于某一专业出版领域，精耕细作，打造品牌，既增强原有品牌出版物产品的生命力，又注重新选题的开发，同时采用现代化管理手段，提高售后服务质量，逐步形成了出版企业的竞争优势，使得出版企业的影响力日益提高，出版物的品牌效应逐步增强，市场占有率不断增长。集中化战略的实施，为这些出版企业带来了社会效益和经济效益的双丰收。再比如，作为冶金工业部直属事业单位的冶金工业出版社与冶金行业各大钢铁公司、各科研院所、各大院校建立了长期友好的合作关系。人员熟悉，专业熟悉，业务熟悉是他们的优势，它们了解掌握不同时期钢铁工业科技发展的动向、重点中心工作的走向、行业技术培训的重点、冶金企事业单位的需求。这些为它们有针对性地策划选题和出版图书创造了得天独厚的优势。它们的长项在冶金，熟悉的专业在冶金，它们的作者、读者都在冶金战线，这是它们在科技出版行业不可替代的竞争优势。

三、职能战略

职能战略是在出版企业总体战略的指导下由中层管理人员参与制定的战略，是总体战略在专门职能方面的落实和具体化，是为贯彻、实施和保证总体战略和竞争战略而在企业特定管理领域制定的具体战略。职能战略根据出版企业的职能部门构成，具体又可以分为营销战略、财务战略、选题战略和人力资源战略等。以上各项职能战略的具体内容在第二篇的各章中已做介绍，在此不再阐述。

第四节　出版企业的战略评价与控制

在前边的两节我们介绍了出版企业可能选择的各种战略方案以及战略使用的环境，事实上，在提出这些战略方案时，在一定程度上已包含了战略评估和控制的许多内容，这也是我们在第一节中强调不能将战略分析、战略选择和战略实施截然分开的原因，但是这并不意味着在提出各种战略方案的同时也解决了战略的评价和控制的所有问题。实际上，战略的评价和控制是一个更为复杂的决策过程，它涉及了战略评价标准、文化、利益相关者的期望以及各种具体的评价指标和方法。

一、出版企业战略评价与控制过程

战略评价与控制就是监测出版企业的经营管理活动与业绩结果的过程，以把实际业绩与预测业绩做比较。这一过程为管理层提供必要的反馈，以评估结果并根据需要采取纠正措施。如图10-3所示，这个过程可以用一个五步反馈模型来表示。

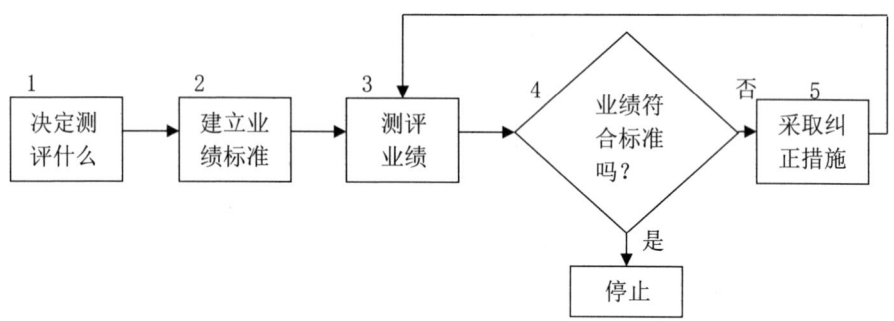

图10-3　评价与控制过程

1. 决定测评什么。出版企业高层管理人员和中层管理人员要规定实施过程以及要监测和评估的结果。这一过程及其结果要可以用客观、合理、一致的方式来测评。重点要放在过程中最重要的环节，即那些占费用比例最高的或者问题最多的环节上。

2. 建立业绩标准。用于测评业绩的标准是对战略目标的详细表述。它们是对可接受业绩结果的衡量。每个标准都要包括浮动范围，它确定可以接受的偏差。不仅要为最终产出确定标准，也要为中间阶段的产出确定标准。

3. 测评业绩。按预定时间、次数进行测评。

4. 把实际业绩与标准进行比较。如果实际业绩结果在可接受范围之内，测评过程可以到此为止。

5. 采取纠正措施。如果实际结果在预期接受范围之外，就要采取措施纠正偏差。这些措施不仅要能纠正偏差，而且能够防止再发生偏差。为此，要解决以下问题：

（1）该偏差是否只是偶然波动？

（2）整个过程是否得到正确执行？

（3）整个过程是否能恰到好处的达到预期标准？

评价与控制信息由业绩数据和活动报告组成。基层管理者和中层管理者要明察战略管理过程中的任何可能引起业绩不理想的执行失误，以便纠正员工活动。

二、战略评价和控制的标准

战略评价和控制的主要标准有三个：适用性、可行性和可接受性。它们之间既有密切的联系，同时也有一定的区别。

1. 适用性。适用性是用来评估所提出的战略对于出版企业所处的环境的适应程度以及与其自身资源的匹配性，还有它能否保持或加强出版企业的竞争地位。换言之，一个适用的战略应该保持出版企业的目标、资源条件与外部环境的一致性，这种一致性是选择战略时首先要考虑的标准。

在评估战略的适用性时，应主要考虑以下几个问题：

（1）该战略在战略分析中发现的问题，如出版企业在资源、能力和技术方面的劣势，以及外部环境威胁解决到什么程度。例如，该战略提高还是削弱了出版企业的竞争地位，增强还是削弱了出版企业与供应商和顾客的讨价还价能力，是否有利于对付来自新进入者和替代品的威胁。

（2）该战略是否完全利用了出版企业的优势或环境所提供的机会，如一个拥有很强的编辑队伍的出版企业是否充分利用了其策划编辑能力，一个善于营销的出版企业是否随着出版企业市场规模的扩大在不断地开拓新的细分市场。

（3）该战略与出版企业的使命和目标是否一致。例如，该战略的实施虽然明显改善了出版企业的财务绩效，但它是否破坏了出版企业的长期形象，该战略是鼓励部门之间的合作还是竞争，它是否符合出版企业的思维方式和习俗。

2. 可行性。所谓可行性是指出版企业有能力成功地实施既定战略。换句话说，一个可行的战略应该是出版企业依靠当前所拥有的资源和能力就可以顺利实施且能达到既定要求的战略。在评价战略的可行性时，尤其需要注意以下一些问题：

（1）是否有足够的物力和财力支持实施该战略；

（2）是否具有有效竞争的技术和手段；

（3）是否能够保证获得所需要的管理能力；

（4）是否有能力达到所要求的经营水平；

（5）是否能够取得所需要的相对竞争地位；

（6）是否有能力处理竞争性活动；

（7）当环境突然发生变化时，是否有能力处理危机事件。

3. 可接受性。评估战略的第三个标准是可接受性，这种可接受性与人们的期望密切相关，因此，它带有更多的主观色彩。一些人认为"可接受"的战略对另外一些人可能就是不可接受的，尤其是在两者的期望相矛盾的情况下。因此，在很多情况下出版企业所选定的某种战略方案，实际上是不同利益集团讨价还价和折中的产物。在评估战略的可接受性时，应注意以下一些问题：

（1）从利益的角度看，出版企业的财务状况会发生怎样的变化，这种变化对利益相关者的利益将产生怎样的影响；

（2）会带来哪些财务和经营风险，这些风险产生的最重要影响是什么；

（3）各部门、团体或个人的职位变化怎样，是否容易引起它们之间的矛盾和冲突，这种矛盾和冲突是否易于解决；

（4）主要利益相关者以及社会公众是否接受所提出的战略，他们是否有能力阻止该战略的实施。

本章知识小结：

● 出版企业战略管理是指出版企业以未来为主导，为寻求和维持持久竞争优势而作出的有关全局的重大筹划和谋略。战略管理致力于对市场营销、财务会计、生产运作、选题开发等进行综合的管理，以实现出版企业长期的成功。出版企业的战略管理具有全局性、长期性和稳定性、适应性的特征。

●一般来说，出版企业战略管理过程包括三个阶段：战略制定、战略实施、战略评价。战略制定是为了提出出版企业的战略展望，指明出版企业的未来业务组成和发展目标，从而为出版企业提出一个长期的发展方向，并将战略展望转换成出版企业要达到的具体的业务指标。战略实施要求出版企业树立年度目标、制定政策、激励员工和配置资源，以便使既定的战略得以贯彻执行。战略评价是战略管理者根据出版企业的目标以及内外部环境的变化对出版企业制定的战略进行评价、调整与修改。

●战略分析是出版企业制定发展战略的基础工作，它包括外部环境分析和内部环境分析两大内容。外部环境分析既要分析出版企业的一般环境，包括政治、经济、文化、科技环境等，也要分析出版企业的行业环境，包括产业内竞争者、潜在进入者、替代品、供应者和购买者，还要分析出版企业的竞争环境。出版企业内部环境分析的基本方法有价值链分析、核心能力等。SWOT（优势、弱势、机会和威胁）分析提供了一种把内外部环境综合分析的方法。

●出版企业战略选择主要是对以下三个层次的战略进行选择，即总体战略、竞争战略和职能战略的选择。总体战略包括密集型成长（市场渗透、市场开发、产品开发）、一体化成长（前向一体化、后向一体化、水平一体化）、多元化发展（水平多元化、垂直多元化、同心多元化、联合式多元化）、退出和巩固。竞争战略包括成本领先、差异化和目标集聚战略。职能战略包括营销战略、财务战略、选题战略和人力资源战略等。

●战略评价与控制就是监测出版企业的经营管理活动与业绩结果的过程，以把实际业绩与预测业绩作比较。这一过程包括决定测评什么、建立业绩标准、测评业绩、把实际业绩与标准进行比较、采取纠正措施五个环节。战略评价和控制的标准有三个：适用性、可接受性和可行性。

[**思考题**]

1. 如何理解出版战略管理的概念和特征？

2. 出版企业的战略可以分为哪几个层次？出版企业的战略管理可以分为几个阶段？

3. 如何对出版企业进行外部和内部环境分析？这种分析的目的是什么？

4. 出版企业的战略选择主要在哪几个层次上进行？各个层次又包含哪些具体的战略？它们的适用条件是什么？

5. 列举你知道的几家出版企业，并说明这些出版企业的总体战略、竞争战略和职能战略。

6. 如何对出版企业的战略进行评价和控制？

第十一章　出版企业组织设计

本章学习目标：

- 了解管理幅度、管理层次与出版企业组织结构的基本形态
- 理解和掌握出版企业组织设计的任务、原则、基本程序
- 理解和掌握出版企业组织结构的基本类型及其优缺点
- 了解出版企业组织结构的新形式

组织管理是出版企业管理的主要内容。组织管理是出版企业实现其经营目标的组织保证，它不仅关系到出版企业工作的效率、质量和效益，也关系到出版企业员工能否较好地发挥其才能、能否较好地适应出版企业内外部环境。有效的组织管理，不仅有利于出版企业内部关系的良好协调、各方面积极性的充分调动和各项工作的顺利开展，而且有利于提升出版企业组织系统的整体效应，取得超乎寻常的业绩。

第一节　出版企业组织设计概述

组织设计是组织工作最重要、最核心的一个环节，它着眼于建立一种有效的组织结构框架，对组织成员在实现组织目标过程的分工协作关系作出正式、规范的安排。出版企业组织结构设计目的，就是要形成实现出版企业目标所需要的正式组织。出版企业组织设计的任务是确立为保证出版

企业目标的达成，出版企业中需要设立哪些岗位和部门，并规定这些岗位和部门之间的相互关系。

一、出版企业的管理幅度和管理层次

（一）组织的内涵

管理与组织分不开。对于什么是组织，古今中外的管理学者从不同的角度作出了界定。哈罗德·孔茨把"组织"定义为"正式的有意形成的职务结构或职位结构"。而被称为现代管理理论"鼻祖"的巴纳德认为，组织就是"有意识地协调两个或两个以上的人的活动或力量的协作系统"。

传统的出版企业组织结构是按照计划经济体制的要求建立起来的，这样的组织结构专业化、商品化水平低，小而全，缺乏自主经营和决策职能，这必然导致分工过细，机构臃肿，效率低下，负担过重，这已成为目前出版企业的一大通病。显然，这样的组织结构已不能适应出版企业向市场经济转轨的需要，无法作为出版企业发展的结构支撑。因此，出版企业必须按照市场经济体制的要求，重新设计其组织结构。出版企业内部组织结构与经营管理模式是困扰中国出版业转型的根本问题之一。任何一种类型的出版企业，无论是大众出版、专业出版还是教育出版，也无论是单个出版社还是出版集团，其内部工作人员都要根据其履行的职能不同划分成不同的部门，这些部门构成出版企业的内部组织结构。部门与部门之间相互关联，在履行本岗位职责的同时与其他部门产生业务联系，构成出版企业工作流程。

所谓组织管理，是把成员组织起来，以有效地实现组织既定目标的过程。出版企业的组织管理则是根据已经确定的目标，对必须进行的各项业务活动加以分类和组织，据此设计出不同的管理机构和部门，划分不同的管理层次，明确规定各个部门、机构、层次及人员的管理职责以及它们之间的相互协作关系，并加以合理授权的过程。

这一过程包括以下几个步骤：（1）确定出版企业的整体目标；（2）对出版企业的整体目标进行分解，形成目标体系；（3）对为实现目标所必需的各项业务活动加以分类和组合；（4）划分各个职能部门，设置管理机构，进行合理分工；（5）明确各部门的职责与权力；（6）合理配置人员；（7）建立和维持一个畅通的信息联系渠道；（8）规定规章制度，确立运作机制。

这一过程也体现了出版企业组织管理活动的内容。具体而言，出版企业组织管理活动的内容包括以下几个方面：根据出版企业目标的要求建立一套与之相适应的组织机构；明确规定各部门的职权关系；明确规定各部门之间的沟通渠道与协作关系；在各个部门之间合理地进行人员调配；根据出版企业外部环境的变化，适时调整出版企业的组织结构和人员配置。

（二）管理幅度、管理层次与出版企业组织结构的基本形态

出版企业的高层领导因受到时间和精力的限制，需委托一定数量的人分担其管理工作。委托的结果是减少了他必须直接从事的业务工作量，但与此同时，也增加了他协调受托人之间关系的工作量，而任何领导能够直接有效指挥和监督的下属数量是有限的，超过了一定的限度，就会降低管理的效率。这个有限的直接而有效地领导的下属的数量被称作管理幅度。例如，出版社社长直接领导的分社社长和职能部门领导的人数。

同样的理由，高层领导的委托人也需要将受委托担任的部分管理工作再委托给另一些人来协助进行，并依次类推下去，直至受托人能直接安排和协调出版企业工作人员的具体业务活动。由此形成组织中最高主管到具体工作人员之间的不同管理层次。

显然，管理层次受到出版企业规模和管理幅度的影响。它与出版企业的规模成正比：出版企业的规模越大，包括的成员越多，则层次越多。在出版企业规模已定的条件下，它与管理幅度成反比：上级主管直接控制的下属越多，管理层次越少；相反，管理幅度越小，则管理层次增加。

管理层次与管理幅度的反比关系决定了出版企业有两种基本的管理组织结构形态：扁平结构形态和锥型结构形态。

1. 扁平结构。扁平结构是指出版企业组织规模已定、管理幅度较大、管理层次较少的一种组织结构形态。这种形态的优点是：由于层次少，信息的传递速度快，从而可以使高层尽快地发现信息所反映的问题，并及时

采取相应的纠偏措施；同时，由于信息传递经过的层次少，传递过程中失真的可能性也较小；此外，较大的管理幅度使主管人员对下属不可能控制得过多过死，从而有利于下属主动性和首创精神的发挥。但由于过大的管理幅度，也会带来一些局限性：比如主管不能对每位下属进行充分、有效地指导和监督；每位主管从较多的下属那里取得信息，众多的信息量可能淹没其中最重要、最有价值的信息，从而可能影响信息的及时利用等。

2. 锥型结构。锥型结构是管理幅度较小，从而管理层次较多的高、尖、细的金字塔形态。其优点与局限性正好与扁平结构相反，较小的管理幅度可以使每一位主管能够仔细地研究从每一位下属那里得到的有限信息，并对每个下属进行详尽的指导。但过多的管理层次可能影响信息从基层传递到高层的速度，并可能导致信息在传递过程中失真；过长的管理链条会限制各级主管工作积极性的发挥；管理链条过长容易使计划的控制工作复杂化。

因此，出版企业组织设计要尽可能地综合两种基本组织结构形态的优势，克服它们的局限性。

(三) 影响出版企业管理幅度的因素

对于出版企业而言，有效的管理幅度受到诸多因素的影响，主要有工作能力、工作内容和性质、环境的复杂程度和出版企业的发展阶段。

1. 工作能力

上级的综合能力、理解能力、表达能力强，则可以迅速地把握问题的关键，就下属的指示提出恰当的指导建议，并使下属明确地理解，从而缩短与每一位下属在接触中占用的时间。同样，如果下属的工作能力很强，知识和经验都很丰富、技术水平也很高，不需要上级进行很多的业务指导，则主管人员的管理幅度可大一些。

2. 工作内容和性质

(1) 主管所处的管理层次。对于高层领导来说，他们往往面对的是有关出版企业全局的复杂问题，或是出版企业前所未有的新问题。因此他们直接领导的人数宜少而精，以便集中最优秀的人才来处理最复杂、最重要的问题。而对基层领导来说，他们主要是处理一些复杂性或相似性的例行工作，因此，直接领导的人数就可以多一些。

（2）下属工作的相似性。下属从事的工作内容和性质相近，则对每人工作的指导和建议也大体相同。这种情况下，同一主管对较多下属的指导和监督是不会有什么困难的。

（3）计划的完善程度。下属如果单纯地执行计划，且计划本身制定得详尽周到，下属对计划的目的和要求理解明确，那么主管对下属指导所需的时间就不多；相反，如果下属不仅要执行计划，而且要将计划进一步分解，或计划本身不完善，那么，主管对下属指导、解释的工作量就会相应增加，从而会减少有效管理幅度。

3. 环境的复杂程度

出版企业面临的环境稳定与否会影响出版企业组织活动内容和政策的调整频度与幅度。环境变化越快，变化程度越多，组织中遇到的新问题越多，下属向上级的请示就越有必要、越经常；相反，上级能用于指导下属工作的时间和精力越少，因为他必须花更多的时间去关注环境的变化，考虑应变的措施。因此，环境越不稳定，各层主管人员的管理幅度越受限制。

4. 出版企业的发展阶段

当出版企业处于初级阶段时，管理幅度可能较小，随着组织的不断发展和成熟，管理幅度就有可能相应扩大。

（四）组织设计的任务

设计出版企业组织的结构是执行组织职能的基础工作。组织设计的任务是提供出版企业组织结构系统图和编制职务说明书。

职务说明书要求能简单而明确地指出：该管理职务的工作内容、职责与权力、与出版企业中其他部门和职务的关系，要求担任该项职务者所必须拥有的基本素质、技术知识、工作经验、处理问题的能力等条件。

图11-1中的方框表示各种管理职务或相应的部门。箭线表示权力的

指向，通过箭线将各方框的连接，标明了各种管理职务或部门在组织结构中的地位以及它们之间的相互关系。

为了提供上述两种组织设计的最终成果，出版企业组织设计要完成以下三个步骤的工作：

1. 职务设计与分析。出版企业的组织系统图是自上而下绘制的，我们在研究出版企业现有组织的改进时，也往往自上而下地重新划分各个部门的职责来进行。但是，设计一个全新的出版企业组织结构却需要从最基层开始，也就是说，组织设计是自下而上的。

职务设计与分析是组织设计的最基础工作。职务设计是在目标活动逐步分解的基础上，设计和确定组织内从事具体管理工作所需的职务类别和数量，分析担任每个职务的人员应负的责任，应具备的素质要求。

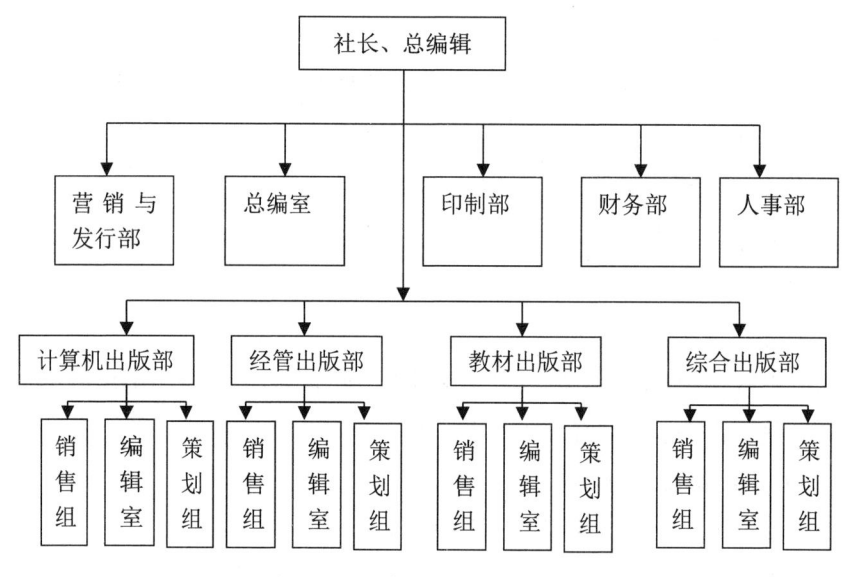

图11-1　出版社组织结构系统图

2. 部门划分。根据各个职务所从事的工作内容的性质以及职务间的相互关系，依照一定的原则，可以将各个职务组合成被称为"部门"的管理单位。组织活动的特点、环境和条件不同，划分部门所依据的标准也是不一样的。对同一出版企业来说，在不同时期的背景中，划分部门的标准也可能会不断调整。

3. 结构的形成。职务设计和部门划分是根据工作要求来进行的。在此基础上，还要根据出版企业内外能够获取的现有人力资源，对初步设计的部门和职务进行调整，并平衡各部门、各职务的工作量，以使出版企业组织机构合理。如果再次分析的结果证明初步设计是合理的，那么剩下的任务便是根据各自工作的性质和内容，规定各管理机构之间的职责、权限以及义务关系，使各管理部门和职务形成一个严密的网络。

二、出版企业组织设计的原则

出版企业组织是为了实现出版企业的目标而服务的。因此，出版企业组织结构的设计必须遵循一定的原则。这些原则大致可以归纳如下：

1. 目标至上原则。这是一条总的指导原则。这一原则有两层含义：一方面，组织设计是一种手段，是为了更好地完成出版企业的经营任务和目标；另一方面，出版企业经营目标和任务完成的好坏，又是衡量组织设计是否有效的最终标准。结构设计应因事设职，因职设人。出版企业内部的机构、职务、职位，应根据工作的需要来设计。

2. 精简与效率原则。结构设计应尽可能简单，如减少层次和职务，以保证组织结构最有效地使用资源。同时，机构的精简还有利于增强组织内部的协调，加快信息传递的速度，减少不必要的投入与浪费，使出版企业具有效率和灵活性。

3. 有效管理跨度原则。个人精力、体力、能力、时间以及管理对象和环境条件等多方面因素的制约，决定了管理者所能直接有效管理的下级人数是有限度的。该原则应引起管理者的注意，并灵活掌握。

4. 分工协作原则。分工与协作是出版企业活动效率的保障。分工可以提高效率和明确责任，协作则是实现出版企业总体目标的必要条件。

5. 统一指挥原则。每个下级应该只对一个上级负责。如果一个下级同时接受两个或两个以上的领导者的指挥，他就会无所适从，无法确定自己的行动。出版企业组织设计时只有遵守这个原则，才能保证组织上下级成员对组织活动产生共同的责任感，不致发生领导指挥混乱的局面。

6. 责权对等原则。组织设计应严格保证组织内的每一职位拥有的权力与其所承担的责任对等，即委以重任者给予其重权，责任轻者则权力也相应减少。责权对等原则是发挥职员能力的重要条件。

7. 统一领导与分级管理原则。管理者负责处理出版企业的总体事务和下级处理不了的问题，属于下级管辖范围内的事务，则由下级全权处理。统一领导有利于组织协调，分级管理有利于发挥职员的积极性和创造性，由此才能保证出版企业的高效与灵活。

8. 动态性原则。为了提高出版企业竞争能力和效率，防止机构的僵化，出版企业的组织结构应有弹性，即出版企业的机构是可变的，可以根据内外条件的变化做出及时必要的调整，以使组织具有权变性。以出版企业运营的市场规模大小为依据，根据不同的历史发展时段，设置内部职能部门、业务部门、经营部门及人员配备数量，避免机构设置过多，避免冗员，避免业务高峰时人手不够。

需要注意的是，以上基本原则是出版企业组织设计的一般的、共同的原则，具有普遍性。但是，依据这些原则设计出来的出版企业的组织模式则不应当是千篇一律的，而应当是各具特色的。现代组织理论的精髓，不在于提供了那些普遍适用的共同原则，而是在于依据权变理论，从具体的权变因素出发，来具体运用这些普遍原则，设计出符合各种出版企业具体的内外部条件的组织结构。

三、出版企业组织设计的基本程序

组织设计是一个动态的工作过程，包含了众多的工作内容。只有科学地进行组织设计，根据组织设计的内在规律有步骤地进行，才能取得良好的效果。出版企业的组织设计主要包括两方面的内容：一是出版企业组织结构的设计。出版企业的组织设计一般有三种情况：（1）新建立的出版企业需要进行组织结构设计；（2）原有组织结构出现较大问题或出版企业的目标发生变化，例如出版企业经营机制转换后，原有的组织机构需要重新评价和设计；（3）组织结构需要进行局部的调整和完善。这三种情况虽然有一定的差别，但其组织设计的大致程序和步骤是相似的，其中以新建出版企业最为完整。二是保证出版企业组织正常运转所需各项管理制度和方法的设计，诸如出版企业组织运行过程中的横向协调、管理规范、部门和个人的绩效评价、控制幅度、激励制度、人员配备和培训等。许多出版社的实践表明，一个出版社的组织能否实现高效精干，仅有一个良好的组织结构设计是不够的，还需要有一套系统的运行制度和方法，才能保证原定的组织结构得以顺利实现，而且后者的工作更为艰巨。依据现代组织设计理论，出版企业的组织设计一般按以下程序进行：

1. 确定出版企业组织设计的基本方针和原则。根据出版企业的任务、目标以及出版企业的外部环境和内部条件，确定出版企业进行组织设计的基本思路，规定一些设计的主要原则和参数。例如，出版企业一级的管理幅度是宽些还是窄些？部门分工形式是采用事业部制还是采用职能制？是实行集中管理还是实行分级管理？等等。这些都是进行组织设计的基本依据。

2. 进行职能分析和职务设计。这一步骤的内容包括：确定为了完成出版企业任务、目标而需要设置的各项经营职能和管理职能，明确其中的关键性职能。不仅要确定出版企业中的管理职能及其结构，而且要分解为各项具体的管理业务和工作。在确定具体的管理业务时，还应进行初步的管理流程总体设计，以优化流程，提高管理工作效率。

3. 设计组织结构的框架。即设计承担这些管理职能和业务的各个管理层次、部门、岗位及其权责，这是出版企业组织设计的主体工作。框架设计可以有两种方法：（1）自下而上的设计方法。即先确定出版企业运行所需的各个岗位和职务；然后，按一定的要求将某些岗位和职务组合成多个相对独立的管理部门（部和科室）；再根据部门的多少和设计的幅度要求，划出各个管理层次。（2）自上而下的设计方法。它的确定程序同上一种方法相反，首先根据出版企业的各项基本职能及集权程度的设计原则，确定出版企业的管理层次；其次，进一步确定各个管理层次应设置的部门（如职能科室）；最后，将每一个部门应承担的工作分解成各个管理职务和岗位。由于管理层次、部门、岗位及其权责这三者是相互关联、相互制约的，所以在实践中，上述两种方法一般是结合起来使用的。

4. 联系方式的设计。联系方式是指上下管理层次之间、左右管理部门之间的协调方式和控制手段。这一环节的工作非常重要。如果说框架设计的重点在于把一个出版企业的经营活动分解成各个组成部分，那么联系方式的设计则是把各个组成部分联结成一个整体，使整个组织结构能够步调一致地、高效地实现出版企业管理的整体功能。

5. 管理规范的设计。在确定了出版企业的组织结构框架和联系方式的基础上，应进一步确定各项管理业务的管理工作程序、管理工作标准和管理方法等。管理规范是各管理层次、部门和人员的行为规范，是组织结构设计的细化，它使设计出来的组织结构合法化和规范化，起到巩固和稳定出版企业组织结构的作用。

6. 人员配备和培训。组织结构的实施和运行需要通过人来完成，因此，应该按照组织结构设计的要求，定质定量地配备各级各类人员。此外，应该根据出版企业的人员状况制定培训计划。

7. 反馈和修正。出版企业的组织设计是动态的。在新的组织运行过程中，会发现上述设计中尚不完善的地方，并且出版企业所处的图书市场环境和经营战略也在不断变化，这就要求对原来的设计作出修改。因此，出版企业要将组织运行过程中的各种信息反馈到上述各个环节中去，定期或不定期地对原有组织设计作出修正，使之不断完善，不断适应新的发展战略。

第二节　出版企业的组织结构形式

一、出版企业组织结构分析

出版企业组织结构的确定首先是为了管理的效率。出版企业组织结构设计的实质是通过对管理劳动的分工，将不同的管理人员安排在不同的管理岗位和部门，通过他们在特定环境、特定关系中的管理作用来使整个管理系统有机地运转起来。

在出版企业内部进行劳动分工，包括横向和纵向两个方面：

1. 横向的分工是根据不同的标准，将对出版企业组织活动的管理劳动分解成不同岗位和部门的任务，横向分工的结果是部门的设置；纵向分工是根据管理幅度的限制，确定管理系统的层次，并根据管理层次在管理系统中的位置，规定各层次管理人员的职责和权限。

2. 纵向的分工是责任分配基础上的管理决策权限的相对集中或分散。随着分工的不断发展，出版企业内部分工的形式也在不断发展。出版企业的组织结构形式常见的有直线职能制、事业部制、矩阵制等。近些年来，也出现了一些新型的出版企业组织结构形式，如柔性化组织、扁平化组织、网络化组织、分权化组织等形式，我们在后边逐一进行介绍。

二、出版企业组织结构的基本类型

组织的正式结构就是组织内部不同职位、不同部门之间的关系组合模式。出版企业基本的组织结构可以分为以下几种类型：

（一）直线职能制

19 世纪初，亨利·法约尔用职能式组织管理模式挽救了他的煤矿公司，在法国产业史上写下辉煌的一笔。职能型组织是在较大的组织内，根据专业化、标准化的要求，将一项工作按先后顺序分解成单项的任务，形成许多职能部门，由这些职能部门对组织进行具体管理的一种组织结构。职能型组织结构的主要功能特点在于分工负责。由于各个职能部门的设置，相关的职位和部门得以科学组合，最高权力分散下放到各职能部门，形成了分工负责的局面，提高了组织决策的科学化、民主化程度。直线职能制组织结构见下图 11-2。

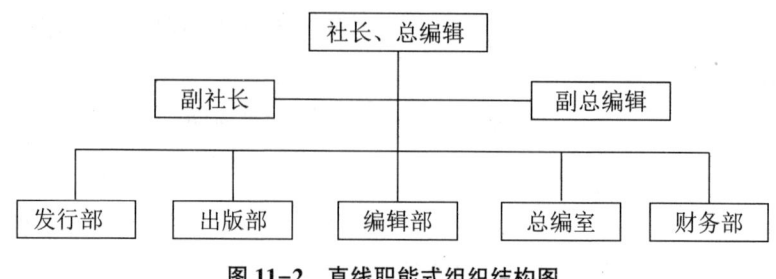

图 11-2 直线职能式组织结构图

多年来，我国出版企业一直采用这种职能式组织结构（以编辑部为中心，设有编辑、校对、设计、印制、发行等多个相对独立的职能部门）。目前，绝大多数出版企业的组织结构仍旧属于传统的直线职能制组织结构模式。这种组织结构的优点主要是：（1）便于统一指挥，集中管理；（2）职能部门任务专业化，可以避免人力和物资资源的重复配置；（3）便于发挥职能专长；（4）由于各个职能的规模经济，可以降低管理费用。管理方式为社长（或兼总编辑）全面负责，总编辑、副总编辑负责编辑工作，副社长负责经营（出版、发行或者其中之一），社领导成员各分管两个或两个以上的相关部室。

这种组织结构和管理方法在出版企业已运行实践多年，现在看来其明显存在着不足：（1）权力集中于社领导管理层，部室领导缺乏必要的自主权。（2）各职能部门的横向联系较差，容易产生脱节与矛盾。如编辑室的职能是对稿件进行文字加工编辑，考核目标是加工的字数和差错率，编辑不重视前期调研和后期销售。（3）参谋部门与指挥部门之间的目标不统一，容易产生矛盾。如设计、印制等部门专业性强，难以考核，不能与出版企业整体目标合理挂钩；这些部门与编辑室相对独立，常常责任不清、相互推诿。（4）信息传递路线较长，反馈较慢，适应环境变化较难。发行部门基本不参与选题策划，销售人员粗略按片区或图书品种划分，有什么卖什么，被动销售。（5）不利于培养全面的管理人才。随着图书品种增加，业务量扩大，内部管理繁杂，管理者不能全身心投入经营和战略规划上，陷入"剪不断，理还乱"的事务纠缠。

在这种组织结构下，编辑部门按照学科划分为若干个职能编辑室，各个编辑室各司其职，编辑部门之间的合作和交流很少。这种组织结构人为地使编辑部与其他部门尤其是发行部门分开，对于图书的成功发行和获得更大的市场份额造成了较大的障碍。

（二）事业部制

事业部制起源于美国通用汽车公司，是根据企业经营的业务单元，按产品、地区、顾客（市场）等来划分"大"部门，设立事业部。事业部在企业宏观领导下，实行独立经营、独立核算，既是利润中心，具有利润生产和经营管理职能；也是产品或市场责任单位，对产品设计、生产及销售负有统一实施的职能其特点是"集中决策、分散经营"，即公司（集团）决策，事业部独立经营。

事业部制在出版业的应用，是在出版企业的统一领导下，依据规定的出版范围和方向，以市场为中心，以编辑业务为主体，责权相统一的授权经营实体。国内很多规模较大的出版社如高等教育出版社（如图11-3所示）均采用了事业部制。

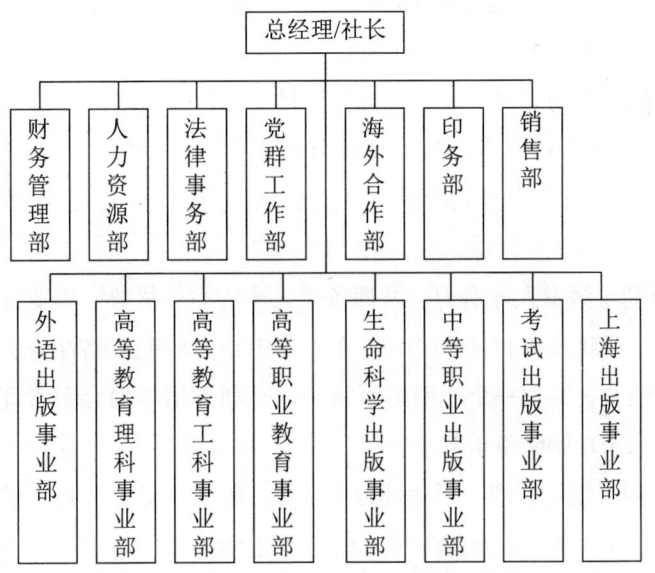

图11-3　高等教育出版社的事业部组织结构图

事业部制在出版企业中运用的基本模式是：

1. 按出版范围或专业出版方向设立事业部，如外语事业部、法律事业部等。该范围内的市场调研、选题策划、编辑制作、图书营销等业务，均由事业部负责。

2. 在纵向关系上，按照"集中决策，分散经营"原则，领导层研究和制定发展战略、经营目标，最大限度地把管理权下放各事业部。事业部自主经营，充分发挥自身的积极性和主动性。

3. 在横向关系方面，各事业部均为利润中心。在财务集中管理的基础上，各事业部分设账户，实行独立核算。各事业部之间、事业部与出版企业之间分账结算，是模拟的市场关系。

4. 出版社高层和事业部内部仍实行职能式组织架构。为实现集中控制下的分权，提高管理的经济性，出版社要根据情况设一些职能部门，如资金供应和管理部门、物资采购、人事管理等部门。对事业部来说，作为独立经营单位，也要建立相应的管理部门。

与职能制相比，出版事业部制有如下优点：

1. 有利于建立市场导向的经营理念，增强竞争力。事业部全面负责自己的图书和市场，编辑、印制、发行等人员对本事业部图书的市场表现负责。事业部以市场导向，以绩效为考核目标，能有效降低内部协调的"交易成本"。由于事业部有明确的出版方向，便于专业化生产，形成规模经济和品牌效应。各事业部间还有比较、有竞争，可增强出版企业整体活力。

2. 有利于激发人才潜力，发挥各类人才的综合优势。事业部制使管理层摆脱日常行政事务和具体经营工作，集中精力研究战略性问题；由于事业部独立经营，类似一个小型出版企业，有利于培养混合型管理人才，为出版企业未来发展储备干部。

3. 有利于绩效管理。事业部独立核算，收入、支出一目了然，有利于成本控制，便于建立以业绩为中心的考核指标体系，易于评价不同选题方向对出版企业总利润的贡献度。分业管理专业经营，有利于促进出版企业的多元化发展。

然而，事业部制也是一把"双刃剑"，盲目导入，也会产生负面效应。主要有：

1. 由于出版企业在市场调研、选题策划、市场营销等环节，缺乏足够的人才，建立事业部后，人才更是捉襟见肘。由于关键人才的匮乏，以及事业部经理全面管理能力不足，使社领导不得不介入微观管理，重新陷入具体业务。

2. 由于事业部强调"以业绩论英雄"，为完成任务或追求利润，往往把精力放在经济效益高、"短、平、快"的选题上，忽视社会效益高或具有文化积累价值的选题。并且，对于开拓新市场的选题，简单的财务考核并不合理，容易挫伤开拓创新的积极性。

3. 由于缺乏有效协调机制，各事业部相互争夺作者、发行渠道和出版企业的公共资源，甚至选题范围交叉，造成内耗与资源的分割浪费。

4. 各事业部均有一套管理人员，机构重叠，管理费用增加。事业部达不到一定规模时，容易使人力成本过高，处于成本弱势。

当然，企业的组织结构没有固定不变和适用于一切的最佳模式，必须根据外部环境和自身发展不断调整和创新。

（三）矩阵制

与出版项目制相适应的企业组织结构被称为矩阵制组织结构，一套是纵向的职能领导系统，另一套是为完成某一任务组织的横向项目系统。这种组织形式是美国在 20 世纪 50 年代创立的一种新的企业组织结构形式。一般来说，纵向部门是常设的、稳定的职能机构，横向部门是为了完成某项特殊的任务而临时组建的。因为企业常常有许多一次性的经营工作，需要执行跨部门的任务，所以人员都是由各专业职能部门抽调来的，他们既是原属机构的成员，又是新组建机构的成员，接受来自两个方面的领导，形成纵横交错的关系。在执行日常工作任务方面，接受纵向部门的垂直领导；在执行特定任务方面，接受横向部门的领导。一般不需要打乱原来的职能机构的隶属关系，一旦任务完成，横向部门机构撤销，其成员仍回到各自的岗位，这种组织结构形式，打破了传统的一个员工归一个部门领导的管理体制，使出版企业管理中横向管理和纵向管理结合了起来，较好地实现了集权和分权的统一。其结构形式见图11-4。

矩阵制组织结构对于需要对环境变化做出迅速反应的企业尤为实用。出版业要求出版者对市场有灵敏迅速的反应，迅速捕捉市场信息；同时，出版物又有一定的周期性，一定时期内设立一个项目小组，可以使出版任务按时按质完成。

出版项目制的另一个优势是统分结合，有统有分。这种矩阵制组织结构既有纵向的职能系统又有横向的项目组合，因此它既有职能制组织结构的组织性又有项目制的灵活性，这种模式无疑非常适合出版企业的运作。实施出版项目制，凡是重要的出版项目或套书的出版，由主管领导或室主任牵头，组织一个团队共同完成，既可以集中力量办大事，也可以使各部门成员沟通交流，取长补短，从长远看，还能增强出版企业的凝聚力和战斗力。

出版项目制可以形成帮带机制，有利于出版企业的稳定和长远发展。出版业是一个知识密集型的行业，掌握了较为丰富的编辑出版知识，一个年轻编辑就更容易成长。随着出版业竞争的加剧，出版人才，尤其是高层次出版人才的流动会越来越大。培养和留住人才，对于出版企业的稳定发展意义重大。

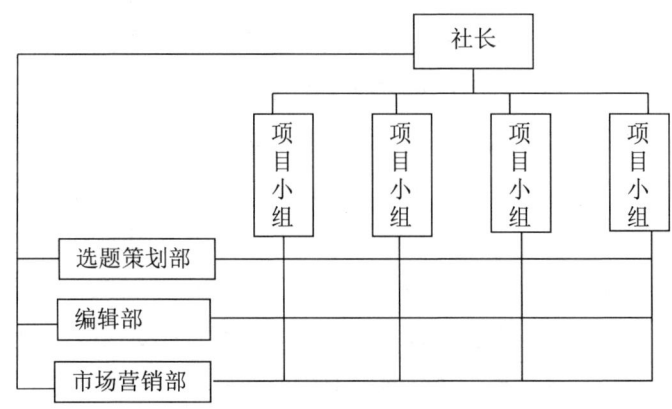

图11-4　矩阵制组织结构图

出版项目制还有利于培养复合型出版人才。出版业需要专才，更需要精通出版各环节、善于运作的出版复合型人才。在国外，出版企业往往是通过定期轮岗和项目合作的形式培养高级出版人才的，很多西方发达国家的高级出版人才谙熟编辑、出版、发行、版权贸易等各个工作环节。出版企业建立矩阵型组织结构能够比较好地解决这个问题。20世纪90年代，国内许多出版企业也开始尝试出版项目制，取得了较大的成绩。例如，中国人民大学出版社通过出版项目制的实施，不仅使自身获得内涵式的飞速发展，而且培养了一批熟悉出版全流程、擅长策划的项目运作高手，使从前的编辑室分为几个战斗力极强的出版事业部。

从现实来看，依照合作幅度和合作深度的不同，出版项目制大致可划分为以下几种模式：

1. 选题项目制。选题项目制又可以分为编辑室内部的项目制和跨编辑室的项目制两种。这种项目合作仅仅停留在选题的合作开发商，对于一些大的出版项目，由于选题种类较多，在较短的时间内推出这些图书，对于一两个编辑来说是不可能的事情，在这种情况下，选题项目制无疑可以加快图书的上市时间，有利于图书占有更多的市场份额。

2. "选题+发行"项目制。实施项目制，把选题开发和图书发行融合在一起，使发行人员参与图书的开发，不仅有利于发行人员准确地把握图书的市场定位和目标读者群，而且可以使策划编辑充分考虑到发行人员捕捉的市场信息，使编辑加工更适合市场和读者的需求。比如，广西师范大学出版社的《大学人文读本》就是采用这种项目运作方式，取得了明显的市场业绩。

3. "选题+营销+发行"项目制。这种项目制整合了编辑、营销和发行三个部门的力量，尤其是营销人员的加盟将会使项目运作如虎添翼。这种项目制的实施不仅会使具体的项目获得成功，更重要的，它会使项目组的负责人增长市场运作的本领和组织协调能力，迅速成长为高素质的复合型出版人才。

矩阵型组织结构的不足之处有以下几个方面：

第一，在矩阵型组织结构中，员工往往会受到两个方面的领导，即来自职能部门的领导和来自项目小组的领导，这种多头领导容易导致责任不清。当管理人员对员工没有直接权力时，存在产生混乱或冲突的可能性。

第二，由于项目小组的员工是临时抽调的，项目完成之后他们又会回到原来的职能部门去，项目小组的成员位置不固定，小组成员容易产生临时观念，有时责任心不够强。

以上仅仅列举了几种最常见的组织结构，企业组织结构最根本的问题是最大限度的灵活性与最大限度的稳定性的有机结合，上述几种组织结构对于解决这一问题来说都不是尽善尽美的。出版企业在选择自身的组织结构的时候，要充分考虑自身的实际情况，如企业规模、面临的市场环境等，选择最适合自己的结构形式。

第三节　出版企业组织结构的创新

我国出版企业大多沿用的仍是 20 世纪 50 年代计划经济体制下形成的组织模式，属于典型的机械—科层制组织形态。我国出版业从 20 世纪 90 年代中后期进入买方市场的格局，读者可选择性异常增多，且越来越成熟和理性。读者的需求较过去更难把握。全国 2018 年出版图书品种在 50 万种以上，品种多，而印数普遍不大，出版企业进入了小批量生产的时代。稿酬不断增加，材料、人工越来越贵，导致图书成本越来越高，书价不断上涨。在出版企业内部，过度的分工导致有的企业等级制度扩大化，中间管理部门和岗位越来越多，行政后勤部门的编制越来越大，出版企业内信息的沟通十分困难，使出版企业对外部反应迟钝，效率低下。我国出版企业这种传统的机械—科层制组织形态已难以适应买方市场的需要。随着环境的变化，出版企业必须及时调整自己的结构形式，以获得生存和持续发展的能力。

我国出版企业组织创新已到了十分紧迫的地步，它是确立一个出版企业竞争优势，进而塑造我国整个出版业竞争优势的重要环节。我们认为未来出版企业的组织必须是有机的，要由过去面向"职能"到未来面向"流程"的转变。理想的出版企业组织结构应当是精简、高效、灵活、敏感、富有竞争力、创造性、重视读者利益的。出版企业的组织创新主要有以下两种模式：

（一）扁平化组织

在传统出版企业的机械—科层组织形式中，出版企业是一种垂直职能式结构，广大编辑、出版、发行人员面向生产经营第一线，他们掌握大量的图书市场和读者信息。然而过细的专业分工与过程分解，使得下级的新想法必须经历直接的上级到出版企业最高层的漫长过程，既耽误了宝贵的时间，信息失真也是常有的事。这极大地影响了一线职工创造性的发挥，也培养了一批大事做不了，小事又不愿做，习惯于听汇报的管理者。这样的出版企业在市场竞争日益激烈的情况下是不可能生存的。

所谓扁平化组织，即从最上面的决策层到最下面的操作层，中间层次尽量减少；拓宽管理幅度，决策权尽可能向组织的下层移动，让最下层单位拥有最充分的决策权，并对产生的结果负责。只有这样的体制，才能保证上下级的不断沟通，下层才能直接体会到上层的决策意图和智慧，上层也才能亲自了解到下层的动态，吸取第一线的营养。

由于现代信息技术和管理方法在出版企业中的普遍应用，原来中层组织上传下达的重要性降低，更多地需要高层管理者深入到选题、成本、生产、发行等第一线，了解情况，及时决策。出版企业采用扁平化的结构则可以最大限度地发挥基层的积极性、创造性。主要表现在广大编辑、出版、发行人员时时处于市场和读者的第一线，他们比领导更熟悉读者需求、市场变化、材料性能及价格，要尽量扩大他们的决策权。同时出版企业领导可以从具体事务中解放出来，专注于企业战略、发展方向的研究。

同时，出版企业的分配不再按照级别来决定。组织被压扁以后，中层、上层领导的职位越来越少了，很多人会主动放弃走仕途的想法，而专注于工作。出版企业应该创造条件，鼓励职工向专业化方向发展。员工报酬与他们所作的贡献最大程度地衔接，使每个职工能够在物质和精神上得到相应奖励。扁平化组织强调建立透明公平、民主的决策机制。职工有权知道社内发生的一切，要让职工感觉到和出版企业是融为一体的，这样可大大地激发职工的主人翁意识、参与意识。

（二）网络化组织

传统的出版企业组织形式是垂直线状的，组织内形成许多条条，条条之间缺乏正式的信息沟通渠道。信息流通在组织内形成许多阻隔，各个部门像一个个信息的孤岛。

在新型出版组织中，横向协调将与纵向控制具有同等重要的地位。这种横向、纵向相交叉形成的网状组织不仅仅强调上下级之间有信息交流，更加强调在平行部门之间的信息交流，根据工作需要迅速地组成跨部门的工作团队。每个部门和人员都有义务向其他部门和人员提供知识和信息，实现组织内知识和信息的充分共享。

出版企业的工作多数是由几个部门通力合作完成的，而网状的组织能够淡化垂直的控制，跨越线织的界限，所有部门共同面向市场，面向读者。每一个决策都集中了编辑部门、生产部门、发行部门的意见，而不是传统的某个部门独立做出决策，较少征求其他部门的意见。

过去我们总强调出版企业是一台机器，每个人是机器的一个部分，根据工作职责的不同，在出版企业内角色一成不变。而网络化组织强调给员工不断地调换工作，使员工成为新的角色，去迎接新的挑战，而不是像传统的组织一样，让职工熟悉一个岗位，然后在这个岗位上工作一辈子。

网络化组织的另一层含义就是出版企业内部局域网的建立和因特网的连接，局域网的建立使得出版企业内部所有信息的传递变得快速和方便，包括出版企业工作的各个环节及所有数据都可以在网上进行处理和查询，如稿件收取、一审、二审、三审、排版、校对，还有发行、财务数据处理、图书的成本核算、生产进度等。以前只限于少数人了解的数据现在人人都可以获得，部门之间、上下级之间的信息交流变得非常容易。

本章知识小结：

● 出版企业的组织管理是根据已经确定的目标，对必须进行的各项业务活动加以分类和组织，据此设计出不同的管理机构和部门，划分不同的管理层次，明确规定各个部门、机构、层次及人员的管理职责以及它们之间的相互协作关系，并加以合理授权的过程。

● 出版企业的管理层次和管理幅度成反比关系，进而导致出版企业有两种组织结构：扁平结构和锥形结构。出版企业的有效管理幅度受到诸多因素的影响，主要有管理者和被管理的工作内容、工作能力、工作环境和工作条件。

● 出版企业组织设计的任务是提供出版企业组织结构系统图和编制职务说明书。出版企业组织结构设计要完成以下三个步骤的工作：职务设计与分析、部门划分、形成结构。出版企业组织结构设计应遵循目标至上原则、精简与效率原则、有效管理跨度原则、分工协作原则、统一指挥原则、责权对等原则、统一领导与分级管理原则、动态性原则等。

● 出版企业织结构的基本类型包括直线职能制、事业部制、矩阵制等，这些组织形式各有其优缺点。近年来，也陆续出现了一些新的组织结构形式，如扁平化组织、网络化组织。

[**思考题**]

1. 出版企业的管理幅度和管理层次之间是一种什么关系？它们对于出版企业的组织形态有何影响？

2. 影响出版企业管理幅度的因素有哪些？

3. 出版企业组织结构设计的任务和原则是什么？

4. 出版企业组织结构设计应该遵循什么样的程序？

5. 出版企业的组织结构有哪些基本类型？它们的优缺点是什么？

5. 列举你知道的几家出版企业的组织结构，并分析这些组织结构的优缺点。

第十二章　出版企业品牌管理

本章学习目标：

- 了解品牌的概念和功能
- 理解和掌握出版企业品牌的内涵
- 熟悉出版企业的品牌规划和品牌建立过程
- 熟悉出版企业的品牌推广和品牌维护过程
- 了解出版企业的品牌创新和品牌延伸过程

市场经济发展到今天，市场竞争已由最初的资本竞争、技术竞争发展到管理竞争、营销竞争直到品牌竞争。综观人们生活的各个领域，从衣食住行到精神享受无一没有品牌的存在，品牌产品已深入人类生活的每一个空间。大多成功的企业都经过了产品经营、资本经营到品牌经营几个阶段，品牌经营可以说是成功企业发展过程中的最高层次。据有关资料表明，当今世界生产的著名品牌在整个产品中所占比例不足 3%，但其拥有的市场份额则高达 40% 以上，销售额超过 50%。由此可见，谁拥有品牌产品，谁就拥有消费者，谁就赢得市场。

图书作为精神文化载体的特殊产品，要面向市场，要追求社会和经济的双重效益，那么制造这种产品的出版企业自然也应遵循市场经济的发展规律，把出版企业的品牌竞争作为面向市场竞争的立身之本，生存之源。2003 年，新闻出版总署提出实行"品牌工程"，提出要打造一批名社、名报、名刊和精品出版物。打造品牌、实行品牌战略，是近年来出版界议论最多的话题之一。从一味追求规模和数量，到讲究质量效益，再到出版精品，再到追求品牌，反映了出版人观念的不断更新，也标志着中国出版业的逐渐成熟。

第一节　出版企业品牌的内涵与特点

一、品牌的概念

品牌，来源于英文 Brand 一词，即烙印的意思。营销大师菲利普·科特勒将品牌定义为：一种名称、名词、标记、设计或是它们的组合运用，其目的是藉以辨认某个销售者或者某群销售者的产品，并使之同竞争对手的产品区别开来。《辞海》对"品牌"概念进行了分割，将品牌分为品牌名称和品牌标志两个部分。其中品牌名称可以用语言来表达，而品牌标志则是能被识别但不能被表达的部分。

与品牌内涵非常相近的一个概念是商标。商标与品牌是两个不同的概念。商标意思为标记，这种是一种归属标记，是生产或销售它的那个企业的标记。商标是由固定的文字、图案、符号或它们的组合组成的，标明在商品、商品包装、招牌广告上面，用户或顾客可以通过这些特定的标记加以识别。从这个角度出发，我们可以找到一种将品牌与商标区别开来的办法。可以这样理解：商标是品牌中的标志和名称部分，是物质载体，主要是便于消费者识别，更多的是一种法律概念；而品牌的内涵中包括商标和商号，但更是一个综合的象征，它是产品的属性、名称、包装、价格、历史、声誉等各种因素的有机总和，更多体现为产品和消费者的关系，因而可以视为一个关乎市场的概念。并不是任何商标都是品牌，只有商标建立在一定的产品或服务的基础上，有别于竞争对手，并且其经营的产品和服务与消费者产生联系，才可以成为品牌。品牌只有通过市场才能体现。从某种意义上来说，商标掌握在商家手里，而品牌掌握在消费者手里。

二、品牌的功能

(一) 品牌的识别功能

识别功能是将消费者所把握的关于品牌的信息以概要的形式表现出来。品牌的识别功能使特定的品牌只和特定的产品或企业，与消费者有形或无形的利益联系在一起，这种联系的强化和执着，形成了忠诚的顾客群体。这一方面减少了顾客在选购商品时所花费的精力和时间，另一方面又节省了企业的宣传推广费用。好的品牌可大量吸引消费者中的品牌忠诚者，并不断扩大消费忠诚群体，稳定而且逐步扩大企业的产品销售。

(二) 品牌的资产功能

品牌是企业最为重要的无形资产。可口可乐公司有一句名言："即使我们的工厂一夜之间全部烧光，我们也能够很快恢复生产。"这句话并非虚言。可口可乐现在拥有的总市场价值在2400多亿美元，可是其实际的账面价值很小。换言之，可口可乐绝大多数价值都属于无形资产，它们都来自公司的品牌。

(三) 品牌的保护功能

经注册的品牌享有专用权，可使社会生产和商品流通规范地、有秩序地进行，在法律上保护企业的正当权益，使整个社会的经济健康地发展。

(四) 品牌的增值功能

品牌能提供比一般产品更多的价值和利益。优秀的品牌给消费者留下的印象与一般品牌的产品有显著的不同，从而有助于减少价格弹性的影响，提高产品的附加值。优质品牌的产品价格明显高于其他品牌同类产品，这主要是由于优质品牌所能提供给消费者的认同感高于其他产品所提供的认同感。

三、出版品牌

(一) 出版品牌的内涵

比照现代营销学的观点，出版品牌是一个系统。从内容上看，出版品牌是各类出版企业及其产品或服务的名称、声誉和历史、属性、装帧设计、渠道资源、文化品位、价值主张和受众对其认知和感受的总和。从读者的角度看，所谓出版品牌，就是自己对所接受的各类出版企业生产的图书产品和服务的认知、联想、体验、感受和态度，它表达的是一种心理活动过程或状态。对于出版企业来说，品牌是自己提供并为读者和社会所接受的特定图书商品和服务的概括性、抽象性表达。总之，它是一个包括图书商品及服务的功能要素、出版企业和图书商品的形象要素、读者的心理要素在内的三维综合体。

（二）出版企业品牌

图书出版不同于工业产品，出版企业品牌的呈现具有自身的特点。根据产品、产品的延伸、产品的类型以及产品的效应，出版企业品牌"由低到高，呈阶梯状有四个层级，即单本（或单套）书品牌——丛书品牌——类别图书品牌——出版社品牌"。单本书品牌例子很多，以《新华字典》最有代表性，它们都是图书市场上的畅销书或长销书，总印数已超过5亿册，其经济效益与社会效益十分明显，受众认可度很高。丛书品牌可以举出商务印书馆的"万有文库"以及"汉译世界名著"，这些品牌享誉半个多世纪而不衰，而且还在不断的发展之中，其中有许多经验值得总结。其他的还有春风文艺出版社的"布老虎丛书"；中国人民大学出版社的经管类图书——"经济科学译丛""工商管理经典译丛"等；清华大学出版社的计算机类图书——"计算机基础教育丛书""计算机科学技术百科全书"。类别图书品牌则是指某一出版社在出版经营活动中形成了自身的优势出书结构，例如人民文学出版社的文学类图书、三联的人文社科类图书、清华大学出版社的计算机类图书等。出版企业品牌是出版品牌的最高境界，它是指出版企业作为一个整体被市场认可，出版企业成为一个品牌将是一笔巨大的无形资产。

上面的层级是从图书的角度出发进行的划分，如果从与书相关联的人这一视角切入，出版品牌还应该包括出版企业领导者品牌、作者品牌以及编辑品牌。出版企业主要领导者（社长和总编）是出版企业品牌形象的总设计师。一个品牌声名鹊起的过程，通常都与企业家的业绩和名望比肩而行。作为商务印书馆的一代卓越领导人，张元济就成了商务印书馆乃至整个图书出版业的一个品牌。开明书店之所以能成为出版业的品牌，与叶圣陶总编辑的功劳密不可分。作者品牌是图书品牌建立的必要条件，同时也是出版品牌成功的基础；编辑品牌是作者资源得以转化、催生品牌图书的催化剂。比如在大众流行文化出版领域，海岩就是一个作者品牌，而周振甫则可以看作是编辑品牌。由于周振甫在编辑《谈艺录》时的认真与严谨感动了作者钱钟书先生，后者在出版《管锥编》时继续把编辑工作交给周振甫先生，这说明编辑品牌具有重要作用。

出版品牌的这几个层面，在读者、市场以及渠道等方面来看，都应解读为一个有机的整体，不可以相互脱节。一个好的出版企业品牌可以看作是一棵树。如图 12-1 所示。其中，树根是出版企业的核心竞争力，出版企业品牌是树干，图书类别品牌是大树枝，丛书品牌是小树枝，而单本书品牌可以看作是树叶和花。作者品牌与编辑品牌以及领导者品牌则是这棵树所必需的主要水分和养料，正是它们的浇灌和滋润，出版企业的品牌大树才能够不断地成长与壮大。

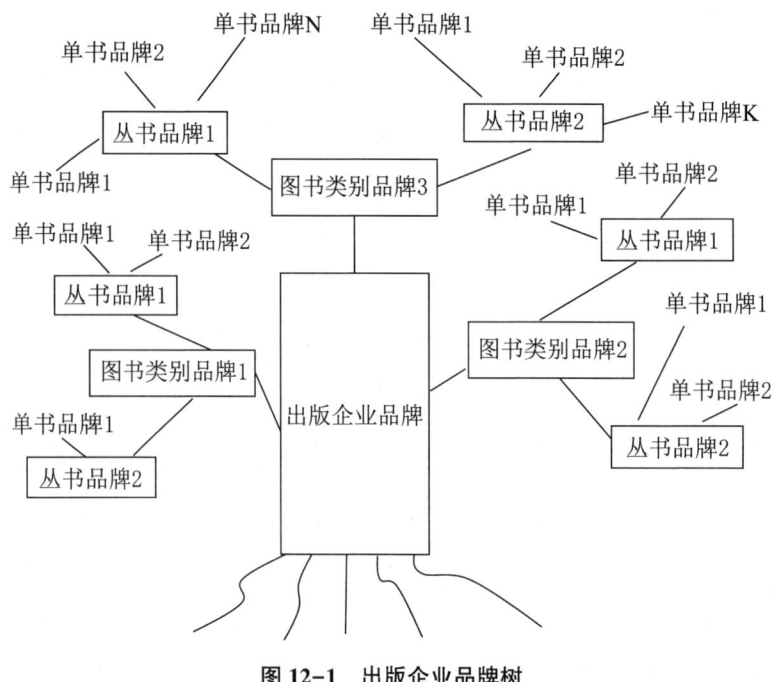

图 12-1　出版企业品牌树

第二节　出版企业品牌规划与品牌建立

当市场竞争发展到一定阶段，市场形态逐渐由卖方市场过渡到买方市场以后，产品日趋丰富，如果出现供大于求的状况，市场主体在购买商品时就必须考虑商品的品牌效应。要从浩如烟海的图书中脱颖而出，必须形成特色，树立品牌。图书市场的竞争已经进入了品牌竞争的时代。

在竞争时代，出版企业要树立出版品牌，大多必须经过一个"规划——建立——推广——维护（延伸）"的过程。

一、出版企业品牌规划

出版企业在构筑品牌工程时，首先应该从品牌规划入手。在规划阶段，首要的工作必须确定品牌的核心价值，即进行准确的品牌定位，确定品牌的"卖点"在哪里。品牌定位是品牌产生的先决条件，可以说，没有明确的定位就很难有成功的品牌。人们一见到"七喜"，就会想到其定位是"非可乐"；一见到"IBM"，会想到电脑；一谈到"高档印刷设备"，就会想到"海德堡"。

我国现阶段有585家出版社，各个出版社在专业领域、出书规模、出书范围、管理水平、编辑状况、经济实力、市场开拓等方面均存在较大差异。任何一家出版企业都不可能包罗万象，不可能在所有领域都有品牌，而应该立足服务对象、出版资源、出版特色、出版优势来确立自己的品牌，确立自己的品牌声誉。一旦这个声誉建立起来了，出版社用以克服消费者的经验产品的难题将会得到较好的解决，因为同一品牌的同类产品原则上具有相同的品质，这使消费者易于消除对新产品的疑虑，使消费者毫不犹豫地购买你所出版的为他所需的新书。人们提到计算机类出版物，就会想到清华大学出版社、电子工业出版社、邮电出版社等理工类出版社，对外语类图书人们想到的是外研社、译林出版社，对字典辞书类的图书人们想到的是商务印书馆，一提到《十万个为什么》，人们总记得上海少儿出版社。每个出版社都有自己的特长，都有自己耕耘的一块天地。当《新概念英语》成为一些地方职称考试的外语教材时，外研社在外语领域的重要地位也就确定了。因此，出版企业品牌战略的主要任务就是确定自己的特长、确定自己产品的门类和范围，以期在目标读者群中建立起信赖感。

对大型出版企业而言，通过品牌规划，对产品进行正确定位，可以迅速树立竞争优势。多数实力雄厚的国外名牌出版企业很多是将业务集中于某一专一领域，如兰登书屋定位于一般读物，西蒙·舒斯特定位于专业教育出版领域等。近年来，金盾出版社根据形势的发展进行了"三个为主"的定位，即以实用科技图书为主要范围，以中等文化程度的读者为主要对象，以后勤基层单位和广大农村为主要市场的出版定位。在这一出版定位指导下，金盾出版社不仅拓展了出书领域、扩大了规模，也巩固和发展了自己的特色和品牌。

对于中小型出版企业而言，要创造出版品牌，一是要坚持专业分工，在自己的"责任田"里精耕细作；二是要充分挖掘自己的市场优势，准确定位，做出特色，逐步建立自己的品牌。加拿大禾林出版公司（Harlequin Enterprises Limited）是世界上最成功的言情小说出版商，在世界言情小说市场总量中占据了 80% 的份额。迄今为止，禾林小说在全世界拥有 5000 多万女性读者，1/3 的美国女性都至少读过一本禾林版的言情小说。禾林公司以禾林、侧影、陡山品牌每月出版 13 个系列 60 多种图书。禾林出版公司在禾林这一品牌下进一步分化出子品牌，它们既有主打纯浪漫风格的，也有现代激情风格的，还有悬念式和历史性的故事。这些子品牌包括禾林浪漫、禾林现代、禾林超级浪漫、禾林美国浪漫、禾林诱惑、禾林二重奏、禾林阴谋、禾林历史和禾林火焰等。

现在有许多出版企业自身定位不清，喜欢出书品种多而全，动辄涉及几个甚至十几个专业市场，短期内也许都有所收获，但从长期来看势必会分散资源，丧失出版特色，无法形成明确而强势的出版品牌。

在进行品牌定位时，可以运用 SWOT 分析方法。所谓 SWOT 分析，就是将与出版企业密切相关的各种主要内部优势因素（Strengths）、弱点因素（Weaknesses）、机会因素（Opportunities）和威胁因素（Threats），通过调查罗列出来，并依照一定的次序按矩阵形式排列起来，然后运用系统分析的思想，把各种因素相互匹配起来加以分析，从中得出一系列相应的结论（如对策等）。SWOT分析法可以把出版企业由市场宏观环境、行业环境和竞争环境所确定的"可能集"与内部资源与能力所确定的"可以集"明确出来，从而找出"可能集"与"可以集"的交集，并把它作为出版企业定位与确定品牌的方向，从而帮助企业获得持续的竞争优势，实现可持续发展。

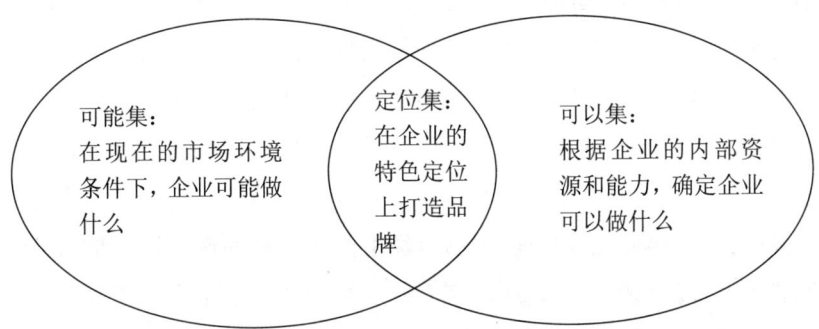

图 12-2 出版业各类企业市场定位集与品牌规划图

二、出版企业品牌建立

在品牌建立阶段，要重视两个方面的工作。一是要在出版企业的市场定位范围内，通过进行准确的选题策划，出版受读者欢迎的图书，打造图书产品品牌；二是要利用组织系统对品牌的认知要素加以实体性的视觉化表现，包括视觉识别系统、品牌名称和品牌标识语等的创建，以利于品牌形象的认识与传播，以求深入人心。这两个方面的工作都很重要，不可失于偏颇。如果出版企业只注意提高图书产品的内在质量，忽视品牌的视觉化表现，不利于形成品牌的整体效应。相反，如果出版企业只重视品牌的视觉化表现，而忽视图书产品的内在质量，那也不可能形成真正的品牌效应。

1. 通过出版高质量图书产品建立品牌。品牌竞争最根本的就是以质取胜。品牌就是口碑，它不是专家评出来的，而是在图书市场中形成的，在读者心目中塑造起来的。图书如果不走向市场，将广大读者排斥在自己的视野之外，那么何来市场口碑？何来出版企业的图书品牌？同任何企业开发自己的品牌产品的过程一样，出版企业要真正建立自己的图书品牌，就要关注从图书选题策划—组稿—编校—装帧设计—印制完成的每一个过程。下面重点就选题策划、组稿以及装帧设计三个方面加以说明。

在选题策划过程中，首先要注意尽量避免编辑策划的选题与出版企业整体品牌规划发展的总体方向出现较大偏差，避免不同选题今后在图书市场单打独斗。最好在选题谋划之初，让每个编辑在思想上树立明确的"出版企业整体品牌形象"指导思想，即编辑确立的每一个选题，都将是出版企业整体品牌的一部分，使每一个编辑心中清楚出版企业整体形象与自己将要谋划的选题之间的相互关系，让编辑个性特点在有利于出版企业整体形象树立的范围内充分发挥。其次，要采取各种策略，提高选题质量。如可以采用补缺策略，挖掘目前图书市场上尚属空白的选题。一是从科学的新发展中发现新选题；二是从国家方针政策的新调整中发现新选题；三是从人们生活的新需求中发现新选题。如世界图书出版公司引进的"富爸爸"系列图书，由于准确抓住了身处市场经济大潮中的中国人追求财富、渴望获得财商教育的心理，从而成功地打造了"富爸爸"品牌。也可以采取差异化策略，选准"特"的突破口。如从不同的文化程度，不同的年龄段，不同的居住地区，不同的经济条件等层次上，与别人错开，做出自己的特色。

选题策划重在发现特色。各出版单位都很重视选题策划，都知道依据市场需求确定选题，为什么一些反映市场需求的选题达不到预期的市场效果呢？主要原因是对图书市场的调研不深不细，对读者的具体需求把握得不准，对选题确定的使用对象、内容设计等都比较模糊，缺乏个性和特色，按这样的选题运作出来的产品，必然与读者的实际需要存在较大差距。

在组稿策划过程中，编辑人员需要在组稿时就把读者的需求向作者讲清楚，作者提供写作提纲以后，编辑要与作者进行认真讨论并达成共识。

如果作者对这本书的定位、内容、体例、版式等方面的要求以及市场行情都不了解，再好的作者也很难写出受读者欢迎的图书。

装帧策划重在美术编辑与文字编辑的密切配合。装帧设计是图书的外在表现。一本好的书稿，再加上好的装帧设计才能卖出好价钱。现在各出版单位都很重视图书装帧设计，都想通过成功的装帧设计来提升图书的价值。从现实情况看，有的出版单位虽然下了很大功夫，但效果并不理想。解决这一问题的关键是美术编辑与文字编辑要做好配合。文字编辑的优势是对书稿内容比较熟悉，能提出有针对性的画面构想；美术编辑具有画面的组合技艺并有大量的资料可供选用，两者结合优势互补，就能创作出装帧佳品，实现图书内容与外在形式的完美统一。

2. 通过品牌形象传播建立品牌。要塑造一个成功的品牌，除了准确定位、注重质量、给品牌取个好名字以外，品牌的形象设计和核心宣传信息是非常重要的。出版企业品牌建立的过程还必须注意品牌形象，这可以和企业形象识别系统结合起来进行。企业形象识别是现代企业对自身的经营理念、行为方式及视觉识别进行系统设计、统一传播，以塑造一个有个性的企业形象、获得公众认同、提高企业竞争能力的经营战略。出版企业在出版物整体上形成总的风格传递出版企业的视觉形象，这个视觉形象代表出版企业的精神。长江文艺社出版的"白桦林"丛书以"为理想造句，让寂寞开花"为宗旨，在校园青春图书市场上独树一帜，自 1997 年推出以来，累计发行了 200 余万册。英语轻松阅读市场上小有名气的"常青藤"品牌，以一条生机勃勃的倒垂藤蔓为标志物，以"常青的英语，长青的人生"为核心宣传信息，起到了很好的加强品牌形象的作用。

由于很多出版企业的标志都带有计划经济时代的特点，没有一定的特色和深刻内涵，无法包容出版企业的品牌定位与品牌特色。这些出版企业可以考虑重新设计品牌标志。

设计品牌标志应注意以下几点：

（1）品牌标志应反映出版企业产品特征。即品牌标志的设计必须与产品和服务的特征联系起来，能够给消费者准确提供产品和服务所包含的信息。

（2）品牌标志应具有创意。标志要醒目直观、新颖独特、别出心裁，这样易于给读者造成较强的视觉冲突，留下深刻印象。

（3）品牌标志应简洁、美观，"少即是多"。许多知名品牌的标志非常简洁明快，这样十分有利于品牌的传播与记忆，如耐克的标志——一个小勾、奔驰汽车的标志、本田汽车的标记等。"少"显然不是指肤浅、粗糙和单调，而是要求我们富有创意地将复杂的东西简单化，以便理解、记忆和传播。好的标志往往具有最少的视觉或听觉元素；过分的装饰、点缀，只会分散消费者的注意度，增加理解、记忆和传播的难度。但可惜，我们出版界让人印象深刻的标志还不多，出版界叫得响的口号更不多，大多数出版社甚至没有一个明确的标志和口号，往往只有出版社名的标准字。在品牌标志的设计过程中还要运用美学、心理学等方面的知识，把色彩、线条搭配得十分协调。

品牌形象包括产品外在形象、人员形象、环境形象以及服务形象等方面。产品外在形象主要是指图书的版式和装帧样式。它们是图书给受众的直接视觉感受。图书外在形象除了精美的装帧、独特的版式外，更高的要求是传播出一个出版企业图书产品在外在形象上的特色，使该出版企业的图书能从其他众多版图书中被辨认出来。比如，英国的 DK 图书出版公司以白底色统一全局，给人感觉明快而丰富；企鹅出版集团将小说的封面边缘染成杏黄色，将历史、传记的封面边缘染成蓝色，将科技和经济类图书染成浅蓝色，强化了的图书的视觉形象；我国外语教学与研究出版社在其图书装帧设计中对深蓝色广泛使用，以深蓝色的对比色来强化视觉刺激，使该社的出版物具有独树一帜的品牌形象。中信出版社的装帧设计虽然是外包的，但只要从封面和版式设计上，其出版的不少图书能让读者在众多图书中一眼就认出那是中信出版社出版的图书。

员工形象不仅包括员工的服饰外表，还包括真诚的服务态度和认真的敬业精神等。大型公众活动，如全国书市、图书订货会等活动中，出版企业员工统一的服饰、积极的精神面貌以及统一的宣传语言，都会不由自主地影响着客户、读者，从而有效地向他们传递着出版企业的整体品牌形象。

环境形象的传播塑造主要通过办公场所、读者服务场所的装饰设计、商品陈列、灯光照明等向受众传达一种现代企业的形象感受。当你走进任何一家麦当劳或者肯德基餐厅，其统一和独特的风格、色调会给消费者以卫生、优雅、舒适的环境感受，从而对企业形成很好的品牌印象。环境中的各种因素如声响气味、温度湿度、色彩等都会刺激受众的感官，给读者留下良好或不好的印象。一些在各地有图书专架的较大规模的出版企业在各地图书专架的设计、图书的摆放、灯光照明等方面如果能统一起来，让读者无论何时何地接触到该社的图书专架都能得到同样的感受，便可以强化他们对品牌的整体感受。

服务形象的传播塑造除了通过销售和售后服务中出版企业员工的直接表现来体现之外，更重要的是使目标受众产生优质服务的心理认同。出版企业可以主动举办和实施相关服务性质的活动，并通过各种渠道将活动的相关信息传播出去。比如中国人民大学出版社建立了"教研服务网"，针对广大高校一线任课教师开展信息服务、销售服务和学术服务，通过开办培训、讲座、制作会刊等渠道将自己的这一服务功能传播出去，在教研网会员中形成了良好声誉，从而有效地提升了该出版社的整体品牌形象。

不过，从目前的出版企业品牌管理实践来看，图书品牌的核心宣传信息并未得到充分的重视。这一点需要引起出版企业的高度关注。因为做好品牌形象传播，对出版企业创立品牌，形成品牌影响力有事半功倍的效果。

第三节　出版企业品牌推广与品牌维护

一个品牌要在市场上生存、竞争、发展，就必须以现实的消费者和潜在的消费者的需要和欲望为中心展开各项市场营销活动，制定市场营销战略。同样，成功的品牌图书，光有好的选题策划是不够的，还必须有整体的营销策划。在市场经济条件下，营销作为出版企业与读者和市场交流的一扇窗口，也是展示出版企业形象，塑造出版企业品牌，实现出版物价值的关键环节。出版品牌的推广应该与出版物的营销紧密结合，并指向目标读者受众，以获取品牌的认同度。

一、出版企业品牌推广

在市场经济条件下，"酒好也怕巷子深"，所以出版企业应该适应市场形势的需要，不断改进自身的宣传方式和销售方式，有重点、有选择地进行宣传推广，使好的图书迅速深入人心，广泛占领图书市场，从而产生实实在在的品牌效应。品牌推广的形式多种多样，如广告推广、公共关系推广、服务推广等。

（一）立体化的广告推广

品牌的推广方法有很多，广告推广便是其中的一种。首先，广告推广是营销策划的重点，是出版企业实施品牌战略的一个相当重要的工具。刚刚投放市场的图书，需要通过广告向读者传递图书的内容、质量、价格、特色等各种信息，使读者充分了解产品，为销售创造条件。其次，企业通过广告强化品牌竞争，重在树立自己的品牌信誉，以品牌促进图书的销售，突出的是自己品牌之下的产品的独到之处和竞争优势。最后，要通过广告引导促销。在发达国家，出版业每年用于图书广告的费用一般占销售码洋的 5%~8%，大众读物的广告支出更高达 15% 左右。一本好的品牌图书，除了用质量和风格去影响读者外，广告对于图书销售的效果也是十分明显的。

1995 年 10 月由外研社出版的《英汉词典》是一部耗费了几十位专家十几年心血的不朽之作。但同类词典充斥市场。为了占领市场，打开销路，外研社花费了 100 万元在电视、电台、报纸各大媒体上广泛宣传，使这部定价 128 元的外语词典在 10 个月内销售达 10 万册，取得骄人的成绩。当然，产品本身的内在质量是品牌的基础，没有好的质量，盲目地搞广告"轰炸"也是徒劳的。2014 年，青岛出版集团下设的《环球少年地理》编辑部携手海信智能展馆举办"GO！去探险！"科普体验展，展馆面向全体岛城市民开放，累计参与人数达上万人，同年 9 月，该编辑部与施华洛世奇光学举办"赏月观星过中秋"活动，集结了 20 个家庭，其间含有天文知识的抢答环节等。2015 年 2 月，"小骑士"的马术冬令营在青岛马术俱乐部的协助下开展了为期五天的活动，营员在后期参观了《环球少年地理》编辑部，并制作了自己的专属《环球少年地理》。2016 年 6 月，《环球少年地理》编辑部与肯德基举办了环保故事会及咖啡渣废物妙用手工活动，为参加活动的小朋友开启一场充满刺激与欢乐的环保之旅，同年 10月，《环球少年地理》编辑部再次联合肯德基举办了万圣节主题活动。

（二）多角度的公关推广

公关推广是一种以提升企业形象，培养在读者心目中的良好口碑，从而间接地促进图书产品销售的一种推广形式。公关推广的形式也有很多种，如从事公益活动、利用新闻媒体报道、开展与高校的合作等。

如外研社为了搭建中国外语教育服务平台，除了按照"面向全民外语教育，提供全面解决方案"的出版方针继续提供多层次、全系列、多媒介的外语教学产品之外，还为此设计了一系列的公关活动。多年来，外研社对儿童英语教师、中小学英语教师以及大学英语教师进行大面积、广范围的培训研讨活动，从 1996 年开始每年投资 100 万元举办"外研社杯全国英语辩论赛"；从 2002 年开始每年投资 300 万元举办"CCTV 杯全国英语演讲大赛"。之后，外研社又先后开展"外研社杯"全国英语演讲大赛、写作大赛、阅读大赛、"教学之星"大赛、德语"教学之星"大赛等，这一系列的行为强化了外研社作为中国外语教育服务平台的文化教育服务功能。所有这些工作，极大地提升了外研社在读者以及图书经销商心目中的品牌形象，直接或间接地带动了图书销售。

（三）优质的服务推广

加强售后服务，利用读者参与也是出版企业品牌策略之一。这里所说的售后服务，不是停留在一般的调换印装质量有问题的图书这个层面上。更深入的是，读者不再是出版物内容的被动接受者，而是鼓励读者发挥其能动性，对图书各抒己见，与作者互动地完成图书出版物的修正完善工作，使读者本身成为重要的内容来源及事实上的品牌缔造者之一。此外售后服务还包括图书出版物的延伸服务。例如，有的出版企业出版发行了政治科高考复习提纲，临近高考前向读者赠送时事政治试卷，使读者获得延伸服务，对出版企业产生信任感。此外，要鼓励读者参与，这种方法实际上是由出版企业和读者互动创造品牌。一些出版企业成立读者联谊会或读者俱乐部，给参与者一定的购书优惠，定期举办一些征文比赛、读书有奖征答等活动。这样有利于扩大读者队伍。一般来说，读者比较容易信赖其他读者的亲身经验和亲口评价，所以具有较佳口碑的出版物往往能吸引更多新读者。另外，出版企业服务到位就可以提高读者忠诚度，从而帮助出版企业留住原有的读者；受到良好服务的读者也往往愿意反复购买出版企业的新图书。

二、出版企业品牌维护

由于现在是一个不断发展、变化的时代，人们的喜好和价值观也会随着社会的发展而不断地改变，因此一个品牌在经历了一段时间的发展之后，会出现与时代不符的情况，会出现所表达的品牌内涵与消费者的需求心理相脱节的问题。这种问题如果不加以重视的话，就会导致品牌的形象落伍，品牌的客户忠诚度降低，品牌的市场占有率下降，而这一问题的解决方法就是品牌维护。品牌维护不是在品牌出现了上述问题时才需要的，而是要在品牌的建立之初就存在的。品牌的维护是指在品牌的建立、注册、宣传以及在打击假冒伪劣等经营活动中，始终维护品牌的形象，同时还要不断地去提升品牌的形象，以适应变化不定的市场竞争。

品牌的维护主要有三个方面：

1. 品牌的质量维护。消费者对品牌的信任，是因为知名品牌会有优良的质量作为后盾，质量是品牌之本，高质量的内在品质是品牌在市场竞争中成功的根本保证。企业一定要注意研究不同消费条件下的社会质量需要，研究消费者的质量观念和质量评判标准的变化。现代技术进步的速度和技术更新的步伐越来越快，技术开发周期越来越短，使得企业要不断提高生产技术、不断地采用更先进的生产设备，来达到优良的品质。

2. 品牌商标的维护。加强品牌的商标维护，使企业的商标得到法律的保护。根据"注册在先"的原则，任何创品牌的企业都必须及时注册自己的商标，不要等产品出名之后再行注册，以免被他人抢注，造成不必要的经济损失。同时在商标注册之后，还要注意商标的管理工作，特别是对商标标识的印刷、保留、使用和专用权的保护等方面，还要学会用法律的手段来保护品牌的合法权益。如辽宁人民出版社于1998年年初进行注册商标登记的"红镜头"，有效地防止了盗版活动。团结出版社为了防止书名侵权或类似书名的"跟风"，对该社出版的系列教辅丛书"单科王牌"及相邻的五种商标进行注册，其目的是为该丛书的市场运作提供坚实的法律支持。

3. 品牌形象的维护。由于知名品牌会有良好的市场占有率、较高的客户忠诚度，所以一些企业就会在自己的产品上贴上知名品牌的商标，以次充好、以假乱真，长此以往，品牌的形象就会因为这些质量不高的仿冒品而受损。企业就利用广告和公共关系等手段来宣传自己产品的特色、商标、包装和质量等，教会消费者区分的方法。品牌的维护是品牌发展过程中至关重要的环节，关系到品牌的生存与持续发展。

出版品牌的创立、传播、维护是一个长期的过程，需要在具体实践中探索与完善。华东师范大学出版社的"大夏书系"也是一个知名的产品。出版社用十几年的专注，做成了一系列教师教育领域的图书，现在有近2000个品种，包括通识系列、学科系列、班主任系列、校长系列、管理者系列等。它的装帧风格极易识别，市场上有很多跟风产品。而商务印书馆的"汉译世界名著"历时40多年，推出译本近千种，更是其中的佼佼者，值得认真研究。

第四节　出版企业品牌创新与品牌延伸

一、出版企业品牌创新

时代在变，消费者在变，读者也在变。出版企业就必须作相应的调整，品牌战略的出发点和归宿点也必定从"请读者注意"转变到"请注意读者"。没有永远一成不变的出版品牌，出版企业必须与时俱进，不断创新，用众多的品牌出版物打造品牌出版企业。

人民文学出版社是当前我国成功进行品牌重新定位的出版社之一。该社 1951 年成立，先后出版了一大批现代、古典及外国文学作品，成为新中国文学出版事业的主要基地。20 世纪 90 年代之后，时势日新月异，该社却仍沿袭传统经典的"正统"出版思路，对新潮文学现象视而不见，加上老社的负担过重，经济情况日趋恶劣。与此同时，国内其他一些出版社，如作家出版社、春风文艺出版社锐意进取，出版了一批新作家的新作品，如作家出版社的名人书、春风文艺出版社的"布老虎丛书"。由此，在读者心目中，人民文学出版社这一品牌形象便与传统、陈旧、老迈联系在一起。1999 年，该社成立了少儿读物编辑室，于 2000 年成功引进出版了"哈利·波特"系列。此外，该社还出版了许多深受现代人推崇的当代作家的作品。除了市场定位的改变外，该社在对外宣传上也锐意改革，推出了"新文学出版事业从这里起步"的广告语，并在出版业的理论探讨中提出许多有价值的思路。此后，该社在图书平面广告、订货会形象展示等方面，也相继改变了过去千篇一律的老旧形式，显得既文化厚重，又新颖独特。经过努力，目前人文社在读者中的品牌形象与悠久历史、文学作品、权威、现代、进取联系了起来，从而实现了品牌创新。

二、出版企业品牌延伸

出版企业品牌一旦形成，就可以利用品牌影响力进行品牌延伸，在"品牌伞"下推出新产品，这样可以缩短新产品在投入市场后被消费者认可的时间，不仅有利于新产品的迅速推广，节省新产品宣传推广的时间、经费等，也有利于原出版品牌的巩固与拓展，不断增强原出版品牌的新鲜活力，使之在市场上永葆青春。

所谓品牌延伸，是指利用已经获得成功的品牌来推出新产品，使新产品投放市场伊始即获得原有的品牌优势支持。从消费者行为学的角度来看，品牌延伸的基础在于消费者的品牌忠诚度，即消费者对某品牌持有肯定态度的程度、承诺的程度以及愿意在未来继续购买的程度。据有关资料分析，吸引新客户的成本要比维持老客户高 4 倍~6 倍。品牌延伸的确对商家具有相当大的诱惑力。

在出版领域，品牌延伸已有许多成功的案例。商务印书馆从《新华字典》延伸出《新华词典》等，形成系列。春风文艺出版社在"布老虎"、长江文艺出版社在"九头鸟"旗帜下不断推出新的具有时代气息的文艺作品系列也取得了不俗的业绩。著名的定位理论创始人艾·里斯就曾忠告："品牌是橡皮筋，你愈伸展，它就会变得愈疲弱。"这说明品牌延伸应该有一定的限度。

出版者在考虑对出版品牌进行延伸时，必须根据出版物的特点，研究品牌延伸的可能性途径，并严格把握延伸的标准，控制延伸的规模。

出版品牌的延伸一般可通过以下几种途径。其一，利用品牌伞效应，推出与原有出版品牌一脉相承的，具有相同特征、相同读者对象的新产品；其二，进行与原有出版品牌相关产品的开发，例如在原有图书的基础上出刊物，在原有图书的基础上出袖珍本或简编本等，或者制作相关的玩具、文具等产品；其三，在一个品牌旗帜之下倾力打造书丛或书系。对品牌延伸的途径的选择必须进行慎重的选择，因为品牌延伸是一把双刃剑，一旦走入误区，就会危及企业的生存与发展。

品牌延伸是将现有品牌运用到新产品上的整个过程。在延伸过程中，出版企业希望取得两方面的效果：一是利用该品牌在消费者心目中的良好形象为新产品开拓市场，同时大大降低新产品的宣传和促销费用；二是使新产品的良好市场表现反弹于原有品牌，从而双方面地促进品牌的升值。广西师范大学出版社"理想国"出版品牌覆盖了图书、视频、音频、沙龙、讲座、文创产品等媒介形式，探索出了一条全媒体出版的实践路径——在不断强化品牌定位的同时，积极适应新媒体的发展，拓展出版的媒体边界，实现品牌延伸。产品品牌延伸为产品线品牌之后，还可以做进一步的延伸，从而形成"范围品牌"。"范围品牌"是指跨产品线具有相同特性（如质量、市场定位等）的不同产品使用同一种品牌。前文提到的"常青藤"起初只是 12 本英汉对照读物使用的品牌，后来该社策划出版的轻松阅读类图书如"人与自然""心动驿站""名人小传"等子系列均冠以"常青藤"品牌,这样"常青藤"就成了定位在高层次英语课外读物市场的范围品牌。再如"星火英语"起初仅用于词汇记忆类图书,现已扩展到阅读、听力、考研图书等方面,成了范围品牌。

如果一个品牌延伸到该企业的所有产品上,那么这种品牌(通常为企业名称)被称为伞形品牌。海尔产品从最初的冰箱延伸到洗衣机、空调器再延伸到彩电、家庭影院、整体橱柜等,使用的就是这种伞形品牌模式。以出版人文类图书为主的商务印书馆、中华书局和三联书店经过多年的文化积淀,在读者心目中已形成无可替代的出版品牌,出版企业本身的影响要远超过它们所出版的任何图书的影响,因此这种出版品牌也属于伞形品牌。

出版企业在成功打造一种品牌之后,还可以进行相关品牌的扩展,即在推出另一类图书时,借用前一品牌的影响打出另一种与之相关联的品牌。例如复旦大学出版社推出的"博学"教材品牌打响后,紧接着推出了"博采"引进教材、"博闻"英语教材、"博容"科普读物等品牌。当然,这些品牌虽与先前的品牌有某种关联,但从品牌策略上来说已经属于多品牌模式了。

需要指出的是,是否进行品牌延伸,取决于品牌延伸后是否对出版企业的整体发展有利。如果延伸不当,不但会削弱原有品牌的影响力,还可能使主打品牌和延伸品牌两败俱伤。品牌延伸应该遵守有相同的主要成分、质量档次、服务系统和名称联想,有相似的消费群体,有较高的技术相关度等几项原则。

本章知识小结:

●品牌是指一种名称、名词、标记、设计或是它们的组合运用,其目的是借以辨认某个销售者或者某群销售者的产品,并使之同竞争对手的产品区别开来。品牌分为品牌名称和品牌标志两个部分。其中品牌名称可以用语言来表达，而品牌标志则是能被识别但不能被语言表达的部分。品牌功能体现在它的识别功能、资产功能、保护功能和增值功能。

● 出版品牌是出版企业及其图书产品的名称、声誉和历史、属性、装帧设计、渠道资源、文化品位、价值主张和受众对其认知和感受的总和。出版企业品牌"由低到高，呈阶梯状有四个层级，即单本（或单套）书品牌——丛书品牌——类别图书品牌——出版企业品牌"。出版品牌还应该包括出版企业领导者品牌、作者品牌以及编辑品牌。

● 一个好的出版企业品牌可以看作是一棵树。其中，树根是出版企业的核心竞争力，出版企业品牌是树干，图书类别品牌是大树枝，丛书品牌是小树枝，而单本书品牌可以看作是树叶和花。作者品牌与编辑品牌以及领导者品牌则是这棵树所必需的主要水分和养料。

● 在竞争时代，要树立出版品牌，大多必须经过一个"规划——建立——推广——维护（延伸）"的过程。

● 出版企业在构筑品牌工程时，首先应该从品牌规划入手。在规划阶段，首要的工作必须确定品牌的核心价值，即进行准确的品牌定位，确定品牌的"卖点"在哪里。在进行品牌定位时，可以运用 SWOT 分析方法，把出版企业由市场宏观环境、行业环境和竞争环境所确定的"可能集"与内部资源与能力所确定的"可以集"明确出来，从而找出"可能集"与"可以集"的交集，并把它作为出版企业定位与确定品牌的方向。

● 在品牌建立阶段，要重视两个方面的工作。一是要出版受读者欢迎的高质量的图书，打造图书产品品牌；二是要利用组织系统对品牌的认知要素加以实体性的视觉化表现，包括视觉识别系统、品牌名称和品牌标识语等的创建。

● 出版企业品牌建立的过程还必须注意品牌形象，这可以和企业形象识别系统结合起来进行。品牌形象包括产品外在形象、人员形象、环境形象以及服务形象等方面。企业形象识别是现代企业对自身的经营理念、行为方式及视觉识别进行系统设计、统一传播，以塑造一个有个性的企业形象、获得公众认同、提高企业竞争能力的经营战略。

●品牌推广的形式多种多样，如广告推广、公共关系推广、服务推广等。品牌的维护主要有三个方面：品牌的质量维护、品牌商标的维护、品牌形象的维护。

●出版企业品牌一旦形成，就可以利用品牌影响力进行品牌延伸。所谓品牌延伸，是指利用已经获得成功的品牌来推出新产品，使新产品投放市场伊始即获得原有的品牌优势支持。

[思考题]

1. 请列出你所熟知的一些品牌，并写明它们分属哪个行业。

2. 你能列出几个出版企业品牌吗？品牌对出版企业有何重要意义？

3. 你认同品牌树的说法吗？为什么？

4. 品牌和定位有何关系？

5. 请举例说明某品牌的树立过程。

主要参考文献

[1] [美] 菲利浦·科特勒、凯文、莱恩·凯勒:《营销管理》,何佳讯译,格致出版社、上海人民出版社 2016 年版。

[2] [美] 迈克尔·波特:《竞争战略》,陈丽芳译,中信出版社 2014 年版。

[3] 朱静雯主编:《现代书业企业管理学》,苏州大学出版社 2013 年版。

[4] [美] 艾·里斯,杰克·特劳特:《定位》,机械工业出版社 2017 年版。

[5] [美] 戴维 L. 马瑟斯博、德尔 I. 霍金斯:《消费者行为学》,陈荣、许肖冰译,机械工业出版社 2018 年版。

[6] 聂震宁:《我们的出版文化观》,中国书籍出版社 2008 年版。

[7] 陈昕:《中国图书定价制度研究》,读书·生活·新知三联书店 2011 年版。

[8] 王关义编著:《出版管理概论》,高等教育出版社 2019 年版。

[9] 肖东发主编:《出版经营管理》,北京大学出版社 2008 年版。

[10] 孙静主编:《质量管理学》,高等教育出版社 2018 年版。

[11] 刘拥军编著:《现代图书营销学》,苏州大学出版社 2003 年版。

[12] 方卿、姚永春:《图书营销学》,山西经济出版社 1998 年版。

[13] 谢新洲编著:《电子出版技术》,北京大学出版社 2006 年版。

[14] 李康化:《文化市场营销学》,书海出版社、山西人民出版社 2006 年版。

[15] [英] 莱内特·欧文:《中国版权经理人实务指南》,袁方译,法律出版社 2004 年版。

[16] 朱胜龙编著:《现代图书编辑学概论》,苏州大学出版社 2003 年版。

[17] 于友先:《现代出版产业发展论》,苏州大学出版社 2003 年版。

[18] 周荣庭:《网络出版》,科学出版社 2004 年版。

［19］师曾志：《现代出版学》，北京大学出版社 2006 年版。

［20］辛广伟：《版权贸易与华文出版》，河北人民出版社 2001 年版。

［21］陶明远："现代国际图书版权贸易的特点"，载《出版发行研究》2007 年第 2 期。

［22］李楠："版权引进应注意的一些问题"，载《中国图书商报》2005 年 10 月 21 日。

［23］叶路："出版商业模式创新的六种路径"，载《中国图书商报》2006 年 3 月 24 日。

［24］刘颖："出版社如何建设知识产权体系"，载《中国图书商报》2005 年 8 月 5 日。

［25］聂震宁："构建'国际版权营销'新概念"，载《出版参考》2002 年第 10 期。

［26］黄先蓉主编：《出版学研究进展》，武汉大学出版社 2006 年版。

［27］吕建华："关于出版业建立现代企业制度的思考"，载《出版工作》2000 年第 12 期。

［28］李海东："图书质量管理'两大忌'"，载《中山大学学报自然科学版》2004 年第 S1 期。

［29］沈东山："论图书质量管理体系的完善"，载《出版科学》2006 年第 1 期。

［30］周莹："探讨降低图书直接成本的主要途径"，载《出版经济》2003 年第 9 期。

［31］何奎："当前新闻出版业投融资现状、问题及对策"，载《中国出版》2014 年第 11 期。

［32］赵跃进等："图书生产成本分析"，载《科技与出版》2007 年第 7 期。

［33］周蔚华："市场化转型过程中中国大学出版社的战略选择——以中国人民大学出版社为例"，载《编辑之友》2004 年第 3 期。

［34］朱华明、陈文渊："出版发行企业核心竞争力分析"，载《出版工作》2001 年第 2 期。

［35］耿相新："论出版社组织结构"，载《中国出版》2006 年第 6 期。

［36］刘锦东："从出版社三类产品谈品牌战略"，载《科技与出版》2002 年第 6 期。

［37］王关义等编著：《现代企业管理》，清华大学出版社 2007 年版。

［38］乔东亮等：《首都出版业可持续发展模式研究》，中国人民大学出版社 2007 年版。

［39］乔东亮等：《"十五"首都出版产业发展状况研究》，中古人民大学出版社 2007 年版。

［40］徐建华等：《现代出版业资本运营》，中国传媒大学出版社 2006 年版。

［41］段海风："我国出版社薪酬制度的问题与对策"，载《出版参考》2004 年第 7 期。

［42］白国娟："出版社如何有效开发人力资源"，载《出版发行研究》2002 年第 2 期。

［43］傅苇："数字出版的主要盈利模式及实现渠道"，载《科技智囊》2007 年第 10 期。

［44］毕海滨："数字出版面临的问题与新的数字出版模式"，载《大学出版》2007 年第 1 期。

［45］刘益、雷京："职位评价：出版社科学确定薪酬的工具"，载《科技与出版》2007 年第 9 期。

［46］傅苇："数字出版的主要盈利模式及实现渠道"，载《科技智囊》2007 年第 10 期。